PROBLI

CC

CONDI

Fondazione Edoardo Tiboni
per la Cultura

Istituto nazionale
di Studi crociani

PROBLEMI E RICERCHE DI STORIA ANTICA
34

# SOPRAVVIVERE AL PRINCIPE

## Ovidio e Livio
## tra integrazione e contestazione

a cura di
Marco Presutti e Francesco Bono

«L'ERMA» di BRETSCHNEIDER
Roma – Bristol

Sopravvivere al Principe
Ovidio e Livio tra integrazione e contestazione

a cura di
MARCO PRESUTTI E FRANCESCO BONO



Via Marianna Dionigi, 57
00193 Roma – Italia
www.lerma.it

70 Enterprise Drive, Suite 2
Bristol, CT 06010 – USA
lerma@isdistribution.com

*Progetto grafico*
«L'ERMA» di BRETSCHNEIDER

*Sistemi di garanzia della qualità*
UNI EN ISO 9001:2015

*Sistemi di gestione ambientale*
ISO 14001:2015



**Marco Presutti e Francesco Bono** (a cura di) – Sopravvivere al Principe. Ovidio e Livio tra integrazione e contestazione / Lorenzo Braccesi – Roma: «L'ERMA» di BRETSCHNEIDER, 2022 ; p. 304 ; 22 cm – Problemi e ricerche di storia antica ; 34

ISSN 2283-1789

ISBN Brossura 978-88-913-2016-2
ISBN PDF 978-88-913-2019-3

CDD 870

1. Ovidio e Livio

*Stampato nel rispetto dell'ambiente su carta proveniente da zone a deforestazione controllata.*

*Alla memoria di*
*Giuseppe Papponetti*

# SOMMARIO

# INTRODUZIONE

Nel solco dell'insegnamento e dell'opera di Giuseppe Papponetti[1], l'Istituto nazionale di Studi crociani non poteva mancare di dare un contributo agli studi e alle iniziative che hanno accompagnato la ricorrenza bimillenaria della morte di Ovidio.

Non solo perché tra gli scopi dell'Istituto c'è quello di svolgere una vigile ed efficace presenza nella cultura della regione Abruzzo, che è stata naturalmente uno dei centri più attivi nell'organizzare e promuovere eventi legati alla celebrazione del grande poeta di Sulmona, ma anche per un omaggio a questa città, nella quale abbiamo mosso i primi passi fin dal convegno del 1991 *Croce e la cultura meridionale*[2] organizzato proprio da Giuseppe Papponetti, che fu a lungo il direttore dell'Istituto, costituendo con il fondatore Edoardo Tiboni uno straordinario sodalizio intellettuale che è stato il motore dei progetti e delle iniziative culturali e di ricerca realizzati in circa venti anni.

Papponetti, brillante studioso, autore di saggi che spaziano in molti rami del sapere umanistico, degno erede di una lunga tradizione di intellettuali che hanno onorato con la loro opera la città peligna, infaticabile organizzatore culturale, accanto al pensiero e all'opera di Croce, di d'Annunzio, di Capograssi, ha coltivato a lungo la ricerca su Ovidio, istituendo anche il Centro ovidiano di studi e ricerche, per il

[1] Per un primo approfondimento sull'uomo e la sua opera vedi Mattiocco 2014. Vedi anche Curreri – Traina 2013 e Splendore 2014.
[2] Papponetti 1994.

quale egli ha promosso numerosi convegni e pubblicazioni[3] praticamente sino alla sua scomparsa. Un Centro che si confida possa riprendere presto le sue attività, dando seguito all'opera del suo fondatore, che seppe rendere la città natale del Poeta un riferimento internazionale di ricerca sull'opera e la tradizione ovidiana, e agli entusiasmi suscitati dal bimillenario.

Nel primo fervore delle iniziative di tale periodo, consapevoli che Tiboni e Papponetti avrebbero impegnato l'Istituto a onorare la ricorrenza almeno con un convegno che potesse offrire una prospettiva originale all'ampio dibattito critico in atto, ci ha soccorso il dialogo con l'amico e maestro Lorenzo Braccesi, con il quale abbiamo convenuto che sarebbe stato interessante ampliare lo sguardo al clima ideologico dell'età augustea come contesto critico per l'opera degli intellettuali che intendessero muoversi al di là dei condizionamenti evidenti di un discorso pubblico incisivamente precettivo rispetto a quanto occorreva pensare, dire e scrivere.

In modo particolare, l'accentuarsi di forme di controllo e di contrasto delle espressioni di dissenso culturale soprattutto nella tarda stagione del principato doveva rendere ardua la vita a coloro che intendevano proporre una lettura alternativa a quella ufficiale soprattutto sui temi scabrosi delle recenti guerre civili, della rivendicazione della *res publica restituta*, della restaurazione della morale pubblica e privata.

Volgendo l'attenzione in tale direzione ci è parso interessante cogliere l'occasione della concomitanza dei bimillenari dalla morte di Ovidio e Livio per affrontare in una prospettiva unitaria il rapporto di questi straordinari autori col potere augusteo, anche al fine di mettere in luce il differente, ma per molti versi analogo, modo di s o p r a v v i v e r e ad

[3] Nell'ampia bibliografia ovidiana di Papponetti si segnalano almeno Cavallo – Fedeli – Papponetti 1998, Papponetti 1982, Papponetti 1991, Papponetti 1997, Papponetti 1998, Papponetti 1999, Papponetti 2006.

Augusto, sia sul piano delle strategie per la libertà di azione intellettuale malgrado tutto, sia per cogliere nella lunga tradizione della grande fortuna di questi autori l'eco di questa lotta dissimulata ai dettami di un conformismo ideologico tanto forte da non ammettere alternative auspicabili.

La proposta ha incontrato il favore di studiosi di differenti discipline che hanno accettato l'invito a ritrovarsi a Pescara nella sala conferenze del Mediamuseum il 17 e il 18 ottobre del 2018, per prendere parte al convegno *Sopravvivere al Principe. Ovidio e Livio tra integrazione e contestazione*, organizzato dall'Istituto nazionale di Studi crociani e dalla Fondazione Edoardo Tiboni. Il convegno si è svolto in due sedute, presiedute la prima da Carmine Catenacci, Direttore del Dipartimento di Lettere dell'Università di Chieti – Pescara, e la seconda da Angelo Cichelli, Direttore della Scuola Superiore "G. d'Annunzio", dell'Università di Chieti – Pescara, con buona partecipazione di pubblico che è intervenuto anche alle discussioni che hanno fatto seguito alle relazioni.

Il presente volume raccoglie gli interventi[4] rivisti dagli autori, nella convinzione di poter offrire al più vasto pubblico degli studiosi e dei lettori un quadro prezioso per cogliere, attraverso un ampio approccio interdisciplinare, l'eco di una tensione intellettuale che ha agitato l'età augustea e che non ha mancato di influenzare col suo paradigma epoche successive, che hanno conosciuto significative torsioni della libertà di espressione e tentativi di affermare letture armonicistiche e conformistiche di politiche autoritarie e paternalistiche.

L'inquadramento generale della questione è offerto con energica e penetrante sintesi dal contributo di Lorenzo Braccesi, *Ovidio e Livio, dalla contestazione spavalda all'inte-*

[4] Per ragioni editoriali non sono presenti nel volume le relazioni di Marco Presutti, *Sopravvivere altrove. Ovidio e Livio da Roma a Bisanzio* e di Giovanbattista Benedicenti, *Riflessi di Ovidio nell'arte rinascimentale.*

*grazione sofferta*, che sottolinea il pregnante valore politico dell'*Ars amatoria* quale manifesto di una moralità libera e progredita, altra rispetto al conformismo soffocante della morale augustea, e individua in diversi luoghi dell'opera ovidiana indizi per un disvelamento delle menzogne della propaganda del principe, anche di quella più paludata e immortalata dalla grande arte dei poeti legati a Mecenate. Meno dichiarate ma non meno labili le tracce del dissenso di Livio, attraverso un recupero del valore anche politico della sua *patavinitas*, e le notizie che filtrano dai sunti dei libri perduti della sua opera che affrontavano argomenti imbarazzanti e indicibili come le stragi triumvirali, e in esse la morte di Cicerone, e la disfatta di Teutoburgo. Episodi che contraddicevano elementi centrali dell'autorappresentazione costruita dal principe con i *Commentari de vita sua* e le *Res Gestae.*

Ulrico Agnati con *Il* princeps *come padre. Legislazione e contestazione*, analizza le leggi augustee indirizzate all'istituto matrimoniale e propone di leggere, attraverso la lente che ci è offerta dalla nozione moderna di paternalismo giuridico, il disegno di Augusto di riplasmare dall'alto la società romana attraverso un approccio insieme coercitivo e premuroso, proprio del *pater patriae* che usa nei confronti dei *cives* gli strumenti di cui dispone il *paterfamilias* verso i suoi figli.

Francesco Berardi nel suo intervento *La retorica del seduttore: il silenzio negli* amores *e nell'*ars amatoria *di Ovidio* coglie in punti salienti degli *Amores* e dell'*Ars amatoria* l'influenza esercitata sul poeta dalle riflessioni sviluppate dalla precettistica elaborata dai coevi maestri di retorica in relazione alla fase dell'*actio*. I gesti e i silenzi non contano meno delle parole nella comunicazione, una consapevolezza illuminante rispetto agli atteggiamenti assunti dal poeta.

Flavio Raviola con *Un sopravvisuto al Principe: il caso di Strabone* verifica la validità dell'impianto generale allargandone il campo e prendendo in considerazione il caso di Strabone, nella cui opera risalta l'idea della certezza della stabilità raggiunta dall'impero, nel segno di una integrazione piena e convinta nella realtà e nell'ideologia del dominio ecumenico di Roma. Nelle pagine della *Geografia* traspaiono, però, in alcuni episodi indizi di un pensiero non del tutto allineato che in qualche misura rivendicano segni di autonomia di giudizio di un autore pur integrato nel regime.

Altri interventi permettono di riscontrare le tracce dell'ambivalente rapporto dell'intellettuale col potere attraverso la fortuna delle opere di Livio e Ovidio in epoca moderna.

È il caso di *Machiavelli lettore di Livio: un uso sovversivo della tradizione classica (*Discors*i I, 4)* di Monica Centanni, nel quale la studiosa mette in luce la penetrante lettura liviana del segretario fiorentino, in grado di offrire una lettura laterale e dissonante dei classici, in modo particolare proponendo, malgrado la lettera di Livio stesso, una lettura positiva del tumulto come innesco positivo per la *res publica* e funzionale alla tenuta di tale forma di governo.

Salvatore Puggioni propone con *Sulla storia di Sofonisba e Massinissa: Tito Livio, Luca Pulci e Lorenzo il Magnifico* il caso di Luca Pulci che inaugurò con le sue *Pìstole* la storia moderna dell'imitazione delle *Heroides*, non trascurando sulla scia di Petrarca la dimensione politica dell'epistolografia e rivendicando al poeta la funzione di precettore del principe.

Roberto Danese con Scipione l'Africano *di Carmine Gallone. L'ideologia della traduzione filmica* propone il caso della rappresentazione cinematografica del racconto liviano della seconda guerra punica dalla disfatta di Canne alla vittoria di Zama attraverso la pellicola di Carmine Gallone *Scipione l'Africano*, realizzata nel 1937 nel contesto delle recenti conquiste africane del regime fascista che finanziò la produzione del film. Malgrado gli intenti propagandistici non va trascurata l'importanza della pellicola sul piano tecnico che non mancò di suscitare un'influenza nella cinematografia coeva, a partire da un grande maestro come Sergei Eisenstein.

Infine, si è voluto offrire con i lavori di Francesca Veronese (*La* Patavium *di Tito Livio: una città in trasformazione*), Alessandro Bencivenga, (Sulmonis aquosi moenia, quae campi iugera pauca tenent *(am. 3, 15): la patria di Ovidio tra idealizzazione letteraria e realtà archeologica*) e di Rosanna Tuteri (At longe patria est *(Ov.,* tr. *III 4b, 7). Metamorfosi di una città:* Sulmo *tra vita e rovine*), una analisi di ciò che sopravvive delle città di *Patavium* e di *Sulmo*, confrontando quanto conosciamo dai testi letterari con le evidenze archeologiche a nostra disposizione, cogliendo anche le opportunità e i limiti riscontrati nel corso delle celebrazioni bimillenarie sul piano della salvaguardia e della valorizzazione di questi beni straordinari culturali.

Nel porgere ai lettori il volume non posso non ringraziare tutti gli autori dei contributi, con uno speciale pensiero per Lorenzo Braccesi che ha dato l'avvio al progetto e ne ha seguito passo dopo passo la realizzazione e a Ulrico Agnati che ha contribuito in maniera generosa e puntuale alla cura editoriale dei testi.

Pescara, 25 marzo 2022

Marco Presutti
Istituto nazionale di Studi crociani

## Bibliografia

Cavallo – Fedeli – Papponetti 1998 = *L'Ovidio napoletano*, a cura di G. Cavallo, P. Fedeli, G. Papponetti, Sulmona 1998.

Curreri – Traina 2013 = *Studi in onore di Giuseppe Papponetti*, a cura di L. Curreri e G. Traina, Cuneo 2013.

Mattiocco 2014 = *Giuseppe Papponetti un intellettuale della 'grande stirpe'*, a cura di E. Mattiocco, L'Aquila 2014.

Papponetti 1982 = G. Papponetti, *Edizioni ovidiane a stampa in antichi fondi sulmonesi*, «BDASP» 72, 1982, pp. 255-278.

Papponetti 1991 = *Ovidio: poeta della memoria. Atti del Convegno internazionale di studi. Sulmona, 19-21 ottobre 1989*, a cura di G. Papponetti, Roma 1991.

Papponetti 1994 = *Croce e la cultura meridionale. Atti del Convegno di Studi. Sulmona, Pescasseroli, Raiano 24-25-26 maggio 1991*, a cura di G. Papponetti, Sulmona 1994.

Papponetti 1997 = *Metamorfosi. Atti del Convegno internazionale di studi. Sulmona, 20-22 novembre 1994*, a cura di Giuseppe Papponetti, L'Aquila – Sulmona 1997.

Papponetti 1998 = G. Papponetti, *P. Ovidi Nasonis dies natalis*, Sulmona 1998.

Papponetti 1999 = G. Papponetti, *Immagine di Ovidio*, Sulmona 1999.

Papponetti 2006 = G. Papponetti, *Ovidio fra Roma e Tomis. Atti del Convegno internazionale di studi. Sulmona 13-15 giugno 2003*, Sulmona 2006.

Splendore 2014 = E. Splendore, *Giuseppe Papponetti. Ad perpetuam rei memoriam*, Castelvecchio Subequo 2014.

Lorenzo Braccesi

# OVIDIO E LIVIO, DALLA CONTESTAZIONE SPAVALDA ALL'INTEGRAZIONE SOFFERTA

## 1.

Ulrico Agnati, che parlerà dopo di me, ci ricorderà come Augusto nel 18 a.C. si sia fatto promotore di ben tre disposizioni di legge regolatrici della morale pubblica: la *lex Iulia de adulteriis coercendis*, la *lex Iulia de maritandis ordinibus* e la *lex Iulia sumptuaria*. Il ricordarlo ci introduce al problema del rapporto tra Ovidio e la morale augustea, ampiamente contestata dal poeta di Sulmona in un'opera apparentemente frivola e disimpegnata come la sua *Ars amatoria*, la cui prima e già circolante stesura – come ha chiarito la critica – risale agli anni 13-10 a.C. per poi conoscere la sua definitiva edizione, con successive integrazioni, e con la molto probabile aggiunta del terzo libro, di lì a un decennio, negli anni 1-2 dell'èra volgare[1].

Quanto di frivolo, di spensierato, c'era nell'indole di Ovidio era maliziosamente lì presente, riferito con elegante grazia provocatoria e in una cornice argutamente dissacrante

[1] Chi scrive rimanda per documentazione e più approfondita discussione della relativa problematica a due suoi precedenti lavori: Braccesi 2014, p. 98 ss.; Braccesi 2017, p. 11 ss.

dell'imperante perbenismo augusteo. Volta a contestare o ridicolizzare i miti e i moniti ufficiali del regime.

Ovidio si era formato nel circolo di fronda di Messalla, ma era venuto riscoprendo una via del tutto personale per testimoniare il suo non allineamento ai messaggi della propaganda augustea. Invece di estraniarsi in temi disimpegnati, o di impegnarsi in costruzioni leggendarie alternative ai grandi temi della mitologia ufficiale, egli trova la propria strada nella garbata quanto mordace presa in giro della morale del regime fino, e sempre con suadente ironia, alla sua totale disintegrazione nella chiave del 'ridicolo' e della salutare contestazione generazionale. Il titolo del suo poemetto è già di per sé titolo di un manifesto politico: l'*Ars amatoria* rivendica la libertà di fare all'amore senza pregiudizi o vincoli di sorta, rivendica la tolleranza del libertinaggio in alternativa a qualsiasi obbligo matrimoniale, rivendica la disponibilità a eleggere a divisa il lusso in ogni sua più appariscente o sfrenata o illecita manifestazione. Se consideriamo la serie di leggi augustee volte a regolare la morale pubblica, possiamo sì comprendere, in tutta la sua carica dirompente, la forza eversiva del dissacrante poemetto ovidiano. Tanto più se poi ricordiamo come uno dei vanti del regime – lo dichiara lo stesso *princeps* – sia quello «di avere rimesso in vigore molti modelli di comportamento degli antenati» oramai «caduti in disuso», *multa exempla maiorum exolescentia iam ex nostro saeculo*.

Cardine dei costumi antichi è il pudore, più volte come *Pudor*, cioè come personificazione divina, onorato e venerato in epoca augustea. Orbene, come lo definisce il nostro poeta? L'etichetta come *rusticus* proprio perché legato ai costumi degli avi, e insieme ci ammonisce (Ov. *ars* I 607-608) che è un sentimento che, anche divinizzato, è da rifuggire lontano:

> Via, lontano da qui,
> rozzo Pudore: Venere e Fortuna aiutano gli audaci.
> [trad. Pianezzola]

Che l'allusione sia una critica diretta al *mos maiorum* non c'è dubbio alcuno se consideriamo che in altro luogo del poemetto (Ov. *ars* III 128) viene contrapposta al presente la *rusticitas*, che deve invece appartenere agli antenati, *priscis avis*. Quindi un poeta, Ovidio, decisamente contro la logica dell'integrazione al sistema e autore di un *Ars amatoria* che tra le righe, pure al di là della carica di prorompente contestazione alla morale, presenta anche richiami di varia natura all'attualità e alla vita vissuta non scevri da valorizzazione anche in ambito di semplice fronda politica: quali la facile ironia sulla *pietas* di Enea, la denigrazione dell'età dell'oro, la concessione al gusto di mode egizie e la giustificazione del tradimento della sposa in assenza del marito.

Così se Virgilio nell'*Eneide* (IV 646-647) ricorda che Didone si trafigge con la spada di Enea, *Dardanius ensis* che ella sì ebbe dall'amato, ma dono da lei non richiesto per questo uso, *non hos quesitum munus in usus*, Ovidio ci offre un'altra versione. Per lui (Ov. *ars* III 39-40) Enea gode di fama di pietà nonostante proprio lui abbia offerto alla sventurata regina – qui ricordata con il nome fenicio – lo stesso strumento per uccidersi:

> Ha fama d'uomo pio l'ospite tuo e tuttavia fu lui
> a darti la spada, Elissa, e il motivo di morire.

La *fama pietatis* di Enea non è inferiore alla fama di *clementia* di Augusto! Ma se immeritata è l'una, probabilmente immeritata è anche l'altra. Se l'una non avrebbe dovuto provocare il suicidio di Didone, come non pensare che l'altra non avrebbe dovuto provocare la morte di Cleopatra? In fondo il monito virgiliano-augusteo del *parcere subiectis* l'avrebbe dovuta salvare, anziché inserire nella lista dei nemici irriducibili da debellare, giacché ella aveva tentato di intavolare trattative di pace con il vincitore, cercando addirittura di blandirlo con le proprie grazie. Se questa, per quanto malevola, è la giusta chiave di lettura dell'inciso ovidiano, allora esso nella sua allusiva incisività si palesa doppiamente provocatorio.

Così se la propaganda di regime presentava la pace augustea, la *parta victoriis pax*, come la resurrezione sulla terra di una nuova età dell'oro, Ovidio (Ov. *ars* III 275-78) concorda nella definizione ma solo per dirci che, al presente, il segno più tangibile degli *aurea saecula* risiede nell'avidità senza confini di talune donne che al carme dei poeti preferiscono un portafoglio rigonfio di soldi, anche se ne è detentore un barbaro:

> Si elogiano i bei versi, ma si pretendono doni costosi:
> purché sia ricco, anche un barbaro piace.
> La nostra è veramente l'età dell'oro: con l'oro si comprano
> i più elevati onori, con l'oro si procura anche l'amore.
> [trad. Pianezzola]

Così se la propaganda di regime ammonisce contro il lusso e le mode forestiere, Ovidio dissente e raccomanda alle donne di conoscere l'arte del canto per intonare, oltre alle latine, anche melodie egizie. Certo quelle, *Niliacis modis*, che esule a Roma rimpiangeva Cleopatra Selene, la superstite tra i figli di Antonio e Cleopatra (Ov. *ars* III 315-318):

> È piacevole cosa una voce armoniosa: imparino a cantare le ragazze
> (non la bellezza ma la voce ebbe per molte il ruolo di mezzana):
> una potrà cantare ciò che ha udito nei teatri di marmo,
> un'altra melodie composte nei modi della musica egizia.
> [trad. Pianezzola]

Così se la propaganda di regime condannava l'adulterio e il tradimento coniugale, Ovidio ci ricorda che doveroso è, invece, il tradimento della donna se il marito è assente. È forse colpevole Elena? È forse adultero Paride? Il poeta ricorre sì a esempi tratti dalla mitologia classica, ma il lettore difficilmente poteva astenersi dal pensare che il suo verso assolvesse le stesse infedeltà di Giulia, la figlia di Augusto, infedeltà che erano sulla bocca di tutti. Di chi era la colpa? Non certo di Giulia, ma dei consorti che troppo spesso la lasciavano priva del loro conforto in un mondo popolato, sullo stile di Paride, da troppi giovani piacenti, eleganti e in tutto alla moda con i tempi. A loro si rivolge il poeta ammonendoli sulla ghiotta occasione di preda offerta dalla lontananza dei mariti (Ov. *ars* II 357-365):

> Ma è breve la tregua sicura: col tempo si allenta la passione,
> l'assente si dilegua e sopravviene un nuovo amore.
> Menelao era assente ed Elena, perché non dormisse tutta sola,
> fu di notte dall'ospite accolta nel suo caldo abbraccio.
> Ma che sciocchezza hai fatto, Menelao! Tu te ne andavi solo,
> [...]
> Elena è innocente, e il suo amante non ha commesso colpa.
> [trad. Pianezzola]

Abbiamo evocato Giulia, progressivamente vedova di Marcello e di Agrippa e quindi, in un'inarrestabile e poco gradita catena matrimoniale, sposa di Tiberio. La lettura del poemetto ovidiano, per lei intellettuale e amica dei poeti, doveva esserle una lettura sicuramente gradita per rispondenza di affinità elettive con il suo autore. Entrambi, sia il poeta sia la sofisticata signora, erano degli 'immorali' dichiarati, di una sensualità naturale, ostentata, libera e limpida, senza traccia alcune di perversione o di morbosità. Per questo dovevano reciprocamente piacersi, e il poeta doveva certo sentirsi lusingato dal trovare accoglienza nell'orbita e probabilmente nel letto di lei.

## 2.

Altre cose potrei aggiungere, ma devo passare a parlare di Livio. In Ovidio la contestazione è palese e manifesta. Ma in

Livio? Possiamo coglierne indizi solo in controluce partendo dalla nota testimonianza di Tacito (*Ann.* IV 34, 3) che ci informa dell'etichetta di 'pompeiano' attribuitagli da Augusto: *ut Pompeianum eum Augustus appellaret*! L'informazione non deve né stupirci né scandalizzarci, né tanto meno indurci ad attribuire a Livio posizioni o espressioni di fronda al regime. Cosa vuole dire 'pompeiano' nell'età di Augusto? Vuole significare semplicemente conservatore per inclinazione dell'animo, *laudator temporis acti*, uomo ligio alla storia gloriosa della defunta *Res Publica*; nulla più. Augusto stesso, a rivoluzione compiuta, etichetta la nuova storia di Roma come quella della *Res Publica restituta*. L'essere 'pompeiano' per Livio, *homo novus*, mai approdato alla carriera delle magistrature, è espressione di dimensione arcaizzante dello spirito; da correlare non a dichiarazione di fede politica, quanto alla decantata *patavinitas*, rimproveratagli – per testimonianza di Quintiliano (I 5, 55; VIII 1, 3) – dallo storico teatino Asinio Pollione, esponente della *nobilitas* senatoria. *Patavinitas*, relativa a espressioni linguistiche o stilistiche, con tutta probabilità dovute a scelte deliberate di Livio per marcare e rivendicare, in Roma, la propria indipendenza dalla cultura dominante.

Oltretutto Augusto, con l'etichetta di 'pompeiano' riferita a Livio, si compiace di ostentare la propria permissività, nonché liberalità, di illuminato autocrate, che lo porta ad annoverare nella sua compiacente accolta letteraria anche uno storico che egli poteva bonariamente additare quale un intellettuale di fronda. Il definirlo 'pompeiano' era per Augusto un vezzo salottiero e per Livio, l'essere definito tale, era una sorta di rassicurante garanzia di indipendenza nel corso della scrittura della sua monumentale opera storica. La memoria di Farsalo era lontana e, dopo Nauloco, dopo la vittoria sul figlio di Pompeo, non turbava più gli animi. Altre, viceversa, erano le cose che costituivano temi sensibili, come la narrazione delle proscrizioni triumvirali e del bagno di sangue che segue all'accordo di Ottaviano/Augusto con Antonio e Lepido. Ne parlava nel libro CXX della sua opera, che chiaramente, sebbene assolutorio nei confronti dell'autocrate, ne deve pur sempre avere turbato la coscienza, se Livio decide di non pubblicare il libro successivo, non a caso incentrato sulle nuove proscrizioni ottavianee a seguito del *bellum Perusinum*. Il libro CXXI sarà edito dallo storico soltanto nel suo ultimo triennio di vita, cioè dopo la morte di Augusto: *post excessum Augusti* come recita la *periocha*.

Purtroppo si tratta di libri perduti, ma il carattere assolutorio del libro CXX riguardo al *princeps*, e alle relative compromissioni nelle proscrizioni triumvirali, lo possiamo evincere da Floro nella sua epitome dell'opera liviana. Dove si cerca in ogni modo di limitare e limare le responsabilità dell'allora triumviro: il quale soltanto pressato da stringente necessità sarebbe addivenuto «a stringere alleanza con un sanguinosissimo patto» (II 16, 1); il quale soltanto si sarebbe accontentato «di perseguire gli assassini del padre» (II 16, 6). Ciò nonostante qualcosa turba l'autocrate, inducendo Livio per prudenza a non pubblicare il libro successivo. Di fatto lo turba il mancato silenzio sulle stragi triumvirali, cioè il silenzio sul prezzo enorme pagato dallo stato nel trapasso tra morente repubblica e nascente stato autocratico. Per Augusto, infatti, ricordare il primo Ottaviano, con il bagno di sangue legato alla turbinosa sua ascesa al vertice dello stato, era come toccargli un nervo scoperto. Ogni triumviro aveva allora massacrato i propri avversari politici, ed egli non aveva impedito l'assassinio di Cicerone reclamato da Antonio. Di Cicerone che, alla morte di Cesare, era stato l'artefice del precario e fragile connubio tra sé stesso e gli esponenti della vecchia *nobilitas* senatoria, ai quali facendosene garante, l'aveva additato come un provvidenziale quanto disinteressato salvatore della patria.

La consegna del silenzio era tale che, per non evocarne, anche indirettamente, il barbaro assassinio, lo stesso nome di Cicerone non veniva pronunziato in casa di Augusto e la sua stessa opera giaceva in un angolo nascosto della sua biblioteca. Al punto che un nipotino, sorpreso – lo ricorda Plutarco (*Cic.* IL 2) – a leggere un'opera di Cicerone, trema per essere stato scoperto dal nonno con in mano uno scritto 'proibito'; il quale nonno però, in un momento di debolezza, lo rincuora definendo l'oratore, l'antico suo protettore, uomo «saggio e amante della patria». Chiaro, nell'aneddoto, il senile desiderio di superare il proprio complesso di colpa! Non stupisce quindi che la lettura del perduto CXX libro dell'opera liviana possa averlo turbato perché, nonostante il tono assolutorio nei suoi confronti, non aveva taciuto dell'assassinio di Cicerone, non allineandosi alla consegna del silenzio sull'episodio. Cosa che possiamo evincere, senza reticenze, dall'unico superstite frammento del libro, tramandato da Seneca *sr.* (*suas.* VI 17), pertinente appunto la morte dell'oratore e il barbaro scempio del suo cadavere; frammento che così si conclude:

> La testa fu portata ad Antonio e per ordine di lui fu collocata tra le due mani nei rostri, dove da console, dove spesso da consolare, egli aveva parlato, dove in quello stesso anno contro Antonio era stata ascoltata con ammirazione la sua eloquenza così grande quanto mai nessuna voce umana.

Furono sì gli sgherri di Antonio ad assassinare Cicerone e a mutilarne il corpo, ma la sua morte fu decisa e approvata insieme dai triumviri in una notte di estenuanti trattative in cui ciascuno, a partire da Ottaviano, compilava una lista con i propri avversari da eliminare. Meglio dunque sarebbe stato non pubblicare alcunché sulle proscrizioni, e in modo particolare sull'assassinio di Cicerone. In ogni caso, se proprio esigenza dell'anima portava a estrinsecare il proprio pensiero, meglio essere criptici, come fa lo stesso Livio in altro luogo della sua opera, non pertinente le stragi triumvirali, dove lascia solo intravedere il suo duro giudizio sulle proscrizioni, esaltando allusivamente la *vox libera* degli intellettuali ateniesi che si erge sopra le brutalità della guerra. Il contesto è quello del celebre *excursus* su Papirio, e Livio (IX 18, 7) è certo che anche in Roma, nell'età di Alessandro, tra le tante personalità di allora, si sarebbe levata una 'voce libera' contro di lui:

> orbene, tra tanti illustri Romani, nessuno avrebbe levato contro di lui una libera e franca parola?

Così si domanda lo storico. Il riferimento alla *vox libera* – come ha chiarito la critica – è alla parola infuocata di Iperide, la cui morte presenta forti analogie con quella di Cicerone. Come Iperide, egli è barbaramente assassinato da sgherri della fazione avversa; ha la testa e le mani (ovvero la lingua) mozzate ed esposte al pubblico ludibrio per dileggio della loro statura oratoria di pubblici accusatori, e paga con la vita la denunzia violentissima sui soprusi del despota di turno, che però non è più Alessandro, bensì il suo tardo emulo Antonio. Ma di chi la *vox libera* cui allude Livio? Nell'età di Papirio non esiste in Roma un'oratoria politica che possa tramandare memoria di sé. Esiste, viceversa, nell'età sua, ed è, anzitutto, quella un tempo ardente e ora 'oscurata' di Cicerone. Orbene, date le rispondenze esemplari tra le carriere e le uccisioni violente dei due oratori, è certo plausibile concludere che Livio alluda proprio a Cicerone, vittima delle proscrizioni triumvirali, quando evoca idealmente – e con tre secoli di anticipo – un oratore romano che, per intensità di accenti, possa rivaleggiare con Iperide nel denunziare i soprusi dei despoti.

Ma, a ben vedere, non è, quello di Cicerone, l'unico caso di distonia dalle veline di regime. Livio termina la sua opera narrando della morte di Druso nel 9 a.C. e delle sue campagne germaniche, ma con una proiezione all'avanti, di quasi diciotto anni, che, in una comparazione tra Druso e Quintilio Varo, lo porta inaspettatamente a commemorare il fatto d'arme di Teutoburgo.

Disfatta che Augusto si rifiuta di ammettere! Scrive, infatti, nel suo testamento politico, nelle sue *Res gestae* (XXVI 2):

> Pacificai le province galliche e ispaniche, e ugualmente la Germania, nell'area che costeggia l'Oceano da Cadice allo sbocco del fiume Elba.

L'intramontabile monarca parla anche da morto, mentendo e sapendo di mentire. La Germania, nell'anno 14 dell'èra volgare, quando le *Res Gestae* vengono divulgate per sua volontà testamentaria, non solo non è pacificata, ma, dopo la giornata fatale di Teutoburgo, dopo la disfatta delle legioni di Varo, è completamente sottratta al dominio di Roma.

Fraudolento è il 'pacificai', il *pacavi*, augusteo. La menzogna del testo delle *Res Gestae* è però menzogna di regime. Mostra accoratamente l'impossibilità politica da parte di Augusto di ammettere la sconfitta sul campo, e soprattutto denunzia la vanificazione della formula della conquista ecumenica, della *parta victoriis pax*, che era stata epicentro propagandistico di tutta la sua ideologia.

Virgilio, nella *Eneide* (VI 853) aveva cantato che era missione di Roma *parcere subiectis et debellare superbos;* ma i *superbi* Germani né erano stati debellati, né erano stati costretti a restituire le insegne di Varo, sull'esempio dei Parti che erano stati camuffati in *gentes subiectae.*

Virgilio, nella *Eneide* (VI 795-797) aveva cantato che *iacet extra sidera* – che, cioè, è al di là delle stelle – la terra ancora immune dalla conquista romana; ma la giornata di Teutoburgo aveva posto drasticamente in crisi sia questo sia tanti altri slogan dell'ecumenismo augusteo.

Ma come la pensa Livio commentando la morte di Druso? Non disponiamo più dell'ultimo libro della sua opera, ma per la seconda volta possiamo fare ricorso all'epitome di Floro, cioè a un'opera dichiaratamente scritta attingendo a materiali liviani. Qui la memoria di Teutoburgo si presenta in totale distonia dalla vulgata augustea. Ben tre sono i luoghi interessati a esprimere un giudizio sull'evento, e tutti e tre al riguardo estremamente significativi.

Il primo (II 30, [21]) depreca la conquista della Germania da parte di Augusto:

> Quanto alla Germania, sarebbe stato meglio che Augusto non avesse stimato cosa tanto importante il conquistarla.

Il secondo (II 30, [29]) ammonisce che è più facile conquistare le province che conservarle esercitandovi le norme imposte dal diritto:

> Ma è più difficile conservare le province che conquistarle. Si prendono a forza, ma si devono mantenere con il diritto.

Il terzo (II 31 [39]), con melanconica riflessione sul tramonto dell'ecumenismo augusteo, constata che il mondo occidentale sarà d'allora in poi bipartito:

> Dopo questa strage avvenne che l'impero, il quale non si era fermato presso le sponde dell'Oceano, dovette arrestarsi in riva al fiume Reno.

I giudizi sono più che eloquenti, ed – essendo tre – è chiaro che ci riconducono direttamente a Livio senza mediazioni di sorta. La riflessione di Livio è così per la seconda volta in rotta di collisione con la consegna del silenzio imposta dalla vulgata della propaganda augustea. Anzi, essendo quella su Teutoburgo una proiezione sulla storia a venire, parrebbe quasi che la divagazione sulla sconfitta di Varo tragga le mosse dal desiderio dello storico di palesarci il suo pensiero.

Va osservato ancora che di contro alla tradizione augustea, seguita da Plutarco e da Dione Cassio, per cui il *bellum Actiacum* si inserisce nella trafila delle guerre esterne condotte da Roma, la versione liviana ripresa soprattutto da Floro considera invece la vittoria su Cleopatra come fine delle guerre civili: *Hic finis armorum civilium. Reliqua ad versus exteras gentes* (XI 21, 11 = IV 12, 1).

## Bibliografia

BRACCESI 2014 = L. BRACCESI, *Giulia, la figlia di Augusto*, Roma-Bari 2014².
BRACCESI 2017 = L. BRACCESI, *L'avventura di Cleonimo, Livio e Padova*, Padova 2017².

Ulrico Agnati

# IL PRINCEPS COME PADRE. LEGISLAZIONE E CONTESTAZIONE

## 1. Premessa

Possono sopravvivere al Principe tanto gli individui che la comunità, ma sia gli uni che l'altra vengono coinvolti e, in parte, trasformati dal nuovo assetto costituzionale e dalla visione programmatica che il detentore del potere politico-militare intende imporre.

Tacito, nel celebre incipit delle *Historiae*, indica come storicamente necessitato l'avvento di Augusto, principe dotato di *omnis potentia*, in quanto ciò *pacis interfuit*[1]. La conseguenza, però, fu quella che *magna ingenia cessere*, la ve-

[1] Nei primi capitoli degli *Annales* Tacito rimprovera ad Augusto «di aver generato una grave mistificazione storica: di avere cioè introdotto in Roma una vera e propria *dominatio*, e di avere definitivamente infranto la verità storica, contrabbandando le proprie ambizioni personali per interesse pubblico» (Borgo 1986, p. 75). L'ineluttabilità della forma di governo del Principato, tuttavia, ricorre più volte nelle pagine di Tacito, pur nella costante critica di ciò che il Principato pretende di essere, in particolare in relazione alla *libertas*; si legga, ad esempio, *Ann.* I 9, 4: [...] *non aliud discordantis patriae remedium fuisse quam [ut] ab uno regeretur. Non regno tamen neque dictatura, sed principis nomine constitutam rem publicam* [...].

rità fu adulterata e la *res publica* percepita come *aliena*, come cosa d'altri[2]. Il detentore di tutta la *potentia* – soggetto istituzionale nuovo che inevitabilmente scardina l'assetto repubblicano, pur conservandolo formalmente (*eadem magistratuum vocabula*, scrive Tacito *Ann.* I 3) – ha cura di rendere un'immagine variamente frammentata di questo cumulo inusitato e rivoluzionario di poteri, ascrivendoli ora a magistrature repubblicane ora a poteri eccezionali, ora a titolature, appellativi e procedimenti diversi[3].

---

[2] Tac. *hist.* I 1: [...] *postquam bellatum apud Actium atque omnem potentiam ad unum conferri pacis interfuit, magna illa ingenia cessere ; simul veritas pluribus modis infracta, primum inscitia rei publicae ut alienae, mox libidine adsentandi aut rursus odio adversus dominantis* [...]. Cfr. Chilver 1979. Cfr. *res est publica Caesar* (Ov. *trist.* IV 4, 15). Tacito, nelle sue pagine, con sapienza e sottigliezza, insinua «il dubbio che anche il concetto di *pax*, uno dei capisaldi dell'ideologia imperiale augustea, si sia fondato su un grave equivoco e sulla rinunzia da parte dei singoli di amministrarsi, demandando ad un governante ogni potere personale, insieme ai rischi, che la libertà comporta» (Borgo 1986, p. 80).

[3] Si pensi, ad esempio, al giuramento di *tota Italia* (*RGDA* XXV 4-6). Augusto si dice sostenuto dal *consensus universorum* (*RGDA* XXXIV 14) e dal 27 a.C. superiore a tutti per *auctoritas* (*RGDA* XXXIV 21). Importante Dio LIII 17-18, che afferma che quando tutto il potere del popolo e del senato passò nelle mani di Augusto si costituì una vera e propria monarchia (Dio LIII 17, 1), acquisendo il *princeps* tutta l'autorità statuale in virtù delle titolature repubblicane (Dio LIII 18, 2); vd. Rich 1990. Cfr., *ex multis*, Millar 1973; Betti 1982; Cresci Marrone 1993; Ferrary 2001; Costabile 2009; Rich 2012, pp. 39 ss.; Pani 2013; Fezzi 2015, pp. 114 ss.; Ferrary – Scheid 2016; Marotta 2016, pp. 20-38; Licandro 2017; Evangelisti 2018, p. 4 nt. 5. Momigliano 1932, p. 9 afferma, che «lo spirito di Roma repubbicana (...) si dissolve nella costituzione monarchica e cosmopolita cui l'impero tende». Gabba 1995*b* rimarca l'antitesi, sotto il profilo della costituzionalità del regime augusteo, riscontrabile tra le *Res gestae*, che l'affermano, e l'opera di Tacito, che, implicitamente ma sistematicamente, la nega. Sulle *Res gestae* vd. Newby 1938; Belloni 1987; Scheid 2007; Braccesi 2013.

Ottaviano Augusto, il *princeps*, uomo superiore e quasi divino, è propagandato e percepito quale figura paterna eminente anche prima che nel 2 a.C. gli venga conferito ufficialmente l'appellativo di *pater patriae* (*infra* § 5). Nelle pagine seguenti si vaglierà, attraverso una breve analisi della legislazione di Augusto in materia di matrimonio e moralità, come egli abbia inciso sulla società, adottando un approccio che, nel lessico politico-giuridico contemporaneo, può essere designato quale 'paternalismo giuridico'. De Martino osserva che l'appellativo di *pater patriae* non produce effetti giuridici diretti in quanto non si tratta di una titolatura ufficiale dell'imperatore e non apre la via all'introduzione di istituti propri del diritto privato nel diritto pubblico e nell'ordinamento statuale[4]. Tuttavia l'incidenza di questo appellativo è assai rilevante, in quanto esplicita la concezione che Augusto ha di sé e che la sua propaganda trasmette; in ambito giuridico tale concezione genera una suggestiva forma di paternalismo giuridico *ante litteram*, manifestato dalle regole imposte mediante la legislazione della quale ci occuperemo (*infra* §§ 3 e 4).

Augusto, nel costruire l'immagine e la sostanza del proprio potere, impiegando l'appellativo *pater patriae* connette a sé la *patria potestas*, una potestà tradizionale, pervasiva, caratterizzante la struttura familiare romana per la vastità e l'intensità dei suoi poteri. In epoca antonina il giurista Gaio osserva, in una prospettiva comparatistica e insieme didattica, che la *patria potestas* sui figli *ius proprium civium Romanorum est* (*fere enim nulli alii sunt homines, qui talem in filios suos habent potestatem, qualem nos habemus*)[5].

---

[4] De Martino (De Martino 1974, pp. 227 ss.) riconosce tale fenomeno nell'ambito dell'amministrazione finanziaria, ma lo nega in altri settori, al contrario di quanto asserito nel volume postumo di von Premerstein 1937.

[5] Gai. I 55; vd. Giomaro 1994*a*, p. 33 e Giomaro 1994*b*, pp. 24 ss.; importante: Lobrano 1984. Un'efficace sintesi sulla *patria potestas* è recentemente offerta da Palomo Pinel 2017, pp. 95 ss.; ulteriori riferimenti *infra* nt. 96.

L'allusione alla *patria potestas* è impiegata da Augusto, insieme a numerosi altri strumenti, per legittimarsi e per imporre le regole di comportamento da seguire alla propria famiglia, che tende a coincidere con la popolazione romana dell'intera patria[6].

L'impiego di strumenti interpretativi e di concetti moderni all'epoca romana ovviamente pone il problema di un potenziale anacronismo; si ritiene tuttavia che tali strumenti siano validamente messi alla prova se applicati a contesti differenti e che la vicenda politica romana possa acquisire chiarezza, in alcuni tratti strutturali, attraverso una visione filtrata consapevolmente da lenti moderne. E che l'analisi sul passato romano possa restituire al presente modelli e dinami-

[6] Si tratta, in questa sede, di un differente ordine di quesiti rispetto a quelli inerenti le disposizioni testamentarie a favore del *princeps* e l'eventuale venir meno all'*officium pietatis erga principem*, su cui si sofferma, ad esempio GAUDEMET 1953; ovviamente l'argomento sostenuto dallo Studioso – che un testamento debba essere confezionato *pie grateque*, rispettando l'*officium pietatis* verso il *princeps*, non soltanto dai liberti della famiglia imperiale, dai primipili e dagli amici personali dell'imperatore ma da una platea assai più ampia di *cives* – contribuisce a mostrare, attraverso la pretesa successoria, l'impatto (effettivo o auspicato) che Augusto ha inteso imprimere sulla società romana, inserendo a suo favore nel discorso pubblico i legami e i valori delle relazioni familiari, in particolare il suo ruolo di *pater patriae*; vd. *amplius infra* § 5. Differente spiegazione del costume della liberalità a causa di morte a favore del *princeps*, si rinviene, ad esempio, in FREZZA 1956, in part. pp. 124 s., che lo considera basato sul rapporto di potestà quasi patronale che fa capo ad Augusto. Vd. QUERZOLI 2000. Riguardo al frammento del giurista Callistrato (*Dig.* XLVIII 22, 18 pr.: *relegatus morari non potest Romae, etsi id sententia comprehensum non est, quia communis patria est: neque in ea civitate, in qua moratur princeps vel per quam transit, iis enim solis permissum est principem intueri, qui Romam ingredi possunt, quia princeps pater patriae est*), che è in effetti una retroversione di Mommsen della traduzione greca dei Basilici, vd. le osservazioni di MAROTTA 2016, pp. 105 ss., in part. 111, con ulteriore bibliografia sui profili politici, giuridici, simbolici di *pater patriae*.

che importanti per comprendere e per cercare di governare il futuro che incalza[7].

## 2. Recupero e innovazione: cenni sul contesto culturale, giuridico, politico

Alla società scomposta, frammentata, conflittuale, estenuata dalle guerre civili, uno degli *homines novi* forgiato in tale crogiuolo, Ottaviano Augusto, oppone un suo progetto di società strutturata, controllata e anche magnificamente illustrata da una propaganda affidata ad artisti la cui fama, insieme a quella di Augusto, ha travalicato i secoli, costituendo in molteplici arti un patrimonio *aere perennius* (Hor. *od.* III 30, 1).

Tre volte tra 19 e 11 a.C. viene offerta ad Augusto la *cura legum et morum* (*RGDA* VI 37-39)[8]; Augusto rifiuta questa funzione in quanto in contrasto con le regole degli antichi (*RGDA* XXXIV 21-23). Tuttavia non manca di esercitarne i poteri, almeno in parte, promulgando nuove leggi, come si legge in *RGDA* VIII 12-14: *Legibus novi[s inlatis multa e]xempla maiorum exolescentia iam ex nost[ro saeculo reduxi et ipse] multarum rer[um exem]pla imitanda pos[teris tradidi].*

[7] Sull'impiego dell'esperienza romana ai fini della riflessione contemporanea si possono richiamare, tra gli altri, Elémire Zolla, Peter Sloterdijk, Giorgio Agamben, Roberto Esposito, Hannah Arendt, Nicolás Gómez Dávila; vd., recentemente, le riflessioni di Oliviero Diliberto, Emanuele Stolfi, Luigi Garofalo, Remo Bodei, Aldo Schiavone, Roberto Esposito in Diliberto et alii 2015; vd. inoltre Garofalo 2018.

[8] *RGDA* VI 37-40: *Consulibus M. Vinicio et Q. Lucretio et postea P. Lentulo et Cn. Lentulo et tertium Paullo Fabio Maximo et Q. Tuberone senatu populoque Romano consentientibus ut curator legum et morum summa potestate solus crearer, nullum magistratum contra morem maiorem delatum recepi.*

Tra le leggi augustee[9] considereremo brevemente e nella limitata prospettiva di questa indagine la *lex Iulia de maritandis ordinibus* del 18 a.C., la *lex Iulia de adulteriis coercendis* del 18/16 a.C., e la *lex Papia Poppaea nuptialis* del 9 d.C. Esse manifestano la concezione del matrimonio, della moralità e della famiglia che il *princeps* intende imporre alla società romana, che egli mira a riplasmare.

L'operazione politica e sociale di Augusto, realizzata attraverso lo strumento legislativo, non si compie in un *vacuum* culturale né crea i propri presupposti ideali, ma li attinge da una solida e autorevole tradizione greco-romana, che merita di essere richiamata, seppure attraverso brevissimi cenni e minimi esempi.

In base a una radicata tradizione, espressa anche da Aristotele nella *Politica*, la famiglia rappresenta l'elemento basilare della società, la comunità nella quale viene alla luce e cresce la generazione successiva, i cui membri si prestano mutua assistenza, nella quale avviene in larga parte la trasmissione della cultura, dalla lingua ai costumi alla religione, dove si realizza l'educazione affettiva. Il matrimonio è l'istituto posto alla base della struttura familiare, una microsocietà che, nella visione condivisa dagli Stoici, compone società più ampie e complesse, come il *clan* gentilizio, come una comunità politica, sia essa *civitas*, *res publica* o impero. Il microcosmo della famiglia, laddove ordinato, funzionante, pacifico, concorre alla pace, all'ordine e al buon funzionamento della macro-comunità che la ingloba e dalla molteplicità delle quali è a sua volta composta.

---

[9] Per una rapida panoramica dell'ampia e intensa produzione legislativa di Augusto si rimanda a De Francisci 1970*a*, p. 36; *amplius* De Francisci 1970*b*, pp. 287 ss.; Rizzelli 1997; De Robertis 1997, pp. 197 ss.; Rotondi 1990, pp. 439 ss.; Spagnuolo Vigorita 2010; Spagnuolo Vigorita 2012, pp. 793 ss.; Ferrary 2012, pp. 569 ss.; Mantovani 2012, pp. 353 ss.; Tuori 2014; Licandro 2016.

Cicerone nel *De officiis* considera in una sorta di progressione graduale le modalità di vita associata degli uomini, inquadrando la famiglia nel contesto di una società assai ampia, impostata sull'identità etnica, nazionale, di linguaggio, che al suo interno si compone di più ristrette e coese modalità di associazioni, le *civitates*, fino alla cerchia intima della famiglia[10]. Alla base della famiglia c'è la coppia dei coniugi, dalla quale dipende la riproduzione, che porta a una crescita interna di tale cellula sociale, accrescendo, in tal modo, anche le comunità più estese: *prima societas in ipso coniugio est, proxima in liberis, deinde una domus, communia omnia; id autem est principium urbis et quasi seminarium rei publicae*[11].

Modestino, nella sua nota definizione[12], intende le *nuptiae* quale un *consortium omnis vitae*, rimarcando l'intensità e la continuità del vincolo matrimoniale, sebbene la dissolubilità

[10] Vd. VARVARO 1998.

[11] Cic. *de off.* I 17, 53-54: [53] *Gradus autem plures sunt societatis hominum. Ut enim ab illa infinita discedatur, proprior est eiusdem gentis, nationis, linguae, qua maxime homines coniunguntur. Interius etiam est eiusdem esse civitatis; multa enim sunt civibus inter se communia, forum, fana, porticus, viae, leges, iura, iudicia, suffragia, consuetudines praeterea et familiaritates multisque cum multis res rationesque contractae. Artior vero colligatio est societatis propinquorum; ab illa enim inmensa societate humani generis in exiguum angustumque concluditur.* [54] *Nam cum sit hoc natura commune animantium, ut habeant libidinem procreandi, prima societas in ipso coniugio est, proxima in liberis, deinde una domus, communia omnia; id autem est principium urbis et quasi seminarium rei publicae. Sequuntur fratrum coniunctiones, post consobrinorum sobrinorumque, qui cum una domo iam capi non possint, in alias domos tamquam in colonias exeunt. Sequuntur conubia et affinitates ex quibus etiam plures propinqui; quae propagatio et suboles origo est rerum publicarum. Sanguinis autem coniunctio et benivolentia devincit homines [et] caritate.*

[12] *Dig.* XXIII 2, 1 (Modestinus 1 *reg.*): *Nuptiae sunt coniunctio maris et feminae et consortium omnis vitae, divini et humani iuris communicatio.*

sia prevista e sia sostanzialmente aperta a entrambi i coniugi nel diritto romano "classico". Meno vulgato è un frammento del giurista Callistrato, di età severiana; in esso il giurista, connettendosi alla riflessione stoica, in particolare a Musonio Rufo, e manifestando «emozioni raramente reperibili in un testo giuridico», offre uno «scorcio sul valore trascendentale e sicuramente meta giuridico del matrimonio e della procreazione»[13].

La famiglia è la formazione sociale attraverso la quale si realizzano due processi fortemente interconnessi, quello della riproduzione biologica (la famiglia nell'antichità doveva fare fronte a una situazione che presentava alti tassi di mortalità e alti tassi di fertilità) e quello della trasmissione della proprietà. Il vocabolo latino *familia* indica le persone e il patrimonio soggetti al *pater* e *dominus*, inclusi gli schiavi[14].

Il mondo greco-romano riconosce anche a livello giuridico la centralità dell'istituto del matrimonio, tanto che sposarsi e avere figli è considerato una sorta di dovere civico per ciascun *civis Romanus*, come si riscontra anche in ambito greco ed ebraico[15].

Augusto si inserisce in questo ordine di idee, stabile per secoli nel panorama ideale del mondo antico. Non mancano, inoltre, antecedenti repubblicani alle norme augustee; a prescindere dall'esistenza o meno nei *mores* di una regola

---

[13] Tra virgolette sono riportate le parole di Puliatti 2016*a*, p. 51. Il frammento di Callistrato è il seguente: *Dig.* L 16, 220.3 (Callistratus 2 *Quaest.*) *Praeter haec omnia natura nos quoque docet parentes pios, qui liberorum procreandorum animo et voto uxores ducunt, filiorum appellatione omnes qui ex nobis descendunt continere: nec enim dulciore nomine possumus nepotes nostros quam filii appellare. etenim idcirco filios filiasve concipimus atque edimus, ut ex prole eorum earumve diuturnitatis nobis memoriam in aevum relinquamus.*

[14] Gli schiavi sono, infatti, designati anche come *famuli*; vd. Albanese 1979, pp. 205 ss., Buongiorno 2012.

[15] Vd. Rabello 2002.

che impone la procreazione al *civis*, o della legge d'epoca arcaica che prescriveva il matrimonio[16], si richiama la notizia di una imposta sul celibato[17], non più esatta, e la politica agraria dei Gracchi, mirante all'incremento demografico[18], come pure l'attribuzione, nel 59 a.C., da parte di Cesare, dell'*ager Campanus* ai cittadini *quibus terni pluresve liberi essent*[19].

Nel contesto politico l'idea di un capo che legislativamente affronti i problemi della società romana, *perculsa atque prostrata* dalla guerra, emerge con forza anche nelle pagine di Cicerone, che anticipa il progetto augusteo, laddove esorta Cesare ad agire secondo alcune linee guida:

> Cic. *pro Marcell.* VIII 23-24. *Omnia sunt excitanda tibi, C. Caesar, uni quae iacere sentis belli ipsius impetu, quod necesse fuit, perculsa atque prostrata: constituenda iudicia, revocanda fides, comprimendae libidines, propaganda suboles, omnia quae dilapsa iam diffluxerunt severis legibus vincienda sunt.*

---

[16] Dion. Halic. IX 22, 2.

[17] Val. Max. II 9, 1: *Camillus et Postumius censores aera poenae nomine eos, qui ad senectutem caelibes peruenerant, in aerarium deferre iusserunt, iterum puniri dignos, si quo modo de tam iusta constitutione queri sunt ausi, cum in hunc modum increparentur: 'natura uobis quemadmodum nascendi, ita gignendi legem scribit, parentesque uos alendo nepotum nutriendorum debito, si quis est pudor, alligauerunt. Accedit his quod etiam fortuna longam praestandi huiusce muneris aduocationem estis adsecuti, cum interim consumpti sunt anni uestri et mariti et patris nomine uacui. Ite igitur et non odiosam exsoluite stipem, utilem posteritati numerosae'*. Vd. anche Plut. *Cam.* II 2.

[18] Si discute, nei giorni nei quali si stanno scrivendo queste pagine, di inserire nella legge di bilancio della Repubblica italiana una norma che prevede che parte dei terreni demaniali agricoli non utilizzabili per altre finalità istituzionali e parte dei terreni abbandonati o incolti delle regioni del sud Italia siano «concessi gratuitamente per un periodo non inferiore a 20 anni ai nuclei familiari con terzo figlio nato negli anni 2019, 2020, 2021».

[19] Suet. *Caes.* XX 1; Appian. *BC* II 10.

Cesare non poté realizzare tale programma, essendo in anticipo sui tempi; la sua morte e lo scontro di Filippi, peraltro, possono *ex post* essere considerati funzionali a consolidare i presupposti per l'avvento di Augusto. Cicerone ritiene necessario comprimere le *libidines*, gli interessi e le pulsioni personali che hanno preso il sopravvento; si deve sostenere l'incremento demografico, dare ordine, corpo, struttura alla società disfatta che ruscella come sostanza liquida e incontrollabile[20]. Il bene pubblico va concepito e imposto dall'alto, attraverso la legislazione. Dunque non nascono in un *vacuum* culturale, giuridico e politico le leggi di Augusto che investono la famiglia e ciò che inerisce a essa: il profilo patrimoniale, la fecondità, la stabilità del vincolo, l'esclusività del vincolo (attraverso la repressione dell'adulterio) e dunque la certezza della prole, la scelta stessa del coniuge[21].

## 3. *Lex Iulia de maritandis ordinibus e lex Papia Poppaea nuptialis*

### 3.1 Contenuti giuridici

La *lex Iulia de maritandis ordinibus*, del 18 a.C., secondo parte della dottrina potrebbe derivare il proprio complemen-

[20] Si confronti con l'immagine di «liquid modernity» scelta da Bauman 2000. Sul passo ciceroniano vd. Williams 1962, p. 29.

[21] Ovviamente, il tema 'famiglia', basilare e di incidenza pratica rilevante, è declinato legislativamente nel contesto del quadro della propaganda augustea, volta a consolidare il nuovo regime con il richiamo a valori da pubblicizzare come fortemente identitari della moralità romana. Si pensi alla gemma augustea, al tempio di Marte ultore, al corteo dell'Ara Pacis, per richiamare suggestioni ben note. Non si dimentichi, peraltro, che Augusto ha celebrato tre matrimoni e gestisce con grande libertà la politica matrimoniale propria e dei propri familiari. Non si entra nel merito del possibile parallelismo con le politiche e la propaganda fascista riguardo alla famiglia e procreazione; sul punto si rimanda appena a Morello 2010.

to di argomento dai divieti matrimoniali che essa imponeva ai membri della classe senatoria e agli *ingenui*. La ricostruzione sociale augustea prevede, infatti, la consolidazione delle classi sociali e di censo in un'armatura legislativa. Al riguardo si segnala che la legge vieta agli appartenenti alla classe senatoria di sposarsi con alcune tipologie di persone, quali *liberti* o *libertae*, e attori e attrici o discendenti di costoro (*Dig.* XXIII 2, 44 pr.); agli *ingenui* (e, *a fortiori*, agli appartenenti alla classe senatoria) la *lex Iulia* vieta i matrimoni con prostitute, con *leno* e *lena*, con l'adultera condannata o colta in flagrante, che è come la condannata in pubblico giudizio (*Dig.* XXIII 2, 43)[22].

Come è noto, la *lex Iulia de maritandis ordinibus* e la *lex Papia Poppaea nuptialis*, del 9 d.C., vengono di frequente, forse già nel I secolo, considerate unitariamente dai giuristi, che le citano insieme, fondendole, come *lex Iulia et Papia* e i giuristi producono *commentarii ad legem Iuliam et Papiam* Non conosciamo il testo legislativo direttamente né con precisione, e non è del tutto chiarito il coordinamento tra esse, come pure il loro coordinamento con altre leggi che intervengono negli stessi settori. Augusto intende rafforzare attraverso di esse la dignità sociale, la stabilità economica e la numerosità della prole della famiglia, ma persegue anche intenti fiscali, in

[22] Si vedano i testi tratti dal commentario di Ulpiano alla *lex Iulia et Papia* contenuti in *Dig.* XXIII 2, 43 pr.-9 e *Dig.* XXIII 2, 43 12-13; sul punto Nardi 1941; Astolfi 1996, pp. 97 ss., Puliatti 2001*a*, p. 432, Fayer 2005, pp. 598 ss., Rizzelli 1997, pp. 132 ss., Sanna 2012. Si legge in *Dig.* XXIII 2, 42 1 (Modestinus *l.s. de ritu nupt.*) *Si senatoris filia neptis proneptis libertino vel qui artem ludicram exercuit cuiusve pater materve id fecerit, nupserit, nuptiae non erunt*. Ciò che non significa nullità, ma irrilevanza dell'unione ai fini della *lex Iulia et Papia*. Cfr. *Cod. Iust.* V 4, 28, dove Giustiniano richiama un quesito presente in Ulpiano concernente l'eventuale necessità di sciogliere – per ottemperare alla *lex Papia* – il matrimonio tra una liberta e suo marito, divenuto senatore dopo il matrimonio; la risposta imperiale è che *firmum maneat matrimonium*; vd. Varvaro 2000, in part. p. 483 nt. 347.

particolare con la *lex Papia*, promulgata in anni nei quali le entrate statali si erano ridotte. Le classi abbienti dell'Impero percepirono l'iniziativa del *princeps* come una pesante intrusione nella propria sfera personale e nella gestione della ricchezza privata. In effetti l'intento di legare famiglia e discendenza con il patrimonio, che è inteso come strumentale ad essa, e di incentivare la procreazione di *cives*, per di più selezionando il coniuge, incide sul progetto di vita personale con evidente detrimento della libertà e in contrasto con la concezione individualistica radicata negli strati elevati della società romana.

Augusto, per quanto si riesce a ricostruire dai commenti dei giuristi e dalla successiva legislazione, mediante le due leggi favorisce, in sostanza, le nozze tra *cives*, disincentiva i divorzi, procede a una restrizione della capacità di acquistare per successione *mortis causa*, colpendo il *pater solitarius*, i coniugi senza figli comuni, i *caelibes* e i coniugi senza prole (*orbi*). Il regime prevede che i *caelibes* non possano acquistare nulla tramite testamento o legati, gli *orbi* soltanto la metà[23]. Gli uomini tra i 25 e i 60 anni e le donne tra i 20 e i 50 sono indotti a sposarsi. All'incapacità dei celibi si affianca una precedenza, quella di chi ha figli rispetto a chi non ne ha[24]. Si riconducono al convergere dei contenuti della *lex Iulia* e della *lex Papia* anche gli incentivi come il *ius trium* o *quattuor liberorum* per uomini e donne prolifici in costanza di matrimonio, che beneficiano, ad esempio, dell'esenzione dalla tutela, se donne (è diversa la soglia di numerosità

[23] Gai II 111; II 286; II 286a. I *caelibes* non possono assistere agli spettacoli pubblici (CIL VI 32323, 50-57); gli uomini celibi sono posposti in relazione all'assunzione dei *fasces consulares* (Gell. II 15, 4).

[24] Vd. Jörs 1985; Levet 1935; Lauria 1952; Biondi 1955; Solazzi 1942; Provera 1964; Kaser 1971; Spagnuolo Vigorita 1988; Zabłocka 1986; Zabłocka 1988; Dajczak 1995; Astolfi 1996; Fayer 2005; Mastrorosa 2007; Kemezis 2007; Spagnuolo Vigorita 2010; Spagnuolo Vigorita 2012; Braccesi 2013; Biavaschi 2013; McGinn, 2013; Puliatti 2016*b*; Coppola Bisazza 2016; Fino 2018.

di figli tra *ingenuae* e *libertae*), e della precedenza nell'assunzione dei fasci consolari, se uomini.

Le quote ereditarie e i legati destinati a eredi o legatari celibi o privi di figli vanno devoluti ad altri eredi o legatari sposati e con figli; se mancano persone nelle condizioni di ricevere, si procede alla *vindicatio caducorum* da parte dell'erario e, in seguito, da parte del fisco, di quelle quote ereditarie o legati[25]. Ciascun cittadino è legittimato a rivendicare il *caducum*, facendosi *delator* e ricevendone una quota importante[26]; viene così introdotto da Augusto il processo delatorio[27].

## 3.2. Svetonio tra politica e diritto

Le riforme di Augusto esercitano sul matrimonio un'ingerenza rivelatrice di alcuni tratti salienti del regime augusteo. Augusto mira a una restaurazione in chiave arcaizzante[28] e propugna un'idea tradizionalista del matrimonio, considerandolo

[25] Gai II 207; vd. Agnati –Ammirati 2018.

[26] La quota spettante al *delator* era superiore a un quarto del valore (Suet. *Nero* X). Caracalla stabilisce che tutti i *caduca* vengano devoluti al fisco, in assenza di figli o genitori del defunto che presentino i requisiti necessari (*Tit. Ulp.* XVII 2 e 18). Interessante la deroga alla legge in questione costituita dal *testamentum militis* (Gai. II 111).

[27] Rivière 2002; Banfi 2013; Petraccia 2014; Pietrini 1996, pp. 80 s.; Centola 1999, pp. 136 ss.; Pietrini 2009, pp. 142 s.; Santalucia 2002, pp. 249 s.; Rivière 2000. Isidoro di Siviglia scrive: *Delator est, eo quod detegat, quod latebat* (Isid. *Etym.* 10.468). De Ruggiero 1910; Lauria 1934; Lauria 1957, pp. 188 s.; Gaudemet 1979; Spagnuolo Vigorita 1984; Fanizza 1988; Puliatti 1992; Spagnuolo Vigorita 1994; Santalucia 1998*a*; Venturini 2002; Solidoro Maruotti 2003; Cerami 2003; Pergami 2007; Varvaro 2008; Russo Ruggeri 2011; Sciortino 2011; Cerami 1998.

[28] Sulle modificazioni dei costumi muliebri vd. Cantarella 2013, p. 199; Valentini 2012, pp. 3 ss., Giunti 2012; Lamberti 2014, pp. 62 s.; Lamberti 2016, pp. 37 s. Durante la fine della Repubblica e nei primi anni del Principato è vissuta la protagonista della cosiddetta *Laudatio Turiae* (*CIL* VI 1527, VI 31670, VI 37053 = ILS 8393), fedele al marito ma infeconda; vd. Giunti 2011, pp. 243 ss.; Piro 2007. Di epoca augustea è

uno dei pilastri della struttura sociale, istituto da porre al servizio del proprio progetto politico; egli cerca quindi di imporre ai romani di sposarsi oltre a conferire ai matrimoni stabilità, fecondità, certezza della discendenza, omogeneità sociale dei coniugi. La legislazione augustea in materia riceve un'accoglienza negativa, come ricorda Svetonio:

> Suet. *Aug.* XXXIV. *Leges retractavit et quasdam ex integro sanxit, ut sumptuariam et de adulteriis et de pudicitia, de ambitu, de maritandis ordinibus. Hanc cum aliquanto severius quam ceteras emendasset, prae tumultu recusantium perferre non potuit nisi adempta demum lenitave parte poenarum et vacatione trienni data auctisque praemiis. Sic quoque abolitionem eius publico spectaculo pertinaciter postulante equite, accitos Germanici liberos receptosque partim ad se partim in patris gremium ostentavit, manu vultuque significans ne gravarentur imitari iuvenis exemplum. Cumque etiam inmaturitate sponsarum et matrimoniorum crebra mutatione vim legis eludi sentiret, tempus sponsas habendi coartavit, divortiis modum imposuit.*

Il biografo funzionario imperiale ci informa che Augusto riformò alcune leggi e ne promulgò altre *ex integro*; ricorda la legge suntuaria, quella sugli adulteri e la pudicizia, sui brogli, sul matrimonio dei differenti ordini, offrendo dati preziosi, in una sintesi che non manca di creare alcune difficoltà[29]. Svetonio, nella sua selezione, conferisce rilievo alle leggi sulla famiglia e il matrimonio: l'episodio che ebbe luogo nel circo riguarda appunto tali provvedimenti.

In merito alla *lex de maritandis ordinibus* Svetonio afferma che dal momento che tale legge era stata emendata dal *princeps* più severamente delle altre, egli non riuscì a

---

la c.d. *laudatio Murdiae* (*CIL* VI 10230 = ILS 8394), per cui vd. Cenerini 2002, p. 69; Lindsay 2004, pp. 88 ss.

[29] Vd. Wardle 2014, p. 54 e pp. 277 s.; vd. Arcaria – Licandro 2014, pp. 302, 322.

farla approvare a causa del tumultuare degli oppositori, se non a prezzo di cassare alcune pene e di mitigarne altre, di prevedere una dilazione di tre anni prima dell'entrata in vigore, di aumentare i contenuti premiali. Nonostante ciò, durante un pubblico spettacolo, l'ordine dei cavalieri ne chiese l'abolizione[30]. La risposta di Augusto, nel contesto del rapporto diretto tra imperatore e popolo che si realizzava durante gli spettacoli pubblici, consistette nel farsi avvicinare dai figli di Germanico e nel mostrarli a tutti, alcuni tra le proprie braccia, altri in braccio al padre, significando con la mano e con il volto che non doveva essere pesante per i Romani imitare l'esempio del giovane Germanico[31].

Svetonio annota ancora che quando Augusto si accorse che quanto disposto dalla legge veniva eluso con fidanzamenti conclusi con fanciulle di età immatura[32] e con frequenti cambiamenti di moglie, abbreviò il termine per il fidanzamento, stabilendo[33] che le ragazze dovessero avere almeno dieci anni al momento del fidanzamento e che il matrimonio seguisse entro due anni, perché il fidanzamento fosse considerato valido; e impose ai divorzi un *modus*, termine che può essere inteso come 'limite' o come 'forma'.

Nell'ultimo periodo del testo di Svetonio sopra riportato vengono in rilievo due modalità di elusione delle norme e due rimedi successivamente escogitati: in primo luogo la *inmaturitas sponsarum* cui la legislazione risponde abbreviando la durata del fidanzamento (*tempus sponsas habendi*

---

[30] L'avvenimento trova riscontro in Dio LVI 1, 2. Sul coordinamento tra le informazioni offerte da Svetonio e da Cassio Dione in merito ai vari progetti legislativi e alle leggi effettivamente promulgate si rimanda ad ASTOLFI 1996.

[31] *Exemplum* è una parola importante della propaganda augustea, come mostra il passo già richiamato di *RGDA* VIII 13-14: *et ipse] multarum rer[um exem]pla imitanda pos*[*teris tradidi*].

[32] Cfr. Dio LIV 16, 7; LVI 7, 2.

[33] Secondo Dio LIV 16, 7.

*coartavit*); in secondo luogo la *matrimoniorum crebra mutatio* cui viene opposto un *divortiis modus*. Il cambiare coniuge non compromette la fertilità; Augusto manifesta quindi anche uno specifico interesse per la stabilità del matrimonio e per la tutela della famiglia, cellula base della società, e della unitarietà del correlato patrimonio.

Si discute se e come raccordare le notizie offerte dal testo letterario con i dati provenienti dalle fonti giuridiche e sulla possibilità di identificare il *modus* imposto legislativamente da Augusto ai divorzi[34]. Non abbiamo indicazioni per sostenere che il *modus* trovi riscontro in una norma limitatrice del numero dei divorzi, alla stregua di quanto invece previsto dalla *lex Fufia Caninia* (2 a.C.), che circoscrive la facoltà del *dominus* di *manumittere* propri schiavi al rispetto di determinate percentuali ovvero di un numero massimo[35].

Si può intendere *modus* come limite posto da Augusto ai divorzi, nel contesto di un discorso condotto da Svetonio senza velleità di approfondire il profilo tecnico-giuridico. In tale prospettiva la notizia svetoniana potrebbe semplicemente riferire che un provvedimento successivo – in ipotesi la *lex Papia Poppaea* del 9 d.C. – ha inteso limitare indiretta-

[34] Vd. Wardle 2014 , p. 54 e pp. 277 s. Si veda il bilancio minimale proposto da Caron 1988, p. 295, secondo il quale al divorzio «Augusto pose dei limiti [...], anche se non sappiamo quale fosse in effetti tale *modum divortii* e se ci è dato di ritenere che questo limite rimanesse lettera morta».

[35] Treggiari 1991, pp. 453 s., traduce *divortiis modum imposuit* con «he set a limit on divorces», ma contesta Svetonio in quanto mancano prove del fatto che Augusto abbia compresso la libertà di divorziare (eccettuato il caso del divorzio della liberta dal patrono) e afferma che questo passo della *Vita Augusti* non ha relazione con i testi giuridici in merito alle formalità imposte al divorzio. Analoga prospettiva in Gardner 1986, p. 82. Le restrizioni, secondo altra dottrina, potrebbero riguardare la dote, ad esempio le *retentiones* che incidono sulla restituzione della dote (vd. Humbert 1972, pp. 136 s.), oppure incidere sulle tempistiche imposte al marito per la restituzione, su cui Söllner 1969, p. 117. Vd. anche Jörs 1985, p. 38.

mente il numero dei divorzi, facendo leva, con benefici e penalizzazioni, sui profili patrimoniali inerenti la modalità più rilevante per il trasferimento della ricchezza dell'*élite*, cioè la successione *mortis causa*. La documentazione giuridica, però, attesta l'esistenza di un discusso requisito formale, ciò che orienta alcuni studiosi a intendere *modus* come 'forma'. Tale requisito stabilisce che il divorzio debba essere attuato mediante una dichiarazione espressa innanzi a testimoni[36]. Tuttavia questo formalismo – che viene connesso alla *lex Iulia de adulteriis* da alcune fonti[37] – presenta profili oscuri e problematici in merito alla sua rilevanza – *ad probationem*

[36] Tuttavia nella prassi (e da qui i problemi affrontati dai giuristi) la libertà di forma del divorzio rimase come costume. Si segnalano alcuni testi di rilievo, come *Dig.* XLVIII 5, 44(43) (Gai 3 *ad l. XII tab.*) e *Dig.* XXIV 1, 35 (Ulpianus 34 *ad ed.*).

[37] Vd., ad es., la discussione riguardo a *Dig.* XXXVIII 11, 1 1 (Ulpianus 47 *ad ed.*): *Ut autem haec bonorum possessio locum habeat, uxorem esse oportet mortis tempore. Sed si divortium quidem secutum sit, verumtamen iure durat matrimonium, haec successio locum non habet. Hoc autem in huiusmodi speciebus procedit. Liberta ab invito patrono divortit: lex Iulia de maritandis ordinibus retinet istam in matrimonio, dum eam prohiberet alii nubere invito patrono. Item Iulia de adulteriis, nisi certo modo divortium factum sit, pro infecto habet.* Ricorre il vocabolo *modus* – impiegato da Svetonio – nel trattare il caso della *liberta* che sposa il patrono. La *liberta* è doppiamente limitata: (a.) in base alla *lex Iulia de maritandis ordinibus* non può contrarre un altro matrimonio senza il consenso del patrono che è al contempo marito; (b.) in base alla *lex Iulia de adulteriis* deve rispettare le forme prescritte per il divorzio. Vd. anche Caes 1961, p. 170 che analizza *Dig.* XXIV 2, 11 pr.-1. Ampio dibattito, per cui vd. Di Marzo 1919, p. 83; Volterra 1936; Solazzi 1925, ma vedi anche la differente prospettiva proposta dallo stesso Studioso in Solazzi 1948, pp. 85 ss.; Levy 1925, pp. 137 ss.; Núñez Paz 1988, pp.106 ss., 128 ss.; Treggiari 1991, pp. 446 ss. sostiene che alcune formalità fossero necessarie per il divorzio nel caso di un marito che divorzia da un'adultera o in caso di donazioni tra coniugi o di intenzione di risposarsi, ma che al riguardo tanto le XII Tavole che le leggi augusteee erano *minus quam perfectae* e che le formalità, utili «to date and ratify» il divorzio, erano normalmente impiegate «but they did not constitute divorce and they

ovvero *ad substantiam* – e alla sua applicazione, generale o limitata ad alcuni scioglimenti dell'unione coniugale[38].

Si deve valutare con cautela la possibilità di coordinare la brevissima notizia svetoniana (*divortiis modum imposuit*)

---

were not compulsory in all instances» (*Ibidem* 456). Vd. anche Eisenring 2002, p. 180; Giunti 2009, p. 340; Astolfi 2014, pp. 364 ss., 382 ss.

[38] Vd. *Dig.* XXIV 2, 9 (Paulus 2 *de adult.*) *Nullum divortium ratum est nisi septem civibus Romanis puberibus adhibitis praeter libertum eius qui divortium faciet. Libertum accipiemus etiam eum, qui a patre avo proavo et ceteris susum versum manumissus sit.* Sempre che non vi sia una accentuazione dei profili della generalità e astrattezza dovuta all'attività dei compilatori giustinianei, il frammento paolino esprime una regola che impone a qualsiasi *coniunx* che proceda al *divortium* il rispetto delle formalità prescritte. Il liberto di tale coniuge – non soltanto quello impiegato per comunicare al coniuge la decisione dell'altro coniuge, ma verisimilmente qualsiasi liberto (ai fini di garantire la terzietà dei testimoni) – viene escluso dal novero dei sette *cives Romani puberi* richiesti. Il frammento non dice se alla base di questa dichiarazione ci sia il consenso di entrambe le parti, ma la procedura pare mostrare in effetti l'esternazione della volontà unilaterale di sciogliere l'unione coniugale; vd. Astolfi 1996; Astolfi 2014, pp. 278 s. Le testimonianze giuridiche che richiedono formalità per il divorzio sono considerate interpolate da Levy e il *modus* imposto da Augusto del quale scrive Svetonio (*Aug.* XXXIV) viene inteso come riferito al divieto di divorzio della *liberta* nei confronti del patrono (secondo le *leges Iulia et Papia Poppaea*, vd. *Dig.* XXIV 2, 11 pr.) o, nel caso, riguardo alle ritenzioni che investono la dote se regolate da norme augustee (Levy 1925, pp. 48 ss.); critiche puntuali in Corbett 1930, pp. 234 ss. Di recente è stata suggerita una lettura volta a conciliare la potenziale applicazione della innovazione 'formalistica' a tutti gli scioglimenti del matrimonio, salvando dunque la generalità del dettato di *Dig.* XXIV 2, 9, con la specificità di tale innovazione, che riguardi un determinato profilo che può o meno venire in rilievo, senza dunque entrare in contraddizione con la documentazione che attesta, in parallelo all'imposizione di un formalismo, la libertà e informalità del divorzio nel diritto romano classico: vd. Giunti 2009. Astolfi 2014, pp. 370 ss., sostiene che forme orali e dirette per lo scioglimento del matrimonio, come pure la redazione di un *libellus repudii*, sebbene diffusamente impiegate, non siano considerate necessarie dal diritto classico né costituiscano prove certe del *repudium*.

con le informazioni che risultano dalla lettura dei testi giuridici. Inoltre, se *modus* è da intendersi come limite, esso non deve necessariamente legarsi ad una forma. Limitare i divorzi attraverso l'imposizione di una forma pare una coazione meno efficace di quella che comprime la capacità successoria di chi non è coniugato, come si accennava più sopra.

Mentre il dato prettamente giuridico lascia adito a ipotesi, il dato politico che emerge da Svetonio è chiaro: le classi abbienti si oppongono a regole che incidono sul loro progetto di vita, sulla loro libertà personale, sul loro patrimonio. Il paternalismo giuridico del *pater patriae* non manca di incontrare resistenze e Augusto deve gestire la situazione, con concessioni e dilazioni, con *exempla* e con la propaganda

## 4. *Lex Iulia de adulteriis coercendis*

### 4.1. Contenuti giuridici

L'adulterio[39], attratto in ambito criminale dalla *lex Iulia de adulteriis coercendis* di Augusto, votata negli anni tra il 18 e il 16 a.C.[40], vede come soggetto attivo del crimine la donna sposata, la quale abbia un rapporti sessuali extraconiugali[41].

[39] In diritto romano l'adulterio è il commercio sessuale di e con una donna *nupta* di onesta condizione. Un uomo può commettere adulterio soltanto se ha una relazione sessuale con una donna sposata ad altri. L'adulterio segna una zona di rispetto intorno alla *uxor*, protetta e costretta da questo involucro legale, posto a garanzia della certezza della paternità della prole concepita all'interno di un *iustum matrimonium*. Tale protezione riguarda le donne di onesta condizione; altre, a volte indicate nelle fonti come *feminae probrosae*, di basso rango sociale, sono esentate dall'applicazione delle norme augustee; vd., con bibliografia, AGNATI 2015.

[40] Per la datazione vd. SPAGNUOLO VIGORITA 2001; BUONGIORNO 2013, pp. 273 ss. Sulla legge in esame offre una efficace sintesi SANTALUCIA 1998*b*, pp. 201 ss.; vd. anche EVANS GRUBBS 1995, pp. 203 ss. Di riferimento sul tema: RIZZELLI 1997.

[41] La moglie non può perseguire il proprio marito per adulterio; può, però, divorziare, ottenere la restituzione della dote e risposarsi – pre-

Il provvedimento augusteo opera un rilevante mutamento in quanto demanda allo stato la repressione di alcuni crimini sessuali che, in precedenza, venivano perseguiti nell'ambito della famiglia. In epoca arcaica il titolare della *manus* poteva reprimere privatamente l'adulterio tramite la vendetta o convocando il tribunale domestico, formato dal marito della presunta adultera e dai parenti maschi[42]. Dionigi di Alicarnasso nelle *Antiquitates Romanae* attesta che il tribunale domestico aveva competenza in merito all'adulterio (φθορὰ σώματος) e al consumo di vino della moglie, entrambi comportamenti in relazione ai quali Romolo aveva concesso al marito la facoltà di punire la moglie con la morte[43]. Il marito era tenuto a riunire il tribunale domestico per assumere la decisione. Nel I secolo a.C. questa procedura era caduta in desuetudine; Augusto istituisce dunque una *quaestio de adulteriis*, presieduta da un pretore, innanzi alla quale l'accusa può essere sostenuta da qualsiasi *civis*, una volta che non abbiano esercitato l'azione il marito o il padre della donna.

La fattispecie travalica i confini dell'adulterio *stricto sensu*. Sono, infatti, represse da Augusto nell'ambito crimi-

---

feribilmente entro un anno dal divorzio, se non vuole incorrere nelle limitazioni augustee della capacità di ricevere *mortis causa*.

[42] Lanfranchi 1938, p. 252 nt. 2; Düll 1943, pp. 54 ss.; Volterra 1948, pp. 103 ss.; Kunkel 1966, pp. 219 ss.; Balducci 1976, pp. 69 ss.; Venturini 1988, pp. 170 s.; Ruggiero 1984; Núñez Paz, 1988, p. 88, Bravo Bosch 2011; Russo Ruggeri 2009, pp. 515 ss.; Russo Ruggeri 2010; Donadio 2012, pp.175 ss.

[43] Dion. Hal. II 25, 6. ἁμαρτάνουσα δέ τι δικαστὴν τὸν ἀδικούμενον ἐλάμβανε καὶ τοῦ μεγέθους τῆς τιμωρίας κύριον. Ταῦτα δὲ οἱ συγγενεῖς μετὰ τοῦ ἀνδρὸς ἐδίκαζον: ἐν οἷς ἦν φθορὰ σώματος καὶ, ὃ πάντων ἐλάχιστον ἁμαρτημάτων Ἕλλησι δόξειεν ἂν ὑπάρχειν, εἴ τις οἶνον εὑρεθείη πιοῦσα γυνή. ἀμφότερα γὰρ ταῦτα θανάτῳ ζημιοῦν συνεχώρησεν ὁ Ῥωμύλος, ὡς ἁμαρτημάτων γυναικείων αἴσχιστα, φθορὰν μὲν ἀπονοίας ἀρχὴν νομίσας, μέθην δὲ φθορᾶς.
Recentemente Di Trolio 2017, pp. 107 ss. Sul valore storico dell'opera vd. Gabba 1996.

nale (a.) l'unione sessuale di e con una donna sposata, (b.) l'unione sessuale con donna nubile o vedova di onesta condizione (*stuprum*), (c.) le condotte che – di regola saltuariamente e senza che lo scopo di lucro ne sia elemento caratterizzante – favoriscano, tollerino o sfruttino tali crimini in determinate circostanze (*lenocinii crimen*, differente dal mero sfruttamento della prostituzione a scopo di lucro, da ricondurre al *lenocinium*)[44].

L'adultera è assoggettata a pena pubblica, l'amante è anch'egli assoggettato a pena, consistente per entrambi nella *relegatio*, in isole diverse, e, sotto il profilo patrimoniale, la donna subisce la confisca (*publicatio*) di metà della dote e di un terzo delle sue proprietà, mentre al complice viene confiscata la metà del patrimonio. Sotto il profilo personale la donna condannata per adulterio non può contrarre validamente un nuovo matrimonio.

Il *pater familias* può uccidere gli adùlteri colti in flagranza e in casa propria, ma deve uccidere insieme sia la *filia in potestate* sia l'amante[45]. Il marito dell'adultera, per parte sua, al fine di non incorrere nel *crimen lenocinii*, deve ripudiare la moglie colta in flagranza e può risposarsi, anzi, è sollecitato a farlo dalle leggi matrimoniali augustee.

Secondo la *lex Iulia de adulteriis* il marito può perseguire la moglie per adulterio soltanto dopo il divorzio e nessun altro può accusare di adulterio la moglie prima del divor-

---

[44] Santalucia 1998*b*, p. 202; su *lenocinii crimen* vd. Puliatti 2001*b*, pp. 422 ss.; Rizzelli 1997, pp. 123 ss; Puliatti, 2003, pp. 42 ss.; sull'incesto nella *lex Iulia* vd. Puliatti 2001*a*, pp. 15 ss.

[45] Vd. *Coll.* IV 8, 1; Lambertini 1992; Rizzelli 1997, pp. 32 ss.; Rizzelli 2017, pp. 46 ss., 61 ss. Sul profilo del disonore nel contesto di una 'shame culture' vd. Cantarella 1991. Il *ius occidendi* nei confronti dell'adultera si riteneva fosse contenuto in una *lex regia* [*Lex Rom.* 7 = *FIRA* I, 7]; vd. Giunti 1990. Sull'incidenza nei secoli del diritto romano, si segnala il richiamo alle norme augustee inerenti l'adulterio nell'uccisione della baronessa di Carini per mano di suo padre; vd. Baviera Albanese 1964. Sul versante giuridico vd. Morello 2004.

zio, se non ha precedentemente ottenuto la condanna per *lenocinium* del marito. Per la normativa augustea l'*accusatio adulterii* resta la via esperibile nel caso gli adùlteri non siano colti in flagranza o innanzi alla scelta o all'impossibilità di esercitare il *ius occidendi*[46].

## 4.2 Dissenso e congiure, legislazione e propaganda di regime

Il dissenso si annida anche all'interno della famiglia del *princeps*: l'unica figlia di Augusto, Giulia, impersona l'opposizione al regime e la manifesta con la sua condotta. Giulia funge da epicentro di una vicenda che coniuga la proposta e l'incarnazione di modelli sociali differenti, una impostazione culturale ed etica alternativa, altri progetti in politica estera e forse una congiura di palazzo contro l'autocrate; a ciò viene opposta la legislazione, strumentale alla dura reazione del *princeps*, e una sapiente propaganda di regime.

Alla fine del 6 a.C. Giulia ha concluso la relazione con Tiberio; in quanto madre dei principi ereditari dell'impero Gaio e Lucio Cesare (generati nel precedente matrimonio con Agrippa) è all'apice del proprio potere personale; nel 2 a.C., però, termina il suo quadriennio di gloria, anteriormente rispetto alla prematura morte dei figli[47]; la rovina di Giulia non influirà sul ruolo dei figli, mai messo in discussione, in quanto esiste tra costoro (*principes iuventutis*) e il *princeps* un legame assai stretto e a sé stante[48].

Giulia, prima di cadere in disgrazia, è signora incontrastata di un circolo letterario e politico. Tra i poeti del circolo spicca Iullo Antonio, amico e amante di Giulia, figlio di Mar-

[46] Fayer 2005, pp. 270 ss. e pp. 326 ss.

[47] Lucio Cesare morirà nel 2 d.C., a Marsiglia, e Gaio Cesare nel 4 d.C., in Oriente.

[48] Svetonio (*Illus.* fr. 107 R.) ricorda che tra Gaio Cesare e Augusto esiste un carteggio dai toni assai personali, scritto in alfabeto cifrato per mantenere segreto il contenuto della corrispondenza.

co Antonio e Fulvia, che Augusto aveva accolto sin da fanciullo nella propria casa; nonostante il consolato ricoperto nel 10 a.C., costui coltivava una fronda politica ispirata alle scelte del padre sconfitto ad Azio. Iullo Antonio è autore epico di qualche valore; Orazio[49] lo elogia, invitandolo, al contempo, a mantenersi allineato al regime, celebrando quindi temi graditi al *princeps*. Iullo, al contrario, si fa cantore di Diomede, antagonista di Enea nell'*Iliade* – Enea, eroe fondante la mitologia del Principato, eroe infangato nell'opera di Iullo Antonio[50]. Constatiamo dunque un legame tra politica e letteratura, entrambe in funzione antiaugustea.

Frequentatore degli stessi ambienti è Ovidio, l'unico tra gli autori del circolo del quale possediamo le opere che, nonostante sparsi inserti filo-augustei, propagandano costumi contrastanti con le direttive moralistiche della restaurazione augustea, orientandosi infatti secondo la scelta politica e di costume di Giulia[51]. L'*Ars amandi*, databile nella prima stesura tra 13 e 10 a.C., può essere richiamata come esempio, in quanto cozza frontalmente con l'indirizzo delle *leges Iuliae*, *de adulteriis coercendis*, *de maritandis ordinibus* e *sumptuaria*. I temi ovidiani contrastano le parole d'ordine del regime sui temi della famiglia, del lusso, della sessualità e dell'adulterio, ma anche su Enea, considerato in una luce differente da quella virgiliana, e sulla vicenda partica – dunque sulla politica estera imperiale[52].

---

[49] Hor. *carm.* IV 2, 33-40.

[50] BRACCESI 2012, pp. 86 ss.

[51] Per l'ipotesi che Ovidio sia stato amante di Giulia vd. BRACCESI 2012, pp. 98 ss., che identifica Giulia con la Corinna ovidiana.

[52] Ovidio non viene coinvolto nella rovina di Giulia, di Iullo Antonio e della *factio* antoniana – anche se Augusto non mancherà di saldare i conti con lui, nell'8 d.C., in relazione ad altra congiura che coinvolge Giulia minore. Ovidio, nel 2 a.C., è più defilato di altri, meno coinvolto negli eventi, non ricopre ruoli pubblici e ha dedicato un lungo *excursus* celebrativo a Gaio Cesare (*Ars am.* I 177-216), prossimo alla partenza per la campagna di Oriente. Anche in questi versi, però, Ovi-

L'anno 2 a.C. è considerato epocale dal regime augusteo e da larga parte della storiografia antica, inclusa quella cristiana[53]: Augusto, sessantenne, riceve il titolo di *pater patriae*, inaugura il suo Foro e il tempio di Marte Vendicatore (a custodia dei *Parthica signa*), celebra il trentennale di Azio con una naumachia. Nello stesso anno Giulia è condannata al domicilio coatto sull'isola di Pandateria (oggi Ventotene) e Iullo Antonio è condannato a morte. Improvvisamente e senza nascondere lo scandalo Augusto accusa Giulia di violazione della *lex Iulia de adulteriis*, pur essendo nota da tempo la condotta libertina della donna; il *princeps* fa leggere in senato da un questore una propria relazione scritta, astenendosi al contempo dalle relazioni sociali per lungo tempo e meditando di farla uccidere[54]; inoltre, con disposizione testamentaria, vieterà che la figlia *sepulcro suo inferri*[55]. La relegazione prevede per Giulia condizioni durissime, stabilite da Augusto stesso[56], nonostante il popolo romano con perseveranza chieda per lei clemenza o, almeno, la mitigazione della pena.

Le fonti consentono di ipotizzare l'esistenza di una congiura ai danni di Augusto, ordita da Giulia, da Iullo Antonio e dal circolo politico-letterario che fa loro capo[57]. Augusto punisce Iullo con pena capitale[58], perché reo di *maiestas*, ma copre la vicenda con l'accusa di adulterio. Cassio Dione, a secoli di distanza, non manca di rilevare la discrepanza, os-

dio, pur cantando l'erede designato, tiene una posizione antiaugustea ispirata a idee condivise da Giulia, sottolineando il destino di Gaio Cesare, che – egli auspica – sarà vero vindice di Carre e reale trionfatore dei Parti.

[53] Si veda Orosio *Hist.* VI 22, 1 e 5; vd. Braccesi 1999, pp. 19 ss.

[54] Suet. *Aug.* LXV 2

[55] Suet. *Aug.* CI.

[56] Cfr. Suet. *Aug.* LXV 3.

[57] Braccesi 2012, pp. 111 ss.

[58] La pena di morte viene eseguita tramite suicidio, stando al filo-augusteo Velleio Patercolo (II 100, 2-5).

servando che Iullo morì, insieme ad altri uomini di spicco, "come se avesse attentato alla monarchia"[59]. Il regime, seguendo la ricostruzione di Braccesi, preferisce tenere celata la notizia della congiura in famiglia, perché radicalmente destabilizzante, e copre gli eventi con la facile accusa di adulterio, tramutando i congiurati in amanti di Giulia[60].

Tra gli autori antichi che accennano alla congiura richiamo Seneca[61] il quale, riferendosi al 2 a.C., scrive delle minacce allo Stato romano portate per la seconda volta da un Antonio e da una donna temibile; e Plinio il Vecchio[62] che, trattando dei colpi inflitti dalla sorte *in Divo quoque Augusto*, ricorda *adulterium filiae et consilia parricidae*[63].

---

[59] Dio LV 10, 14-15.

[60] Spagnuolo Vigorita rimarca «l'immagine alquanto grottesca di un gruppo di giovani di buona famiglia, maschi e femmine, che, attorniati da schiavi e liberti, e guidati da un paio di attempate figure – una matrona con cinque figli e qualche capello bianco, due consolari – scorrazzavano di notte per la città (…)» (Spagnuolo Vigorita 2010, p. 49). Spagnuolo Vigorita, inoltre, dà conto, brevemente, della possibilità che gli eventi nascondano una congiura (e della contraria opinione di Cogitore 2002, e di Bleicken 1999) e dell'intrecciarsi delle imputazioni di adulterio e *maiestas*. Spagnuolo Vigorita scrive «Si può credere o non credere alla cospirazione. Augusto ci credette, o almeno così volle che si pensasse» (Spagnuolo Vigorita 2010, p. 51).

[61] *Dial.* X 4, 6.

[62] *Nat.* VII 46. Il progetto politico che animava i congiurati prevedeva, secondo l'ipotesi di Braccesi, la creazione di un regno autonomo in Egitto, e la soppressione di Augusto come precondizione del colpo di stato.

[63] Si chiarisce, in questa prospettiva, anche l'altrimenti incomprensibile soggetto della colossale naumachia celebrativa (per la quale fu scavato un apposito bacino artificiale), che, nel trentennale della vittoria navale di Azio, ebbe come tema una rievocazione della battaglia di Salamina, politicamente neutrale. Durante la naumachia i congiurati avrebbero deciso di assassinare il *princeps*, stando al mosaico di indizi composto da Braccesi valorizzando la singolare modalità con cui viene ricordata la naumachia nelle *Res gestae* (XXIII), la successione degli eventi secondo Velleio Patercolo (II 100, 2), il fatto che Augusto *quibus diebus* [nei giorni della naumachia] *custodes in urbe*

### 4.3. Tacito e la *maiestas*

Tacito, negli *Annales*, reca notizia e commento degli eventi sopra ricordati:

> Tac. *Ann.* III 24, 2. *Ut valida divo Augusto in rem publicam fortuna ita domi improspera fuit ob impudicitiam filiae ac neptis quas urbe depulit, adulterosque earum morte aut fuga punivit. Nam culpam inter viros ac feminas vulgatam gravi nomine laesarum religionum ac violatae maiestatis appellando clementiam maiorum suasque ipse leges egrediebatur.*

Tacito contrappone la buona sorte incontrata da Augusto nel gestire lo stato – o nel conculcarne la libertà[64] – alla sorte contraria che lo avversò nella gestione della propria famiglia. La causa è individuata nella mancanza di pudore della figlia Giulia (e della nipote Giulia minore), espulse da Roma[65]. Augusto, osserva ancora Tacito, punì i loro amanti

*disposuit, ne raritate remanentium grassatoribus obnoxia esset* (Suet. *Aug.* XLIII 1) – dove i 'vigilanti privati' non vengono ingaggiati per il motivo addotto dal regime (prevenzione di furti), ma per garantire la sicurezza dello stesso *princeps* che non si fida dei corpi militari statali né dei sentimenti della plebe romana. Peraltro, anche Caligola, nipote di Giulia, vieterà che si celebri la vittoria di Azio con festività solenni (Suet. *Cal.* XXIII 1).

[64] La costruzione di 'in + accusativo' esprime differenti tipi di relazione: la formulazione può dunque rispecchiare una deliberata scelta di Tacito per l'ambiguità, che consente di intendere l'affermazione sia come una asettica indicazione della sfera di azione di Augusto, che si muove in ambito pubblico, sia come un vantaggio per la res publica, sia come un detrimento per la stessa. Tra le traduzioni si orientano verso quest'ultima interpretazione, ad esempio, Goelzer 1953, p. 134, e Arici 1975, p. 323: «La sorte, se fu sempre valida alleata di Augusto contro la libertà dello Stato, [...]».

[65] A Ventotene insieme a Giulia è relegata anche sua madre, Scribonia, volontaria compagna di esilio secondo Velleio Patercolo (II 100, 5) e Cassio Dione (LV 10, 14-15). Braccesi dubita che tale scelta estrema sia stata effettuata dall'attempata matrona *sua sponte* e osserva l'incon-

o con la morte o con l'esilio. All'adultero, però, la morte poteva essere inflitta soltanto in circostanze determinate, che non si erano configurate nella vicenda di Giulia e di Iullo Antonio. Tacito rileva sottilmente le incongruenze tra i fatti, la loro qualificazione, la clemenza e le stesse leggi augustee; richiama, inoltre, la *maiestas*.

L'ambiguità dell'*incipit* e dell'*explicit* del passo deve porre sull'avviso il lettore, sia in merito alla difficoltà di estrarre dati obiettivi dalla testimonianza tacitiana sia in relazione al fatto che, come in altre occasioni, lo storico ha di mira i fondamenti dell'ideologia augustea, i capisaldi della propaganda, che egli bersaglia, con apparente obiettività e *sine ira et studio*. In queste righe, infatti, lo storico pone in contrasto il dato oggettivo delle gravi punizioni inflitte dal *princeps* in ragione di un'interpretazione estensiva e particolarmente severa delle condotte criminose e delle norme regolatrici, con due parole d'ordine del regime: il ripristino della legalità e la *clementia* dei *maiores*, della quale di frequente il *princeps* si atteggiava dispensatore[66].

Il *crimen maiestatis*, in età repubblicana, sanzionava la violazione della *maiestas populi Romani* e si configurava variamente, nelle situazioni nelle quali i magistrati o i promagistrati abusavano dei poteri loro conferiti[67]; una corte

---

gruenza che avrebbe avuto l'accusa di adulterio nei confronti della ultrasessantenne Scribonia, più verisimilmente punita per essere partecipe nella cospirazione. Tuttavia, sui costumi della nobile matrona lo stesso Augusto getterà un'ombra, scrivendo, come ci informa Svetonio, che il ripudio del 39 a.C. era dovuto ai suoi perversi costumi, che disgustarono il futuro *princeps*: *pertaesus, ut scribit, morum perversitatem eius* (Suet. *Aug*. LXII 2).

[66] Si ricordi che sul *clipeus* aureo che il senato ha voluto fosse collocato nella curia Iulia nel 27 a.C., Augusto è celebrato per la *virtus*, la *clementia* e poi per la *iustitia* e la *pietas erga deos patriamque*; RGDA XXXIV 18-21; vd. Rich 2012, p. 39.

[67] Vd. Bauman 1970; Giuffrè 1998, pp. 61 e 90; Santalucia 1998*b*, pp. 125 ss., 256 ss., 287; Ferrary 2009; Spagnuolo Vigorita 2010,

permanente per perseguire tale *crimen* fu probabilmente istituita nell'anno 103 a.C. dalla *lex Appuleia*. Con l'avvento del Principato l'affronto al nome e alla persona del *princeps* ricade nell'ambito del *crimen maiestatis*, regolato dalla *lex Iulia de maiestate* emanata nell'8 a.C.; il senato è la corte competente sin dal principio del regno di Tiberio, con conseguente esautorazione della *quaestio de maiestate*. L'ambito assai esteso e i contorni sfumati della *maiestas* si prestano a numerose e varie incriminazioni, che saranno impiegate anche contro i cristiani in quanto si rifiutavano di sacrificare all'effige dell'imperatore o di giurare *per genium principis*. Ovviamente le congiure e i tentativi di rovesciamento dell'imperatore rientrano tra le condotte perseguite, come attestano con chiarezza le *Pauli sententiae* V 29, 1: *Lege Iulia maiestatis tenetur is, cuius ope consilio adversus imperatorem vel rem publicam arma mota sunt* [...].[68]

Chilton[69] richiama proprio il passo di Tacito che si considera in questa sede per valutare l'ambito di applicazione della *maiestas*. Santalucia, riprendendone la linea interpretativa, asserisce che "Augusto considerò delitto di maestà anche [...] l'adulterio con donne della casa imperiale"[70].

pp. 47 ss. Cic. *Pis*. L offre una panoramica delle condotte criminose.

[68] *PS* V 29, 1: *Lege Iulia maiestatis tenetur is, cuius ope consilio adversus imperatorem vel rem publicam arma mota sunt exercitusve eius in insidias deductus est, quive iniussu imperatoris bellum gesserit dilectumve habuerit, exercitum comparaverit sollicitaverit, deseruerit imperatorem. His antea in perpetuum aqua et igni interdicebatur: nunc vero humiliores bestiis obiciuntur vel vivi exuruntur, honestiores capite puniuntur. Quod crimen non solum facto, sed et verbis impiis ac maledictis maxime exacerbatur*. Cfr. Bassanelli Sommariva 1984, pp. 95-119.

[69] Chilton 1955, p. 75: «As instances of the extension by Augustus of the circle of persons hurt by *maiestas imminuta* to include his family we note that the paramours of his daughter and grand-daughter were charged under the treason law and one of them, Jullus Antonius, forced to commit suicide (Tac. *Ann*. III 24, 2; Vell. Pat. II 100, 4)».

[70] Santalucia 1998*b*, p. 257 nt. 244.

Secondo questa impostazione, dunque, il passo va letto in modo oggettivo e giuridico, in quanto rappresenta una prova dell'ampiezza della applicazione della *maiestas*, che si spinge fino a sanzionare l'adulterio con Giulia maggiore e con Giulia minore[71]. L'espansione dell'ambito di applicazione si inquadra nel generale e progressivo ampliamento della discrezionalità del giudicante e dell'inasprimento delle pene, che si riscontra nel diritto criminale[72].

Tacito lascia affiorare le incongruenze, senza però esplicitarne la causa. Ciò può essere dovuto a una scelta stilistica allusiva; oppure al fatto che egli stesso non è riuscito a formarsi un quadro preciso dell'accaduto, nel qual caso tale incertezza potrebbe discendere dalla ipotizzata propaganda di regime che aveva preferito rubricare il caso quale adulterio piuttosto che come un tentativo di rovesciamento del regime[73].

---

[71] Frezza lega la *laesa religio* alla *violata maiestas*, in quanto la prima si converte nella seconda, se si sottointende, come egli propone, che *laesa religio* si riferisca alla *religio iusiurandi*; ciò premesso l'adultero viola la fede che egli ha giurato al *princeps*, violando così la maestà; «il reato di adulterio si trasformava, in tal modo, in una fattispecie del *crimen maiestatis* ignota al diritto della città-stato, che non accoglie nel suo ordinamento un rapporto potestativo analogo alla clientela, come fondamento di una qualificazione del cittadino di fronte al magistrato» (Frezza 1956, in part. p. 119). Cfr. Severy 2003, pp. 180 ss.

[72] Al proposito di richiama ancora Chilton 1955, p. 81: «From the establishment of the Principate the trend of Roman criminal law, especially in the law of treason, is towards greater arbitrariness, wider discrimination as between one defendant and another, and crueller and crueller punishments. The beginning of this process can be seen under Tiberius and even under Augustus». Vd. anche Masi Doria 2017, p. 23: «Il *periculum rei publicae* viene inglobato, fagocitato nel concetto di *maiestas*, che va ridefinendosi ed allargandosi a dismisura, sostituendosi al *senatusconsultum ultimum* come strumento violento di tutela della casa imperiale, dei suoi interessi, addirittura della sua immagine».

[73] Si veda Dio LIII 19 in merito alle difficoltà che incontra lo storico nell'affrontare le vicende imperiali, proprio perché esse vengono tratta-

Il passo consente di osservare l'unicità della figura di Augusto quale *pater*, padre sia della propria famiglia sia dell'intera collettività; ciò rende la vita domestica del *princeps* di rilevanza pubblica, come osserva Ovidio: *privati nil habet illa domus*[74]. A prescindere dalla possibilità che la volontà di Augusto fosse coprire la congiura con l'adulterio, il fatto che lui abbia potuto denominare l'adulterio di e con Giulia con il grave *nomen* di *laesarum religionum ac violatae maiestatis*, si connette a una concezione tradizionale della *patria maiestas*[75].

Tra le varie fonti si segnala che *patria maiestas* non manca di ricorrere in Livio. Ad esempio Quinto Servilio nella narrazione liviana afferma che, mancando rispetto per il senato e per la *res publica*, è necessario che intervenga la *patria maiestas* per troncare la disputa e stabilire il da farsi[76].

te in modo oscuro e segreto, e l'imperatore e i suoi consiglieri modellano e lasciano filtrare le informazioni secondo la propria convenienza.

[74] Ov. *Ex P.* II 1, 18.

[75] Vd. GUNDEL 1987; SEITZ 1974; THOMAS 1991; D'ALOJA 2011, pp. 189 ss., 238 s.; RIZZELLI 2017, pp.48 ss. In merito alla considerazione ulpianea che accomuna *sacrilegium* e *maiestas* in *Dig.* XLVIII 4, 1 pr. (Ulpianus 7 *de off. procons.*: *Proximum sacrilegio crimen est, quod maiestatis dicitur*) vd. MAROTTA 2000, pp. 125 ss.

[76] Liv. IV 45, 8: *Cum parum decorum inter collegas certamen mirabundi patres conspicerent, Q. Servilius "quando nec ordinis huius ulla" inquit, "nec rei publicae est verecundia, patria maiestas altercationem istam dirimet. Filius meus extra sortem urbi praeerit. Bellum utinam, qui adpetunt, consideratius concordiusque quam cupiunt gerant"*. Vd., inoltre, Liv. VIII 7, 15-17: *'quandoque' inquit, 'tu, T. Manli, neque imperium consulare neque maiestatem patriam ueritus, aduersus edictum nostrum extra ordinem in hostem pugnasti et, quantum in te fuit, disciplinam militarem, qua stetit ad hanc diem Romana res, soluisti meque in eam necessitatem adduxisti, ut aut rei publicae mihi aut mei [meorum] obliuiscendum sit, nos potius nostro delicto plectemur quam res publica tanto suo damno nostra peccata luat; triste exemplum sed in posterum salubre iuuentuti erimus*. Liv. XXIII 8, 2-3: *Eo Pacuuius Calauius, de quo ante dictum est, princeps factionis eius quae traxerat*

A corredo del commento di alcuni passi liviani sulla *patria maiestas* è stato osservato che essa "è una fonte di potere indiscutibile, con una sua forza coercitiva, che non deve essere né spiegata né giustificata, ma pretende di essere ascoltata ed esige rispetto"[77]. L'adulterio è amplificato dall'identità di Ottaviano, *pater patriae*: l'offesa arrecata al *princeps* assume dimensioni e contorni che travalicano la natura e i limiti di un adulterio che avvenga nella *domus* di qualsiasi altro *civis Romanus*[78].

## 5. *Pater patriae*

Il dissesto della repubblica trova il proprio drammatico epilogo nelle guerre civili, con una generalizzata perdita di punti di riferimento istituzionali, politici, morali, sociali, familiari, cui segue un comprensibile desiderio di pace e di restaurazione[79].

Non è sede per soffermarsi su questi profili. Richiamo soltanto e cursoriamente un passo di Appiano riguardante le proscrizioni[80], emblematico perché mostra la radicale destabilizzazione della società romana attuata anche attraverso tale strumento che, tra l'altro, prevede che lo schiavo che uccide un proscritto, dunque un uomo libero, e ne presenti a ri-

*rem ad Poenos, filium iuuenem adduxit abstractum ab Deci Magi latere, cum quo ferocissime pro Romana societate aduersus Punicum foedus steterat, nec eum aut inclinata in partem alteram ciuitas aut patria maiestas sententia depulerat.*

[77] D'ALOJA 2007, in part. p. 299.

[78] Vd. *The annals* 1996, p. 228: «Hence the Julias' adulteries were cases of violata *maiestas* to a unique degree; and, while the various adulterers had violated Augustus' *maiestas*, they were also charged on the basis of *laesarum religionum*: since the two participles are similar in meaning and are so combined in numerous autors, it seems likely that religiones here constitute the obverse (as it were) of *maiestas*».

[79] SEVERY 2003, 33 ss.; OSGOOD 2006; *Appian's* 2015.

[80] App. *bell. civ.* IV 11, 54; vd. GABBA 1956.

prova la testa mozzata, riceva la libertà, diecimila dracme attiche e la cittadinanza del padrone (ὁ δὲ δοῦλος ἐπ' ἐλευθερίᾳ τοῦ σώματος καὶ μυρίαις Ἀττικαῖς καὶ τῇ τοῦ δεσπότου πολιτείᾳ). Gli stessi premi sono previsti per i delatori[81].

Sono molteplici le risposte offerte da Ottaviano Augusto alla società che emerge dalla tempesta delle guerre civili. Una di queste è il proporsi e imporsi come *pater patriae*. Anche prima di ricevere ufficialmente tale appellativo Augusto viene descritto e, verisimilmente, percepito come figura insieme divina e paterna[82].

Si attingono dalle fonti pochi esempi tra i numerosi possibili. Nell'ode seconda del libro primo, composta probabilmente intorno al 28 a.C. e pubblicata nell'anno 23 a.C., Orazio intende incarnare il cantore della comunità, il *vates*, dando voce alla sofferenza e alla speranza dei Romani. Egli descrive le tenebre delle guerre civili e lo sconvolgimento che ha afflitto la *res publica* e destabilizzato la natura, con la conseguente esondazione del Tevere, manifestazione dello sdegno degli dei[83]. Con intonazione di preghiera e supplica, efficacemente veicolato dalla solenne lentezza delle strofe saffiche, Orazio invoca il soccorso degli dei (Apollo, Venere, Marte,

[81] In merito all'editto triumvirale vd. Dio XLVII 6, 4-5; Canfora 1981, pp. 215 ss.

[82] Si assiste alla progressiva sacralizzazione del potere e di Augustus (legato ad *augurium* e ad *auctoritas*), l'emergere del culto imperiale, la divinizzazione di Cesare e di Augusto (*divi filius*), l'ispirazione di modelli orientali ed ellenistici; vd., *ex multis*: Gabba 1995*a*, p. 13; cfr. Gabba 1995*b*, pp. 228 s., Strothmann 2000; Todisco 2007; Costabile 2013; Canfora 2015; Marotta 2016; Baglioni 2016; Evangelisti 2018, p. 67.

[83] Nell'ode non manca l'indicazione della denatalità, del problema demografico, della scarsità di giovani (*rara iuventus*, v. 24), conseguenza diretta della follia fratricida delle guerre civili, che hanno visto i Romani combattersi fra loro, piuttosto che i Parti, come sarebbe stato nell'ordine delle cose. Vd. *amplius* Gallavotti 1949; McKay 1962; La Penna 1963, pp. 86 ss.

legati variamente alla *gens Iulia*) e riconosce l'intervento diretto e provvidenziale di Mercurio (vv. 41 ss.)[84], che ha preso la forma di Ottaviano. Nel ricorrere di richiami a vocaboli evocativi e connessi alla propaganda (*augur*, *auctor*, *ultor*), l'ode culmina, nella nostra prospettiva, con l'auspicio che a Mercurio-Ottaviano sia ben accetto l'essere chiamato *pater atque princeps* (v. 50)[85]. Il verso è assai efficace e nella sua brevità amplia il valore evocativo e politico dei due titoli; Ottaviano nel 28 a.C. viene proclamato *princeps senatus*, ma è evidente che togliere il genitivo di specificazione conferisce universalità all'appellativo *princeps*[86]. Analoga considerazione può essere riferita a *pater*, che sta per *pater patriae*, titolo che soltanto nel 2 a.C. Augusto riceverà ufficialmente, avendone probabilmente procrastinato il conferimento perché si tratta di un appellativo legato alla figura regia[87].

---

[84] Vd. Maier i Olivé 2016.

[85] Hor. *Carm.* I 2, 45-52: *Serus in caelum redeas diuque / laetus intersis populo Quirini, / neve te nostris vitiis iniquum / ocior aura / tollat; hic magnos potius triumphos, / hic ames dici pater atque princeps, / neu sinas Medos equitare inultos / te duce, Caesar*. Vd. anche Syme 1939, 519; Rich 2012, 60; Marotta 2016, 45 s.; Braccesi 2019, pp. 53 ss.

[86] Al proposito si richiama appena l'osservazione di Tacito *Ann.* I 9, 5: *non regno tamen neque dictatura, sed principis nomine constitutam rem publicam*.

[87] L'impiego di *pater patriae* prima del 2 a.C. è variamente attestato; vd., ad esempio, *CIL* II 2107 e XII 136, del 6 a.C.; la documentazione numismatica attesta nel 19 a.C. la legenda *Parenti cons(ervatori) suo*. Tra i precedenti si ricorda cursoriamente che Romolo aveva ricevuto lo stesso appellativo, come pure M. Furio Camillo. Livio (V 49): *Romulus ac pater patriae conditorque alter urbis haud vanis laudibus appellabatur* (Paratore 1976, pp. 598, 599). Il 5 dicembre 63 a.C. Cicerone veniva acclamato *pater patriae* dal senato e si proponeva anche il conferimento della *civica corona*: *Att.* IX 10, 3; *dom.* 132; *Pis.* III 6; *Sest.* 121; Iuv. VIII 244; Gell. V 6, 15. Riguardo a Cesare, che aveva parimenti ricevuto l'appellativo, vd. De Martino 1973, p. 248). Sul tema Alföldi 1971; Noè 1994, 155 s.; Severy 2003, pp. 158 ss.; Stevenson 2009. Augusto si ispira a Romolo, ma anche Numa, quale monarca; vd.

Tuttavia l'ideologia augustea coltiva da tempo il legame tra *pater* e Augusto[88].

Augusto connette al titolo di *pater patriae* una marcata rilevanza; lo attestano le *Res gestae*: *Tertium dec*[*i*]*mum consulatu*[*m cum gereba*]*m, sena*[*tus et e*]*quester order populusq*[*ue*] *Romanus universus* [*appell*]*av*[*it me pat*]*re*[*m p*]*atriae idque in vestibu*[*lo a*]*edium mearum inscribendum et in c*[*u*]*ria* [*Iulia e*]*t in foro Aug. sub quadrig*[*i*]*s, quae mihi ex s.c. pos*[*it*]*ae* [*sunt, decrevit. Cum scri*]*psi haec, annus agebam septuagensu*[*mum sextum*][89]. Anche Svetonio ricorda con dettagli l'accadimento[90]. Ovidio, nei versi finali

---

Aricò Anselmo 2014. Sulle riserve di Augusto ad essere chiamato Romolo, perché ciò poteva dare adito a sospetti di aspirazioni monarchiche, vd. Dio LIII 16, 3; cfr. anche La Penna 1963, p. 92 s.

[88] Vd. anche Hor. *Carm.* III 24, forse databile intorno al 28 a.C. e funzionale anche a sostenere la riforma dei costumi – si ricordi l'osteggiata riforma matrimoniale, cui accenna anche Prop. *El.* II 7. L'ode contiene la stentorea dichiarazione che chiunque intenda eliminare le guerre civili deve riformare i costumi; l'intero *carmen* è assai importante per il nostro tema, ma si richiamano appena i vv. 25-30, dove ricorre l'appellativo di *pater*: *O quisquis volet impias / caedis et rabiem tollere civicam, / si quaeret Pater Urbium / suscribi statuis, indomitam audeat / refrenare licentiam, / clarus postgenitis*. Vd. Williams 1962, 29 ss. Vd. anche Dio LV 10, 10 per un utilizzo di *pater patriae* precedente al conferimento ufficiale. Il conferimento, nel 27 a.C., della corona civica, intessuta di foglie di quercia, *ob cives servatos*, indica già il ruolo di *pater* di Augusto (il *civis* salvato onora come un padre il suo salvatore); vd. Cic. *Planc.* 72; vd. Dio LIII 16, 4 su cui Noè 1994, p. 139 e Alföldi 1971, pp. 92 ss.

[89] *RGDA* XXXV 24-28.

[90] Suet. *Aug.* LVIII: *Patris patriae cognomen universi repentino maximoque consensu detulerunt ei: prima plebs legatione Antium missa; dein, quia non recipiebat, ineunti Romae spectacula frequens et laureata; mox in curia senatus, neque decreto neque adclamatione, sed per Valerium Messalam. Is mandantibus cunctis: "Quod bonum," inquit, "faustumque sit tibi domuique tuae, Caesar Auguste! Sic enim nos perpetuam felicitatem rei p. et laeta huic [urbi] precari existimamus: senatus te consentiens cum populo R. consalutat patriae patrem." Cui lacrimans respondit Augustus his verbis – ipsa enim, sicut Messalae,*

dei suoi *Metamorphoseon libri XV*, impostando un parallelismo tra Giove e Augusto[91], scrive: [...] *Iuppiter arces / temperat aetherias et mundi regna triformis, / terra sub Augusto est; pater est et rector uterque* (Ov. *met.* XV 858-860)[92]. Tra le conferme della rilevanza dell'appellativo di *pater* conferito ad Augusto, va richiamato Strabone (VI 4, 2), il quale scrive che "il potere fu affidato a un uomo [Augusto] come a un padre"[93].

Seneca, nel *De clementia*, indirizzato a Nerone tra 54 e 56 d.C., trattando dei doveri del *princeps*[94], afferma (I 14, 1)

---

*posui –: "Compos factus votorum meorum, patres conscripti, quid habeo aliud deos immortales precari, quam ut hunc consensum vestrum ad ultimum finem vitae mihi perferre liceat?"*. Si notino *repentino consensu* e *Quod bonum faustumque sit tibi domuique tuae*, che possono fungere da indiretto ma ulteriore sostegno alla tesi di Braccesi, perché attestano una repentina espressione del sostegno, politico e morale, di fronte alla sventata congiura, supporto cui Augusto risponde con una commozione particolarmente evidente.

[91] Cfr. Licandro 2016, p. 242.

[92] Vd. anche Ov. *fast.* II 127, Ov. *trist.* II 125 e 156.

[93] Vd. il contributo di F. Raviola nel presente volume.

[94] Sen. *De clem.* I 14: *1 Quod ergo officium eius est? Quod bonorum parentium, qui obiurgare liberos non numquam blande, non numquam minaciter solent, aliquando admonere etiam verberibus. Numquid aliquis sanus filium a prima offensa exheredat? nisi magnae et multae iniuriae patientiam evicerunt, nisi plus est, quod timet, quam quod damnat, non accedit ad decretorium stilum; multa ante temptat, quibus dubiam indolem et peiore iam loco positam revocet; simul deploratum est, ultima experitur. Nemo ad supplicia exigenda pervenit, nisi qui remedia consumpsit. 2. Hoc, quod parenti, etiam principi faciendum est, quem appellavimus Patrem Patriae non adulatione vana adducti. Cetera enim cognomina honori data sunt; Magnos et Felices et Augustos diximus et ambitiosae maiestati quicquid potuimus titulorum congessimus illis hoc tribuentes; Patrem quidem Patriae appellavimus, ut sciret datam sibi potestatem patriam, quae est temperantissima liberis consulens suaque post illos reponens. 3. Tarde sibi pater membra sua abscidat, etiam, cum absciderit, reponere cupiat et in abscidendo gemat cunctatus multum diuque; prope est enim, ut libenter damnet, qui cito;*

che costui è tenuto a fare come i *boni parentes*, che rimproverano i loro figli (*liberi*), con le buone, con le cattive, a volte anche ammonendoli *verberibus*. Il buon padre di famiglia non disereda immediatamente il figlio, ma con pazienza lo riprende e soltanto in casi estremi giunge a comminare *supplicia*.

Anche il *princeps*, prosegue il filosofo (I 14, 2), deve comportarsi alla stregua del buon padre, perché il *princeps* è chiamato *pater patriae* non per adulazione. Mentre gli altri *cognomina* sono conferiti al principe a scopo onorifico[95], gli abbiamo conferito – Seneca usa la prima persona plurale – quello di *pater patriae* perché il *princeps* avesse contezza che gli era stata data la *patria potestas*.

La commistione tra privato e pubblico, tra famiglia e *res publica*, tra detentore del potere, indicato come *pater*, e sudditi, indicati come figli, è affermata con piena lucidità e chiarezza, ma Seneca non fa leva sul profilo giuridico della *patria potestas* (la cui potenziale eccezionalità e severità è già stata richiamata con le parole del giurista Gaio[96]) quanto sul profilo affettivo del rapporto che intercorre tra genitore e figli; dunque la *patria potestas* viene aggettivata come *temperantissima*, in quanto indirizzata premurosamente al bene dei figli e capace di fare sì che il padre anteponga i bisogni dei fi-

---

*prope est, ut inique puniat, qui nimis*. Vd. Rizzelli 2019, 99 ss. Sebbene non tratti specificamente del tema, si segnala, su Seneca, tra politica, istituzioni e diritto, e sul *De clementia*, Giliberti 1996, pp. 98, 100, 110 ss.; sulla figura di Augusto nel *De clementia* vd. Berno 2013, pp. 182 ss. Vd. anche Gabba 1991.

[95] Giliberti 2003, p. 75, sottolinea come gli appellativi *magnus*, *felix* e *augustus*, che rimandano a Pompeo, a Silla e a Ottaviano, siano collegati da Seneca a una «regalità ambiziosa».

[96] Vd. *supra* § 1. «The extreme rigour of the system of *patria potestas* relaxes, but only to a limited extent, with the development of society»; così Gardner 1993, p. 83. Si vedano inoltre, sulla *patria potestas* e sulla *familia*, Sacher 1949; Voci 1985; Rabello 1979; Lobrano 1984; Dumont 1990; Arjava 1998; Saller 1994; Saller 1999, pp. 182; Maganzani 2016; Maiuri 2016; Goria 2018.

gli ai propri. Da questo rapporto affettivo discende, secondo Seneca, che il *princeps pater patriae* sia restio a sanzionare le sue proprie membra (I 14, 3). Nella identificazione tra *princeps* e *pater* va individuata, seguendo il ragionamento di Seneca, una differenza fondamentale tra principe e tiranno: quest'ultimo non ha come obiettivo il perseguimento del bene della collettività attraverso un uso razionale e proporzionato del potere che è a sua disposizione, ma lascia prevalere una natura egoista e irrazionale[97], ciò che non fa il *princeps-pater*, per amore dei propri figli-sudditi.

Cassio Dione tratta di *pater patriae* ragionando del carattere monarchico del potere imperiale. Egli afferma (LIII 18, 3) che l'appellativo di padre "assicura all'imperatore una sorta di autorità su tutti noi simile a quella che i padri esercitavano un tempo sui propri figli". Lo storico procede spiegando che questa non era la funzione originaria del titolo, conferito piuttosto per indicare l'onore acquisito, per ricordare ai principi di amare i sudditi come figli (con assonanze rispetto alle considerazioni di Seneca sopra richiamate) e perché i sudditi nutrano verso i principi una reverenza filiale[98]. Si osservi, incidentalmente, che questa indicazione dello storico attesta la mutazione della *pietas erga patriam, erga rem publicam* in *pietas erga principem* in quanto *pater patriae*, che si prospetta a partire da Augusto. In questa sede è la prima parte dell'affermazione di Cassio Dione che maggiormente rileva e racchiude la sostanza del potere effettivamente esercitato dal *princeps*, un potere assimilabile alla *patria potestas* del *paterfamilias*, un potere eccezionale come rilevava Gaio, tanto che lo storico si sente in dovere di stemperare e di circoscrivere tale

---

[97] Cfr. GILIBERTI 2003, p. 81 nt. 68. Si tenga conto di quanto recentemente osservato da RIZZELLI 2017, p. 27: «Contro il padre, nella letteratura declamatoria, il figlio è legittimato ad agire soltanto per *dementia*, mentre non è ammesso farlo per tirannide».

[98] Cfr. Dio LV 10, 10; vd. NOÈ 1994, pp. 155 s.

potere ponendolo in prospettiva storica, riandando con la memoria alle finalità originarie, vere o presunte, del conferimento del titolo

## 6. Il paternalismo giuridico del *pater patriae*

'Paternalismo' è un vocabolo del lessico storiografico e pubblicistico, risalente allo scorcio del secolo XIX; in questi ambiti designa un approccio politico autoritario, capace al contempo di promuovere attività assistenziali che vanno a beneficio della comunità, la quale è dunque ben disposta verso il governo. Questo approccio, che mescola paternalismo e demagogismo, si riscontra nell'operare politico di Augusto che nell'acquisire il potere si avvale ampiamente di donativi ed elargizioni, come ricorda Tacito *Ann.* I 2: [...] *ubi militem donis, populum annona, cunctos dulcedine otii pellexit* [...].

Il paternalismo politico, nozione moderna che si può proiettare sull'antico[99], si manifesta anche attraverso la produzione di atti normativi. Il 'paternalismo giuridico' è declinato variamente e ricco di molteplici e differenziate definizioni proposte e applicate in dottrina, tanto che "there is no consensus account of what makes acts and policies paternalistic"[100].

In questa sede si opta per una caratterizzazione ampia della nozione, intendendo il paternalismo giuridico, in termini generali, quale l'ingerenza del detentore del potere normativo nella sfera personale individuale senza l'adesione dell'individuo, che andrebbe, di contro, persuaso per via razionale. È dunque preventivato anche l'esercizio

[99] Le discussioni filosofiche sul tema risalgono, peraltro, alle riflessioni di Platone nella *Repubblica*, dove il governo è affidato a benevolenti filosofi-re; cfr. Hanna – Grill 2018, p. 1

[100] Hanna – Grill 2018, p. 3. Alcuni riferimenti bibliografici Cosentino 1993; Conly 2013; Lawes 2000; *Juxtaposing* 2011; Sunstein 2014; Buckley 2009; Rebonato 2012; *The Routledge* 2018; Marchesiello 2015.

di una coazione (che si può concretizzare in sanzioni di varia tipologia, come pure in incentivi, che creano comunque discriminazioni, sebbene 'a favore'), con lo scopo di ottenere dall'individuo un comportamento contrario alle sue preferenze e alle sue 'libere' scelte. Il fine consiste nell'evitare all'individuo, in quanto tale e in quanto membro della comunità, un danno fisico, psico-fisico, economico; l'ingerenza è dunque attuata per il bene, diretto o indiretto, dell'individuo stesso. Il presupposto risiede nella certezza della superiore capacità del legislatore di discernere ciò che è meglio per l'individuo, a fronte di difficoltà da parte di quest'ultimo di individuare e realizzare il proprio bene[101].

La visione antipaternalista di frequente assume a riferimento Mill, per il quale una comunità civile può esercitare il proprio potere sopra un individuo soltanto al fine di prevenire che costui danneggi altri; e richiama anche Kant, con la sua celebre considerazione che l'umanità in noi e negli altri deve essere trattata come un fine e non come un mezzo. Sostenuta *in primis* dai teorici del liberalismo, l'antipaternalismo proclama la sovranità dell'individuo su se stesso, la sua autonomia, il suo potere di autodeterminarsi a prescindere da Dio, dai suoi rappresentanti in terra, dalla natura o dalla comunità[102].

Uno dei problemi generali su cui paternalisti e antipaternalisti si confrontano riguarda il limite che un indivi-

[101] Il paternalismo, secondo Dworkin 1971, p. 108, può essere definito una «interference with a persons's liberty of action justified by reasons referring exclusively to the welfare, good, happiness, needs, interests or values of the person being coerced». Critica la definizione corrente di paternalismo e ne propone una più ampia Scoccia 2018, pp. 11 ss.

[102] La chiusura del periodo è un adattamento di quanto scrive Maniaci 2011, p. 136. Da ultimo su Mill vd. Riley 2018 e su Kant vd. Seymour Fahmy 2018.

duo incontra nel disporre del proprio corpo[103]; evidentemente la scelta del *partner* sessuale e la procreazione, come veduto nella legislazione augustea, riguardano direttamente l'impiego del proprio corpo. L'ingerenza del legislatore nel piano di vita di un adulto competente e razionale, incidendo su scelte personali che non vanno a ledere direttamente diritti altrui, si manifesta decisamente intensa nelle *leges* augustee analizzate; esse presentano profili di pervasività, ingerenza, mezzi impiegati ai fini di conseguire l'osservanza che possono includere il paternalismo augusteo nella categoria denominata 'hard paternalism', sebbene l'impiego di incentivi consenta di includere alcune norme nel 'soft paternalism'[104].

Se dovessimo provare a riconoscere un argomento giustificativo del paternalismo giuridico augusteo adottato nell'entourage del *princeps*, potremmo individuare l'argomento utilitarista-organicista, che tende a concepire l'individuo come un elemento inscindibile della collettività e come uno strumento al servizio della stessa[105]. Il *civis* deve dunque provvedere alla massimizzazione del bene comune; da ciò, quindi, la ricaduta positiva per l'individuo stesso, anche se, trattandosi di procreazione e discendenza, l'orizzonte cronologico supera in parte la prospettiva temporale della vita del singolo.

Tuttavia anche l'argomento paternalista del perfezionismo morale non è assente dall'impostazione augustea: la *lex de maritandis ordinibus* stabilisce categorie di persone che non possono essere sposate in quanto moralmente degradate, infe-

[103] Maniaci 2011; Maniaci 2012.

[104] La filosofia del diritto ha elaborato varie categorizzazioni dei diversi paternalismi, considerati in base ai differenti gradi di ingerenza nella sfera personale dell'individuo, a seconda della più o meno grave violazione della sua autonomia. *Ex multis* Scoccia 2008; Hanna 2018.

[105] Contra vd. Mill 1859. Il moderno costituzionalismo occidentale, ovviamente, contrasta l'impostazione paternalistica accennata nel testo.

riori e non adeguate[106]; viene inoltre stabilito quale sia l'uso morale del proprio patrimonio, che deve essere trasmesso alla prole, purché legittima e concepita con un *partner* selezionato. Augusto, con questa legislazione, muove verso uno Stato etico, che intende imporre comportamenti virtuosi e insieme utili per il *civis* e per la comunità dei *cives*, fondendo dunque gli argomenti pro-paternalistici ora richiamati.

Augusto considera i *cives* non compiutamente in grado di gestire i propri interessi: la denatalità, ad esempio, porta nocumento alla società, all'economia e soprattutto all'esercito, e dunque ai cittadini stessi. La dissolubilità del legame matrimoniale produce una frammentazione della società, mina la cellula base dell'organismo sociale e dunque la piena libertà del singolo risulta a suo proprio danno; da ciò vincoli, limiti, procedimentali o meno, sanzioni patrimoniali indirette con la limitazione della legittimazione passiva in ambito successorio, e profili premiali, per unioni stabili e

[106] Non si entra nel merito della 'harmless' immorality, ma l'approccio augusteo alla questione – attingendo al ragionamento di Feinberg 1989 – può essere considerato in questa prospettiva proprio una forma innocua per il soggetto che sposa la prostituta o che indulge nella fornicazione come pure rispettoso del *neminem laedere* e dunque, in quest'ottica, la legislazione di Augusto può essere ascritta all'ambito del 'pure legal moralism' o 'moral paternalism'; vd., sul tema, de Marneffe 2018. Evidentemente i canoni della morale sono variabili e condizionati storicamente. Si vedano le pagine inerenti la preoccupazione per una «pollution of the moral environment» nel volume di George 1993, p. 45. Si noti, però, la finalizzazione della legislazione augustea, che non preclude al *civis* di avere rapporti con le prostitute o con donne di bassa condizione, ma pone una salvaguardia giuridica intorno al matrimonio, dettandone canoni stringenti in merito al *partner*, e una salvaguardia della donna di onesta condizione, la cui moralità, rispettabilità, integrità fisica è oggetto di tutela. La moralità di Augusto, così come la moralità di Costantino, è una moralità classista ( o di casta), che risponde a uno specifico modello sociale. Per Augusto la moralità e la purezza della donna onesta non è 'fine a sé stessa', ma è funzionale alla certezza della prole, alla legittimità della prole, al trasferimento della ricchezza familiare.

prolifiche, in un misto di paternalismo coercitivo (*coercive*) e di 'spinta gentile' (*nudge*)[107].

Il ruolo di *pater patriae* comporta la responsabilità, in capo ad Augusto, di occuparsi della condotta dei *cives*[108], con sollecitudine e affetto paterni, e con la disponibilità dei mezzi di correzione che il *paterfamilias* può adoperare nei confronti dei figli. La figura del *pater* ha dunque connotati sostanziali assai forti, sebbene indiretti, e una rilevante caratura propagandistica[109].

L'idea di sudditanza si afferma anche attraverso l'esaltazione di Augusto quale *pater patriae*, padre della collettività, padre dei *patresfamilias*: i singoli *cives*, pur *sui iuris*, finiscono per trovarsi assoggettati ad Augusto come *alieni iuris*, come se fossero sottoposti alla *patria potestas* 'eminente' del *pater patriae*[110].

Il capo supremo, sebbene vestito con panni repubblicani, lascia trasparire profili superumani; il suo dissimulato profilo di Übermensch passa anche per l'essere un Übervater. E il padre decide in merito alla vita dei figli, anche dettan-

---

[107] Cfr. Conly 2013; Quigley 2018. Ulpiano rimarca l'utilità di affiancare sanzioni e premialità ai fini dell'osservanza in *Dig.* I 1, 1 1 [...] *bonos non solum metu poenarum, verum etiam praemiorum quoque exhortatione efficere cupientes* [...].

[108] Hor. *Carm.* III 24, 27-29: *si quaeret Pater Urbium /suscribi statuis, indomitam audeat / refrenare licentiam.*

[109] Ha osservato Maiuri 2016, p. 169: «Il punto focale è uno: l'intuizione augustea era sì verticistica, ma senza risolversi in uno spoglio e improduttivo meccanismo autoritario. Una simile impostazione sarebbe stata, infatti, apertamente controproducente. C'era bisogno di altro: una svolta al tempo stessa progressista ma rassicurante, che venisse incontro agli intimi bisogni dei *cives*. I termini in gioco erano quelli di protezione e responsabilità, ossia la *facies* "pulita" del potere: non il puro arbitrio in cui rischia di scadere una sterile gestione autocratica, ma lo spettro semantico e la gamma valoriale connessi con l'affidamento del gruppo umano ad una figura autorevole e illuminata, solenne e carismatica».

[110] Per quanto concerne il profilo proprietario vd. Giliberti 1996.

do le regole, attraverso le leggi, che mirano al bene di ciascun figlio e dell'intera famiglia[111]. Ha osservato Feinberg, trattando di paternalismo giuridico: "if adults are treated as children they will come in time to be like children"[112]; è l'ampio movimento storico che si registra con il procedere della vicenda romana sotto il Principato e il Dominato[113], proprio a partire da Augusto, *pater patriae*, e dal suo paternalismo giuridico.

## Bibliografia

AGNATI 2000 = U. AGNATI, *Ingenuitas. Orazio, Petronio, Marziale e Gaio*, Alessandria 2000.

AGNATI 2015 = U. AGNATI, *Costantino e le donne della locanda* (*Codex Theodosianus* 9.7.1 = *Codex Iustinanus* 9.9.28), «Teoria e Storia del Diritto Privato» 8, 2015, pp. 1-109.

AGNATI – AMMIRATI 2018 = U. AGNATI – S. AMMIRATI, *P.Oxy. XVII 2089*, in *Giurisprudenza romana nei papiri. Tracce per una ricerca*, a cura di D. Mantovani e S. Ammirati, Pavia 2018, pp. 31-60.

ALBANESE 1979 = B. ALBANESE, *Le persone nel diritto privato romano*, Palermo 1979.

ALFÖLDI 1971 = A. ALFÖLDI, *Der Vater des Vaterlandes im römischen Denken*, Darmstadt 1971.

---

[111] Si leggano, in parallelo, le osservazioni di DILIBERTO 2018, p. 120: «Con la legge delle XII Tavole si ri-fonda la città *legibus*, per rendere eguali tra loro i cittadini, a tutela dei più deboli; con Augusto, ancora una volta, si ri-fonda *legibus*, ma avendo come finalità un'eguaglianza sostanzialmente differente: i cittadini saranno tra loro eguali nella sottomissione al principe. Si trasformano cioè in sudditi. È l'ideologia del principato di Augusto [...]». Si tenga conto che alcuni poteri assimilabili a quelli del *pater familias* sono in effetti esercitati da Augusto attraverso la *censoria potestas*; cfr. ASTIN 1963.

[112] FEINBERG 1983, p. 3.

[113] Cfr. AGNATI 2000, pp. 177 ss.

*Appian's* 2015 = *Appian's Roman history: empire and civil war*, edited by K. Welch, Swansea 2015.

Arcaria – Licandro 2014 = F. Arcaria – O. Licandro, *Diritto romano*. I. *Storia costituzionale di Roma*, Torino 2014.

Arici 1975 = A. Arici in Tacito, *Annali*, a cura di A. Arici, Torino 1975.

Aricò Anselmo 2014 = G. Aricò Anselmo, *Numa Pompilio e la propaganda augustea*, «AUPA» 57, 2014, pp. 27-62.

Arjava 1998 = A. Arjava, *Paternal powers in Late Antiquity*, «JRS» 88, 1998, pp. 147-165.

Astin 1963 = A. E. Astin, *Augustus and censoria potestas*, «Latomus» 22, 1963, pp. 226–235.

Astolfi 1996 = R. Astolfi, *La lex Iulia et Papia*, Padova 1996[4].

Astolfi 2014 = R. Astolfi, *Il matrimonio nel diritto romano classico*, Padova 2014[2].

Baglioni 2016 = *Saeculum aureum: tradizione e innovazione nella religione romana di epoca augustea*, I, *Augusto, da uomo a dio*, a cura di I. Baglioni, Roma 2016.

Balducci 1976 = A. Balducci, *Intorno al iudicium domesticum*, «AG» 191, 1976, pp. 69-97.

Banfi 2013 = A. Banfi, *Considerazioni sul procedimento criminale romano nel IV sec*, Torino 2013.

Bassanelli Sommariva 1984 = G. Bassanelli Sommariva, *CTh. 9,5 Ad legem Iuliam maiestatis*, «BIDR» 86-87, 1984, pp. 95-119.

Bauman 1970 = R.A. Bauman, *The crimen maiestatis in the Roman republic and augustan principate*, Johannesburg 1970.

Bauman 2000 = Z. Bauman, *Liquid modernity*, Cambridge - Oxford - Malden 2000.

Baviera Albanese 1964 = A. Baviera Albanese, *La storia vera del «caso» della baronessa di Carini*, «Nuovi Quaderni del Meridione» II. 8, 1964, pp. 1-41.

Belloni 1987 = G.G. Belloni, *Le 'res gestae divi Augusti'. Augusto: il nuovo regime e la nuova urbe*, Milano 1987.

Berno 2013 = F.R. Berno, *Eccellente ma non troppo: l'exemplum di Augusto in Seneca*, in *La costruzione del mito augusteo*, a cura di G. Rosati e M. Labate, Heidelberg 2013, pp. 181-196.

Betti 1982 = E. Betti, *La crisi della Repubblica e la genesi del Principato in Roma,* a cura di G. Crifò, Roma 1982.

Biavaschi 2013 = P. Biavaschi, *La trasformazione del ius liberorum in Occidente tra il IV e VI secolo d.C.: profili romanistici e legislazione visigotica*, in *Ravenna Capitale. Territorialità e personalità. Compresenza di diversi piani normativi*, a cura di G. Bassanelli Sommariva e S. Tarozzi, Santarcangelo di Romagna 2013, pp. 75-105.

Biondi 1955 = B. Biondi, *Successione testamentaria e donazioni*, Milano 1955².

Bleicken 1999 = J. Bleicken, *Augustus. Eine Biographie*, Berlin 1999³.

Borgo 1986 = A. Borgo, *Augusto e l'istituzione del principato. Osservazioni a Tacito, Ann. 1, 1-10*, «Vichiana» 15, 1986, pp. 74-97.

Braccesi 1999 = L. Braccesi, *Roma bimillenaria. Pietro e Cesare*, Roma 1999.

Braccesi 2012 = L. Braccesi, *Giulia, la figlia di Augusto*, Roma-Bari 2012.

Braccesi 2013 = L. Braccesi, *Augusto. La vita raccontata da lui stesso*, Napoli 2013.

Braccesi 2019 = L. Braccesi, *Frammenti di storia. Orazio e altri poeti*, Roma 2019.

Bravo Bosch 2011 = J.M. Bravo Bosch, *El iudicium domesticum*, «RGDR» 17, 2011, pp. 1-18.

Buckley 2009 = F.H. Buckley, *Fair governance. Paternalism and perfectionism*, Oxford, New York, 2009.

Buongiorno 2012 = P. Buongiorno, *Famulus*, in *Handwörterbuch der Antiken Sklaverei. Lieferung I-IV*, Hrsg. H. Heinen et alii, Stuttgart, 2012 (cd-rom).

Buongiorno 2013 = P. Buongiorno, *Storia di un dialogo. La data della lex Iulia de adulteriis*, in P. Buongiorno – S. Lohsse, *Fontes Iuris*, Bari 2013, pp. 273-290.

Caes 1961 = L. Caes, *La terminologie du divorce dans les textes juridiques latins et les constitutions grecques de Justinien*, in É. VAN CAUWENBERGH, *Scrinium lovaniense. Mélanges historiques*, Louvain 1961, pp. 167-180.

CANFORA 1981 = L. CANFORA, *Proscrizioni e dissesto sociale nella repubblica romana*, in *Società romana e produzione schiavistica. III. Modelli etici, diritto e trasformazioni sociali*, a cura di A. Giardina e A. Schiavone, Roma-Bari, 1981, pp. 207-221.

CANFORA 2015 = L. CANFORA, *Augusto figlio di dio*, Roma-Bari 2015.

CANTARELLA 1991 = E. CANTARELLA, *Homicides of Honor: the Development of Italian Adultery Law over Two Millennia*, in *The Family in Italy from Antiquity to the Present*, edited by D.I. Kertzer and R.P. Saller, New Haven 1991, pp. 229-244.

CANTARELLA 2013 = E. CANTARELLA, *L'ambiguo malanno. Condizione e immagine della donna nell'antichità greca e romana*, Milano 2013[4].

CARON 1988 = P.G. CARON, *Consensu licita matrimonia posse contrahi, contracta non nisi misso ripudio dissolvi praecipimus (C. 5.17.8)*, «AARC» 7, 1988, pp. 287-298.

CENERINI 2002 = F. CENERINI, *La donna romana*, Bologna 2002.

CENTOLA 1999 = D.A. CENTOLA, *Il crimen calumniae. Contributo allo studio del processo criminale romano* Napoli 1999.

CERAMI 1998 = P. CERAMI, *Accusatores populares, delatores, indices. Tipologia dei collaboratori di giustizia nell'antica Roma*, «AUPA» 45.1, 1998, pp. 121-137.

CERAMI 2003 = P. CERAMI, *La collaborazione processuale: le radici romane*, in P. CERAMI – G. DI CHIARA – M. MICELI, *Profili processualistici dell'esperienza giuridica europea. Dall'esperienza romana all'esperienza moderna*, Torino 2003, pp. 249-285.

CHILTON 1955 = C.W. CHILTON, *The Roman Law of Treason under the Early Principate*, «JRS», 45.1-2, 1955, pp. 73-81.

CHILVER 1979 = G.E.F. CHILVER, *A Historical Commentar on Tacitus' Histories*, Oxford 1979.

COGITORE 2002 = I. COGITORE, *La légitimité dynastique d'Auguste à Néron à l'épreuve des conspirations*, Roma 2002.

CONLY 2013 = S. CONLY, *Against autonomy. Justifying coercive paternalism*, Cambridge 2013.

COPPOLA BISAZZA 2016 = G. COPPOLA BISAZZA, *La posizione giuridica della donna in epoca augustea. Aspetti innovatori*, in *Mujeres en tiempos de Augusto. Realidad social e imposición legal*, editoras R. Rodríguez López, M.J. Bravo Bosch, Valencia 2016, pp. 27-52.

CORBETT 1930 = P.E. CORBETT, *The Roman law of marriage*, Oxford 1930.

COSENTINO 1993 = F. COSENTINO, *Il paternalismo del legislatore nelle norme di limitazione dell'autonomia dei privati*, «Quadrimestre» 1993, pp. 119-139.

COSTABILE 2009 = F. COSTABILE, *Novi Generis Imperia Constituere Iura Magistratuum Commutare. Progetto e riforma della respublica da Pompeo e Cesare ad Augusto*, Reggio Calabria 2009.

COSTABILE 2013 = F. COSTABILE, *Caius Iulius Caesar. Dal dictator al princeps. Dal Divi Filius al Cristo. Augusto e le maschere del potere*, Roma 2013.

CRESCI MARRONE 1993 = G. CRESCI MARRONE, *Ecumene Augustea. Una politica per il consenso*, Roma 1993.

D'ALOJA 2007 = C. D'ALOJA, *Rerum privatarum maiestas*, in *Epigrafia e Territorio, Politica e Società. Temi di antichità romane*, VIII, a cura di M. Pani, Bari 2007, pp. 291-303.

D'ALOJA 2011 = C. D'ALOJA, *Sensi e attribuzioni del concetto di maiestas*, Lecce 2011.

DAJCZAK 1995 = W. DAJCZAK, *Die Aufhebung der Beschränkungen der* capacitas *von Ehegatten in der nachklassischen Periode. Ein Beitrag zur Erforschung der lex Iulia et Papia*, «RIDA» 42, 1995, pp. 155-166.

DE FRANCISCI 1970*a* = P. DE FRANCISCI, *La costituzione augustea*, in *Studi in onore di P. Bonfante* I, Milano 1929, pp. 11-43.

DE FRANCISCI 1970*b* = P. DE FRANCISCI, *Arcana imperii*, III/1, Milano 1970.

DE MARNEFFE 2018 = P. DE MARNEFFE, *Moralism and moral paternalism* in *The Routledge Handbook of the philosophy of pa-*

*ternalism*, edited by K. Grill and J. Hanna, London-New York 2018, pp. 35-45.

De Martino 1973 = F. De Martino, *Storia della costituzione romana*, III, Napoli 1973².

De Martino 1974 = F. De Martino, *Storia della costituzione romana*, IV.1, Napoli 1974.

De Robertis 1997 = F.M. De Robertis, *La cura morum augustea e l'accezione del 'moribus' in D. 24,1,1 (sul divieto delle donazioni fra coniugi)*, in *Nozione, formazione e interpretazione del diritto dall'età romana alle esperienze moderne. Ricerche dedicate al prof. F. Gallo*, I, Napoli 1997, pp. 197-204.

De Ruggiero 1910 = E. De Ruggiero, *Delator*, «DE» 2.2, 1910, pp. 1593-1594.

Di Marzo 1919 = S. Di Marzo, *Lezioni sul matrimonio romano*, I, Palermo 1919.

Di Trolio 2017 = G. Di Trolio, *Le leges regiae in Dionigi d'Alicarnasso*. 1. *La monarchia latino-sabina*, Napoli 2017.

Diliberto 2018 = O. Diliberto, *La città e le leggi. Racconti di fondazione, legislazione arcaica e ideologia augustea* in AttiConv *Legge, eguaglianza, diritto. I casi di fronte alle regole nell'esperienza antica (Bologna-Ravenna 9-11 maggio 2013)*, a cura di G. Luchetti, Roma 2018, pp. 95-122.

Diliberto et alii 2015 = *La macchina della teologia politica e il posto del pensiero* (Oliviero Diliberto, Emanuele Stolfi, Luigi Garofalo, Remo Bodei, Aldo Schiavone, Roberto Esposito), «SDHI» 81, 2015, pp. 423-467.

Donadio 2012 = N. Donadio, *Iudicium domesticum, riprovazione sociale e persecuzione pubblica di atti commessi da sottoposti alla patria potestas*, «Index» 40, 2012, pp. 175-195.

Düll 1943 = R. Düll, *Iudicium domesticum, abdicatio und apoceryxis*, «ZSS» 63, 1943, pp. 54-116.

Dumont 1990 = J.C. Dumont, *L'imperivm du pater familias*, in AttiConv *Parenté et stratégies familiales dans l'Antiquité romaine. (Paris, 2-4 octobre 1986)*, Rome 1990, pp. 475-495.

Dworkin 1971 = G. Dworkin, *Paternalism* in *Morality and the*

*Law*, edited by R.A. Wasserstrom, Belmont CA 1971, pp. 107-126.

EISENRING 2002 = G. EISENRING, *Die römische Ehe als Rechtsverhältnis*, Wien 2002.

EVANGELISTI 2018 = M. EVANGELISTI, *Principato auctoritas solutio legibus*, Torino 2018.

EVANS GRUBBS 1995 = J. EVANS GRUBBS, *Law and Family in Late Antiquity. The Emperor Constantine's Marriage Legislation*, Oxford 1995.

FANIZZA 1988 = L. FANIZZA, *Delatori e accusatori. L'iniziativa nei processi dell'età imperiale*, Roma 1988.

FAYER 2005 = C. FAYER, *La familia romana. Aspetti giuridici e antiquari. Concubinato divorzio adulterio. Parte terza*, Roma 2005.

FEINBERG 1983 = J. FEINBERG, *Legal Paternalism* in *Paternalism*, edited by R. Sartorius, Minneapolis 1983, pp. 3-18.

FEINBERG 1989 = J. FEINBERG, *Harm to self*, New York-Oxford 1989.

FERRARY 2001 = J.-L. FERRARY, *A propos des pouvoirs d'Auguste*, «CCG» 12, 2001, pp. 101-154 (*Recherches sur les lois comitiales et sur le droit public romain*, Pavia 2012, pp. 513-570).

FERRARY 2009 = J.-L. FERRARY, *Lois et procès de maiestate dans la Rome républicaine*, in La repressione criminale nella Roma repubblicana fra norma e persuasione, Pavia 2009, pp. 223-249 (*Recherches sur les lois comitiales et sur le droit public romain*, Pavia 2012, pp. 463-489).

FERRARY 2012 = J.-L. FERRARY, *La législation augustéenne et les dernières lois comitiales*, in *Leges publicae. La legge nell'esperienza giuridica romana*, a cura di J.-L. Ferrary, Pavia 2012, pp. 569-592.

FERRARY – SCHEID 2016 = *Il princeps romano: autocrate o magistrato? Fattori giuridici e fattori sociali del potere imperiale da Augusto a Commodo*, a cura di J.L. Ferrary e J. Scheid, Pavia 2016.

FEZZI 2015 = L. FEZZI, *Modelli politici di Roma antica*, Roma 2015.

FINO 2018 = M.A. FINO, *La legislazione matrimoniale augustea. Un'occasione per valutare le potenzialità dell'analisi del diritto condotta nella prospettiva dell'ecologia umana. Valutazioni preliminari*, in *A Pierluigi Zannini. Scritti di diritto romano e giusantichistici*, a cura di F. Zuccotti e M. A. Fenocchio, Milano 2018, pp. 97-112.

FREZZA 1956 = P. FREZZA, *Per una qualificazione istituzionale del potere di Augusto*, «Atti e mem Acc. Toscana La Colombaria» 21, 1956, pp. 111-130 (*Scritti*, II, Roma 2000, pp. 153 -172).

GABBA 1996 = E. GABBA, *Dionigi e la storia di Roma arcaica*, Bari 1996.

GABBA 1956 = E. GABBA, *Appiano e la storia delle guerre civili*, Firenze 1956.

GABBA 1991 = E. GABBA, *Seneca e l'impero* in *Storia di Roma*, II.2, Torino 1991, pp. 253-63.

GABBA 1995*a* = E. GABBA, *Riflessione sul cap. 13 delle Res Gestae Divi Augusti*, in *Leaders and Masses in the Roman World. Studies in Honor of Z. Yavetz*, Leiden-New York-Köln 1995, pp. 11-14 (*Riflessioni storiografiche sul mondo antico*, Como 2007, pp. 129-131).

GABBA 1995*b* = E. GABBA., *Rileggendo le Res gestae divi Augusti*, in *L'incidenza dell'antico. Studi in memoria di E. Lepore* I, Napoli 1995, 23-29 (*Riflessioni storiografiche sul mondo antico*, Como 2007, pp. 121-127).

GALLAVOTTI 1949 = C. GALLAVOTTI, *Il secondo carme di Orazio*, «PdP» 4, 1949, pp. 217-229.

GARDNER 1986 = J.F. GARDNER, *Women in Roman Law & Society*, London-Sidney 1986.

GARDNER 1993 = J.F. GARDNER, *Being a Roman Citizen*, London-New York 1993.

GAROFALO 2018 = L. GAROFALO, *Echi del diritto romano nell'arte e nel pensiero*, Pisa 2018.

GAUDEMET 1953 = J. GAUDEMET, *Testamenta ingrata e pietas Augusti. Contribution à l'étude du sentiment impérial*, in *Studi in onore di Vincenzo Arangio-Ruiz nel XLV anno del suo insegnamento*, 3, Napoli 1953, pp. 115-137.

GAUDEMET 1979 = J. GAUDEMET, *La répression de la délation au Bas Empire*, in *Miscellanea in onore di E. Manni*, Roma 1979,
GEORGE 1993 = R. GEORGE, *Making Men Moral*, New York 1993, pp. 1067-1093..

GILIBERTI 1996 = G. GILIBERTI, *Studi sulla massima 'Caesar omnia habet'*, Torino 1996.

GILIBERTI 2003 = G. GILIBERTI, *La memoria del Principe. Studi sulla legittimazione del potere nell'età giulio-claudia*, Torino 2003.

GIOMARO 1994*a* = A.M. GIOMARO, *Spunti per una lettura critica di Gaio Institutiones*, 1. *Il testo*, Urbino 1994.

GIOMARO 1994*b* = A.M. GIOMARO, *Spunti per una lettura critica di Gaio Institutiones, 2. Schede di approfondimento*, Urbino 1994.

GIUFFRÈ 1998 = V. GIUFFRÈ, *La repressione criminale nell'esperienza romana*, Napoli 1998[5].

GIUNTI 1990 = P. GIUNTI, *Adulterio e leggi regie. Un reato fra storia e propaganda*, Milano 1990.

GIUNTI 2009 = P. GIUNTI, *Il modus divortii nella legislazione augustea. Aspetti problematici, ipotesi di lettura*, in *Studi in onore di Remo Martini*, 2, Milano 2009, pp. 323-348.

GIUNTI 2011 = P. GIUNTI, *... per te tamen haberem ... Modelli antichi e moderni tra maternità biologica e maternità sociale*, in *Modelli teorici e metodologici nella storia del diritto privato*, IV, a cura di R. Fiori, Napoli 2011, pp. 243-276.

GIUNTI 2012 = P. GIUNTI, *Il ruolo sociale della donna romana di età imperiale: tra discriminazione e riconoscimento*, «Index» 40, 2012, pp. 342-379.

GOELZER 1953 = H. GOELZER in TACITE, *Annales I-III*, texte établi et traduit par H. Goelzer, Paris 1953.

GORIA 2018 = F. GORIA, *La costruzione giuridica del rapporto tra madre e figli nel diritto romano fino all'Ecloga di Leone III*, in *A Pierluigi Zannini. Scritti di diritto romano e giusantichistici,* a cura di F. Zuccotti e M.A. Fenocchio, Milano 2018, pp. 113-146.

GUNDEL 1987 = H.G. GUNDEL, *Der Begriff Maiestas im Denken der Augusteischen Zeit*, in *Saeculum Augustum I, Herrschaft und Gesselschaft*, herausgegeben von G. Binder, Darmstadt 1987, pp. 111-138 (*Politeia und Res Publica. Beiträge zum Verständnis von Politik, Recht und Staat in der Antike*, herausgegeben von P. Steinmetz, Wiesbaden 1969, pp. 279-300).

HANNA 2018 = J. HANNA, *Hard and soft paternalism*, in *The Routledge Handbook of the philosophy of paternalism*, edited by K. Grill and J. Hanna, London - New York, 2018, pp. 24-34.

HANNA – GRILL 2018 = J. HANNA – K. GRILL, *Introduction*, in *The Routledge Handbook of the philosophy of paternalism*, edited by K. Grill and J. Hanna, London - New York, 2018, pp. 1-8.

HUMBERT 1972 = M. HUMBERT, *Le rémariage à Rome. Étude d'histoire juridique et sociale*, Milano 1972.

JÖRS 1985 = P. JÖRS, *Iuliae rogationes: due studi sulla legislazione matrimoniale augustea. Die Ehegesetze des Augustus. Uber das Verhaeltnis der lex Iulia de maritandis ordinibus zur lex Papia Poppea*, con una nota di lettura di T. Spagnuolo Vigorita, Napoli 1985.

*Juxtaposing* 2011 = *Juxtaposing autonomy and paternalism in private law*, edited by A. Ogus and W.H. van Boom, Oxford 2011.

KASER 1971 = M. KASER, *Das römische Privatrecht*, 1, München 1971.

KEMEZIS 2007 = A. KEMEZIS, *Augustus the Ironic Paradigm: Cassius Dio's Portrayal of the Lex Julia and Lex Papia Poppaea*, «Phoenix» 61, 2007, pp. 270-285.

KUNKEL 1966 = W. KUNKEL, *Das Konsilium im Hausgericht*, «ZSS» 83, 1966, pp. 219-251.

LA PENNA 1963 = A. LA PENNA, *Orazio e l'ideologia del principato*, Torino 1963.

LAMBERTI 2014 = F. LAMBERTI, *Donne romane fra Idealtypus e realtà sociale. Dal domum servare e lanam facere al meretricio more vivere*, «Quaderni Lupiensi di Storia e Diritto» 4, 2014, pp. 61-84.

LAMBERTI 2016 = F. LAMBERTI, *Meretricia vicinitas. Il sesso muliebre, a Roma, fra rappresentazioni ideali e realtà 'alterna-*

*tive'*, in *El Cisne III. Prostitución femenina en la experiencia histórico-jurídica,* al cuidado de E. Höbenreich, Lecce 2016, pp. 35-72.

LAMBERTINI 1992 = R. LAMBERTINI, *Dum utrumque occidat. Lex Iulia e uccisione in continenti degli adulteri iure patris*, Bologna 1992.

LANFRANCHI 1938 = F. LANFRANCHI, *Il diritto nei retori romani. Contributo alla storia dello sviluppo del diritto romano,* Milano 1938.

LAURIA 1934 = M. LAURIA, *Accusatio-inquisitio. Ordo – cognitio extra ordinem – cognitio: rapporti ed influenze reciproche*, «Atti Acc. scienze morali e politiche della Società Reale di Napoli», 56, 1934, pp. 304-369 (*Studi e ricordi*, Napoli 1983, pp. 277-321).

LAURIA 1952 = M. LAURIA, *Matrimonio – Dote in diritto romano*, Napoli 1952.

LAURIA 1957 = M. LAURIA, *Accusatio*, «NNDI» 1.1, 1957, pp. 188-189.

LAWES 2000 = K. LAWES, *Paternalism and politics. The revival of paternalism in early Nineteenth-century Britain*, New York 2000.

LEVET 1935 = A. LEVET, *La quotité disponible et les incapacités de recevoir entre époux d'après les lois caducaires*, «Nouvelle revue historique de droit Français et étranger» 14, 1935, pp. 195-238.

LEVY 1925 = E. LEVY, *Der Hergang der römischen Ehescheidung*, Weimar 1925.

LICANDRO 2016 = O. LICANDRO, *La pax deorum e l'imperatore Augusto (che "iniziò a porre ordine nell'ecumene")*, in *Scritti per Alessandro Corbino*, 4, a cura di I. Piro, Tricase (LE) 2016, pp. 223-300.

LICANDRO 2017 = O. LICANDRO, *La transizione augustea tra legislazione e poteri*, «Index» 45, 2017, pp. 39-48.

LINDSAY 2004 = H. LINDSAY, *The laudatio Murdiae: Its Content and Significance*, «Latomus» 63, 2004, pp. 88-97.

LOBRANO 1984 = G. LOBRANO, *Pater et filius eadem persona. Per lo studio della patria potestas*, Milano 1984.
MAGANZANI 2016 = L. MAGANZANI, *Per uno sguardo antropologico del giurista: il rapporto padre figlio nel mondo romano*, in *Giuristi nati. Antropologia e diritto romano*, a cura di A. McClintock, Bologna 2016, pp. 99-123.
MAIER I OLIVÉ 2016 = M. MAIER I OLIVÉ, *¿Augusto nuevo Mercurio? Sobre un pasaje Horacio (Carm. 1, 2, 41–44) y la incorporacion de los Mercuriales al culto imperial*, «Latomus» 75, 2016, pp. 378–402.
MAIURI 2016 = A. MAIURI, *Augustus pater (*pat-), Augustus sacerdos (*pot-) populi Romani. Diritto, religione e captatio consensus*, in *Saeculum aureum: tradizione e innovazione nella religione romana di epoca augustea*. I. *Augusto, da uomo a dio*, Roma 2016, pp. 167-178.
MANIACI 2011 = G. MANIACI, *Contro il paternalismo giuridico*, «Materiali per una storia della cultura giuridica», 41.1, 2011, pp. 133-162.
MANIACI 2012 = G. MANIACI, *Contro il paternalismo giuridico*, Torino 2012.
MANTOVANI 2012 = D. MANTOVANI, *Mores, leges, potentia. La storia della legislazione romana secondo Tacito (Annales III 25-28)*, in *Letteratura e civitas. Transizioni dalla Repubblica all'Impero. In ricordo di E. Narducci*, a cura di M. Citroni, Pisa 2012, pp. 353-404.
MARCHESIELLO 2015 = M. MARCHESIELLO, *Il paternalismo giuridico: tra conoscenza e compassione*, «Politica del diritto» 46.1, 2015, pp. 131-156.
MAROTTA 2000 = V. MAROTTA, *Ulpiano e l'impero*, I, Napoli 2000.
MAROTTA 2016 = V. MAROTTA, *Esercizio e trasmissione del potere imperiale (secoli 1.- 4. d.C.). Studi di diritto pubblico romano*, Torino 2016.
MASI DORIA 2017 = C. MASI DORIA, '*Periculum rei publicae*', «Index» 45, 2017, pp. 3-23.
MASTROROSA 2007 = I.G. MASTROROSA, *I prodromi della Lex Papia Poppaea: la propaganda demografica di Augusto in Cassio*

*Dione LVI, 2-9*, in *Antidoron. Studi in onore di B. Scardigli*, a cura di P. Desideri, Pisa 2007, pp. 281-304.

McGinn 2013 = T.A.J. McGinn, *The Marriage Legislation of Augustus: A Study in Reception*, «Legal Roots» 2, 2013, pp. 7-43.

McKay 1962 = L.A. McKay, *Horace, Augustus and Ode 1, 2*, «AJP» 83, 1962, pp. 168-177.

Mill 1859 = J.S. Mill, *On liberty*, London 1859².

Millar 1973 = F.G.B. Millar, *Triumvirate and Principate*, «JRS» 63, 1973, pp. 50-67 (*Rome, the Greek World and the East* 1, Chapel Hill-London, 2002, pp. 241-270; *Augustus*, edited by J. Edmondson, Edinburgh, 2009, pp. 60-89)

Momigliano 1932 = A. Momigliano, *L'opera dell'imperatore Claudio*, Firenze 1932.

Morello 2004 = M. Morello, *Aspetti dell'accusatio iure mariti vel patris in materia di adulterio*, «Studi urbinati di scienze giuridiche politiche ed economiche. N.S. A», 55.4, 2004, pp. 613-644.

Morello 2010 = M. Morello, *Donna, moglie e madre prolifica. L'ONMI in cinquant'anni di storia italiana*, Soveria Mannelli (CZ) 2010.

Nardi 1941 = E. Nardi, *Sui divieti matrimoniali delle leggi Augustee*, «SDHI» 7, 1941, pp. 112-146.

Newby 1938 = J.D. Newby, *A numismatic commentary on the Res gestae of Augustus*, Iowa city 1938.

Noè 1994 = E. Noè, *Commento storico a Cassio Dione LIII*, Como 1994.

Núñez Paz 1988 = M.I. Núñez Paz, *Consentimiento matrimonial y divorcio en Roma*, Salamanca 1988.

Osgood 2006 = J. Osgood, *Caesars legacy. Civil war and the emergence of the Roman empire*, Cambridge 2006.

Palomo Pinel 2017 = C.M. Palomo Pinel, *Nec inmerito paterfamilias dicitur. El paterfamilias en el pensamiento de Lactancio*, Madrid 2017.

Pani 2013 = M. Pani, *Augusto e il Principato*, Bologna 2013.

Paratore 1976 = E. Paratore, *Lucano e la concezione del pater patriae* in E. Paratore, *Romanae Litterae*, Roma 1976, pp. 597-603.

PERGAMI 2007 = F. PERGAMI, *Accusatio-inquisitio: ancora a proposito della struttura del processo criminale in età tardoantica*, «AARC» 16, 2007, pp. 595-608.

PETRACCIA 2014 = M.F. PETRACCIA, *Indices e delatores nell'antica Roma. Occultiore indicio proditus; in occultas delatus insidias*, Milano 2014.

PIETRINI 1996 = S. PIETRINI, *Sull'iniziativa del processo criminale romano (IV-V secolo)*, Milano 1996.

PIETRINI 2009 = S. PIETRINI, *L'accusator nell'Epistola 10 di Papa Simmaco*, in *Studi in onore di Remo Martini*, III, Milano 2009, pp. 139-151.

PIRO 2007 = I. PIRO, *"... Quod emancupata esset Cluvio...": riflessioni intorno ad alcuni passaggi della c.d. laudatio Turiae*, in *Studi per Giovanni Nicosia*, VI, Milano 2007, pp. 155-194.

PROVERA 1964 = G. PROVERA, *La vindicatio caducorum. Contributo allo studio del processo fiscale*, Torino 1964.

PULIATTI 1992 = S. PULIATTI, *Il De iure fisci di Callistrato e il processo fiscale in età severiana*, Milano 1992.

PULIATTI 2001*a* = S. PULIATTI, *Incesti crimina. Regime giuridico da Augusto a Giustiniano*, Milano 2001.

PULIATTI 2001*b* = S. PULIATTI, *Malum in immensum importune auctum. La disciplina del prossenetismo nelle fonti giuridiche postclassiche*, in *Iuris vincula. Studi in onore di Mario Talamanca*, VI, Napoli, 2001, pp. 417-462.

PULIATTI 2003 = S. PULIATTI, *Quae ludibrio corporis sui quaestum faciunt. Condizione femminile, prostituzione e lenocinio nelle fonti giuridiche dal periodo classico all'età giustinianea*, in *Da Costantino a Teodosio il Grande, Atti del convegno internazionale Napoli 26-28 aprile 2001*, a cura di U. Criscuolo, Napoli 2003, pp. 31-83.

PULIATTI 2016*a* = S. PULIATTI, *Un giurista di età severiana. Callistrato*, Parma 2016.

PULIATTI 2016*b* = S. PULIATTI, *De cuius hereditate agitur: il regime romano delle successioni*, Torino 2016.

QUERZOLI 2000 = S. QUERZOLI, *I Testamenta e gli officia pietatis*.

*Tribunale centumvirale, potere imperiale e giuristi tra Augusto e i Severi*, Napoli 2000.

QUIGLEY 2018 = M. QUIGLEY, *Libertarian paternalism, nudging, and public policy*, in *The Routledge Handbook of the philosophy of paternalism*, edited by K. Grill and J. Hanna, London - New York 2018, pp. 223-232.

RABELLO 1979 = M. RABELLO, *Effetti personali della patria potestas. Dalle origini al periodo degli Antonini*, Milano 1979.

RABELLO 2002 = A. M. RABELLO, *Introduzione al diritto ebraico. Fonti, matrimonio e divorzio, bioetica*, Torino 2002.

REBONATO 2012 = R. REBONATO, *Taking liberties. A critical examination of libertarian paternalism*, Basingstoke - New York 2012.

RICH 1990 = J.W. RICH, *Cassius Dio, the Augustan settlement (Roman History 53-55.9)*, Warminster 1990.

RICH 2012 = J. RICH, *Making the emergency permanent: auctoritas, potestas and the evolution of the principate of Augustus*, in *Des réformes augustéennes*, edited by Y. Rivière, Roma 2012 pp. 37-121.

RILEY 2018 = J. RILEY, *Mill's absolute ban on paternalism*, in *The Routledge Handbook of the philosophy of paternalism*, edited by K. Grill and J. Hanna, London-New York, 2018, pp. 153-169.

RIVIÈRE 2000 = Y. RIVIÈRE , *La procédure criminelle sous le règne de Constantin,* «Revue historique de droit français et étranger» 78. 3, 2000, pp. 401-427.

RIVIÈRE 2002 = Y. RIVIÈRE, *Les délateurs sous l'Empire romain*, Roma 2002.

RIZZELLI 1997 = G. RIZZELLI, *Lex Iulia de adulteriis. Studi sulla disciplina di adulterium, lenocinium, stuprum*, Lecce 1997.

RIZZELLI 2017 = G. RIZZELLI, *Padri romani. Discorsi, modelli, norme*, Lecce 2017.

RIZZELLI 2019 = G. RIZZELLI, *La potestas paterna fra leges, mores e natura*, in L. CAPOGROSSI COLOGNESI – F. CENERINI – F. LAMBERTI – M. LENTANO – G. RIZZELLI – B. SANTORELLI, *Anatomie della paternità. Padri e famiglia nella cultura romana*, Lecce 2019, 89-129.

ROTONDI 1990 = G. ROTONDI *Leges publicae populi romani. Elenco cronologico con una introduzione sull'attività legislativa dei comizi romani*, Hildesheim-Zürich-New York 1990.

RUGGIERO 1984 = A. RUGGIERO, *Nuove riflessioni in tema di tribunale domestico*, in *Sodalitas. Scritti in onore di Antonio Guarino*, IV, Napoli 1984, pp. 1593-1600.

RUSSO RUGGERI 2009 = C. RUSSO RUGGERI, *Iudicium domesticum e iudicium publicum in Cic. de fin. 1.7.24*, «SDHI» 75, 2009, pp. 515-534.

RUSSO RUGGERI 2010 = C. RUSSO RUGGERI, *Ancora in tema di iudicium domesticum*, «IAH» 2, 2010, pp. 51-102.

RUSSO RUGGERI 2011 = C. RUSSO RUGGERI C., *Indices e indicia. Contributo allo studio della collaborazione giudiziaria dei correi dissociati nell'esperienza criminale romana*, Torino 2011.

SACHER 1949 = E. SACHER, *Pater familias*, «RE »18.4, 1949, coll. 2121-2157.

SALLER 1994 = R. SALLER, *Patriarchy, property and death in the Roman family*, Cambridge 1994.

SALLER 1999 = R. SALLER, *Pater familias, Mater Familias, and the Gendered Semantics of the Roman Hosehold*, «CPh» 94.2, 1999, pp. 182-197.

SANNA 2012 = M.V. SANNA, *L'adulterio della tabernaria*, «Diritto@Storia» 10, 2012, *on line*.

SANTALUCIA 1998*a* = B. SANTALUCIA, *Costantino e i libelli famosi*, «Index» 26, 1998, pp. 185-198.

SANTALUCIA 1998*b* = B. SANTALUCIA, *Diritto e processo penale nell'antica Roma*, Milano 1998[2].

SANTALUCIA 2002 = B. SANTALUCIA, *Accusatio e inquisitio nel processo penale romano di età imperiale*, «Sem. Comp.» 14, 2002, pp. 179-194.

SCHEID 2007 = J. SCHEID, *Res Gestae Divi Augusti: hauts faits du divin Auguste*, Paris 2007.

SCIORTINO 2011 = S. SCIORTINO, *Gli 'indices' nel processo criminale* extra ordinem, «IAH» 3, 2011, pp. 49-61.

SCOCCIA 2008 = D. SCOCCIA, *In defense of hard paternalism*, «Law and Philosophy» 27, 2008, pp. 351-381.

SCOCCIA 2018 = D. SCOCCIA, *The concept of paternalism*, in *The Routledge Handbook of the philosophy of paternalism*, edited by K. Grill and J. Hanna, London-New York 2018, pp. 11-23.

SEITZ 1974 = W. SEITZ, *Maiestas. Eine bedeutungsgeschichtliche Untersuchung des Wortes in der Republik und Kaiserzeit*, Innsbruck 1974.

SEVERY 2003 = B. SEVERY, *Augustus and the family at the birth of the Roman empire*, New York - London 2003.

SEYMOUR FAHMY 2018 = M. SEYMOUR FAHMY, *Kantian perspectives on paternalism*, in *The Routledge Handbook of the philosophy of paternalism*, edited by K. Grill and J. Hanna, London-New York 2018, pp. 96-107.

SOLAZZI 1925 = S. SOLAZZI, *Il divorzio della liberta*, «BIDR» 34, 1925, pp. 295-311 (*Scritti di diritto romano*, III, Napoli 1960, pp. 21-33).

SOLAZZI 1942 = S. SOLAZZI, *Attorno ai caduca. V. Caduca hereditatis*, «Atti Acc. scienze morali e politiche della Società reale di Napoli» 61, 1942, pp. 71-225 (*Scritti di diritto romano*, 4, Napoli 1963, pp. 313-329).

SOLAZZI 1948 = S. SOLAZZI, *La legge augustea sul divorzio della liberta e il diritto civile*, «BIDR» 51-52, 1948, pp. 327-351 (*Scritti di diritto romano*, V, Napoli 1972, pp. 85-104).

SOLIDORO MARUOTTI 2003 = L. SOLIDORO MARUOTTI, *La disciplina del crimen maiestatis tra tardo antico e medioevo*, in AttiConv. *Crimina e delicta nel tardo antico. Teramo, 19-20 gennaio 2001*, Milano 2003, pp. 129-174.

SÖLLNER 1969 = A. SÖLLNER, *Zur vorgeschichte und funktion der actio rei uxoriae*, Köln-Wien 1969.

SPAGNUOLO VIGORITA 2001 = T. SPAGNUOLO VIGORITA, *La data della lex Iulia de adulteriis*, in *Iuris vincula. Studi in onore di Mario Talamanca*, VIII, Napoli 2001, pp. 79-96.

SPAGNUOLO VIGORITA 1984 = T. SPAGNUOLO VIGORITA, *Exsecranda Pernicies: delatori e fisco nell'età di Costantino*, Napoli 1984.

SPAGNUOLO VIGORITA 1988 = T. SPAGNUOLO VIGORITA, *Imminentes legum terrores. L'abrogazione delle leggi caducarie augustee in età costantiniana*, «AARC» 7, 1988, pp. 251-265 (*Imperium mixtum. Scritti scelti di diritto romao*, con una nota di lettura di F. Grelle, a cura di F. Grelle e C. Masi Doria, Napoli 2013, pp. 121-135).

Spagnuolo Vigorita 1994 = T. Spagnuolo Vigorita, *Utilitas publica. Denunce e pentiti nel mondo romano*, «Panorami» 6, 1994, pp. 266-275.

Spagnuolo Vigorita 2010 = T. Spagnuolo Vigorita, *Casta domus. Un seminario sulla legislazione matrimoniale augustea*, Napoli, 2010[3].

Spagnuolo Vigorita 2012 = T. Spagnuolo Vigorita, *Joersiana III: ancora sul percorso della riforma matrimoniale augustea*, in *Carmina iuris. Mélanges en l'honneur de M. Humbert,* a cura di E. Chevreau; D. Kremer e A. Laquerrière-Lacroix, Paris 2012, pp. 793-802 (*Imperium mixtum. Scritti scelti di diritto romano*, con una nota di lettura di F. Grelle, a cura di F. Grelle e C. Masi Doria, Napoli 2013, 529-538).

Stevenson 2009 = T. Stevenson, *Acceptance of the Title of "Pater Patriae" in 2 B.C.*, «Antichton» 43, 2009, pp. 97-108.

Strothmann 2000 = M. Strothmann, *Augustus-vater der res publica: zur funktion der drei begriffe restitutio, saeculum, pater patriae im augusteischen Principat*, Stuttgart 2000.

Sunstein 2014 = C.R. Sunstein, *Why nudge? The politics of libertarian paternalism*, London 2014.

Syme 1939 = R. Syme, *The Roman revolution*, Oxford 1939.

*The annals* 1996 = *The annals of Tacitus. Book 3*, edited with a commentary by A.J. Woodman and R.H. Martin, Cambridge 1996.

*The Routledge* 2018 = *The Routledge Handbook of the philosophy of paternalism*, edited by K. Grill and J. Hanna, London-New York 2018.

Thomas 1991 = Y. Thomas, *L'institution de la majesté*, «RS» 112 (3-4), 1991, pp. 331-386.

Todisco 2007 = E. Todisco, *Il nome Augustus e la 'fondazione' ideologica del Principato*, in *Antidoron. Studi in onore di*

*Barbara Scardigli Forster*, a cura di P. Desideri, M. Moggi e M. Pani, Pisa 2007, pp. 441-462.

TREGGIARI 1991 = S. TREGGIARI, *Roman Marriage. Iusti Coniuges from the Time of Cicero to the Time of Ulpian*, Oxford 1991.

TUORI 2014 = K. TUORI, *Augustus, legislative power, and the power of appearances*, «Fundamina» 20, 2, 2014, pp. 938-945.

VALENTINI 2012 = A. VALENTINI, *Matronae tra novitas e mos maiorum. Spazi e modalità dell'azione pubblica femminile nella Roma mediorepubblicana*, Venezia 2012.

VARVARO 1998 = M. VARVARO, *Iuris consensus e societas in Cicerone. Un'analisi di Cic., de rep., I, 25, 39*, in «AUPA» 45.1, 1998, pp. 445-482.

VARVARO 2000 = M. VARVARO, *Contributo allo studio delle Quinquaginta decisiones*, in «AUPA» 46, 2000, pp. 359-539.

VARVARO 2008 = M. VARVARO, *Certissima indicia. Il valore probatorio della chiamata in correità nei processi della Roma repubblicana*, «AUPA» 52, 2008, pp. 369-428.

VENTURINI 1988 = C. VENTURINI, *Matrimonio, divorzio, ripudio: premesse romanistiche ad una problematica attuale*, «Nova Tellus» 6, 1988, pp. 167-186.

VENTURINI 2002 = C. VENTURINI, *Il processo accusatorio romano tra punti fermi e problematiche aperte*, «Sem. Comp.» 14, 2002, pp. 195-215.

VOCI 1985 = P. VOCI, *La patria potestas da Augusto a Diocleziano* in *Studi di diritto romano*, II, Padova 1985, pp. 397-463.

VOLTERRA 1936 = E. VOLTERRA, *Sul divorzio della liberta*, in *Studi in onore di Salvatore Riccobono nel XL anno del suo insegnamento*, III, Palermo 1936, pp. 201-230.

VOLTERRA 1948 = E. VOLTERRA, *Il preteso tribunale domestico in diritto romano*, «RISG» 1948, pp. 103-153 (*Scritti giuridici*, II, Napoli 1991, pp. 127-177.)

VON PREMERSTEIN 1937 = A. VON PREMERSTEIN, *Vom Werden und Wesen des Prinzipats*. Aus dem Nachlass herausgegeben von H. Volkmann, München 1937.

WARDLE 2014 = *Suetonius, Life of Augustus. Translated with introduction and historical commentary by D. Wardle*, Oxford 2014.

WILLIAMS 1962 = G. WILLIAMS, *Poetry in the Moral Climate of Augustan Rome*, «JRS» 52.1-2, 1962, pp. 28-46.

ZABŁOCKA 1986 = M. ZABŁOCKA, *Le modifiche introdotte nelle leggi matrimoniali augustee sotto la dinastia giulio-claudia*, «BIDR» 89, 1986, pp. 379-410.

ZABŁOCKA 1988 = M. ZABŁOCKA, *Il ius trium liberorum nel diritto romano*, «BIDR» 91, 1988, pp. 361-390.

Francesco Berardi

# LA RETORICA DEL SEDUTTORE: IL SILENZIO NEGLI *AMORES* E NELL'*ARS AMATORIA* DI OVIDIO

L'influenza che la retorica ha esercitato sulla produzione poetica di Ovidio è nota già ai suoi contemporanei. Fu Seneca Padre a stabilire per primo una relazione tra il tirocinio seguito dal poeta nelle scuole dei retori Arellio Fusco e Porcio Latrone e le sue elegie, segnate dal ricorso a numerosi artifici in voga presso i declamatori: frasi ad effetto (*sententiae*), rifiuto dell'argomentazione serrata a favore di una concatenazione per immagini del dettato poetico, impiego raffinato delle figure dello stile[1]. La ricerca talora eccessiva di una forma elocutiva elegante e stupefacente valse a Ovidio la celebre definizione di *lascivus* che Quintiliano gli attribuì non certo per la licenza con cui trattò il tema dell'amore quanto per il compiaciuto indulgere a vezzi elocutivi nella rielaborazione della materia erotica e, soprattutto, epica, con effetti di ironico distacco[2].

[1] Sen. *contr*. II 2, 8-12; ma vd. anche *contr*. I 7-8; III 7, 2; IX 5, 17; X 4, 25; riflessioni sull'abilità oratoria di Ovidio si ritrovano in molti contributi della ricca bibliografia ovidiana, tra i quali Higham 1958; Hardie 2002, pp. 36-38; Fantham 2009; Björk 2013.

[2] Quint. *inst*. X 1, 88; 93; ma vd. anche IV 1, 77; VIII 5, 11; per un'interpretazione di *lascivus* nel senso indicato dal testo, vd. Pianezzola 1998, pp. 203-204; Iglesias – Alvarez 2005 e Berardi 2018.

Del resto, la fama di *poeta eroticus* non entra mai in contrasto con il profilo di *rhetor* se è vero che l'*Ars amatoria* è modellata sui manuali retorici non solo per la struttura in cui sono impartiti gli insegnamenti, ordinati secondo le sezioni dell'*inventio* e della *dispositio*, ma anche per il rilievo che in essa assumono concetti retorici, come l'inganno e l'occasione, nella realizzazione di un'efficace strategia comunicativa in grado di conquistare l'amato o amata. Il perfetto seduttore sa ricorrere alle parole più dolci, ai falsi giuramenti, alla simulazione e dissimulazione dei suoi sentimenti e, al pari dell'oratore, valuta le circostanze cogliendo il momento propizio per stabilire la più opportuna tecnica di corteggiamento[3]. A questo gioco fatto di accorte schermaglie, in cui ambo le parti sembrano voler perdere per essere conquistate l'una dall'altra[4], contribuisce anche il muto codice degli sguardi e dei gesti: ammiccamenti, carezze e pose svenevoli trasmettono all'interlocutore chiari messaggi del proprio interesse. In queste circostanze è il silenzio ad essere lo strumento di comunicazione più idoneo a realizzare il contatto e a costruire la relazione: è il silenzio della complicità o della reticenza, della segretezza o della censura: nei rapporti non tutto si può dire, non tutto serve dire.

Ovidio riprende situazioni tipiche del corteggiamento e del codice erotico codificato dalla letteratura elegiaca, in cui è evidente il ruolo della gestualità e, soprattutto, dello sguardo, e le rielabora contaminandole con la dottrina retorica[5].

---

[3] La relazione tra l'*Ars amatoria* di Ovidio e i modelli dei manuali retorici è stata approfondita anche negli aspetti più immediatamente riconducibili a concetti e termini-chiave della precettistica tecnica da CELENTANO 1998 e 2012.

[4] Ov. *am.* III 14, 47-48.

[5] Sulle situazioni tipiche diffuse nell'elegia latina, e non solo, in cui risulta evidente il contributo dato da alcuni elementi del codice gestuale alla manifestazione di stati d'animo legati all'amore, vd. DURUP 1983,

L'analisi di alcuni passi degli *Amores* e dell'*Ars* mostrerà come sia possibile interpretare le didascalie di molte scene ovidiane alla luce delle coeve riflessioni elaborate dai retori in merito agli strumenti performativi che sono soliti accompagnare il discorso dell'oratore (tono di voce, gestualità, mimica facciale). Tra i fenomeni che rivelano l'influenza della retorica sull'opera ovidiana sarà, quindi, opportuno considerare anche il modo in cui il poeta riusa il codice gestuale e lo finalizza alla materia erotica: non solo di dolci parole, ma anche accorti cenni e studiati silenzi è fatta la retorica del seduttore.

Del resto, alla cura della dizione e della gestualità Ovidio dedica una sezione dei precetti impartiti alle donne perché possano conquistare il loro uomo: in *Ars* III 275-304 il poeta ricorda a chi ha dita grandi e unghia scabre di muovere poco le mani per non richiamare l'attenzione dell'amante sui suoi difetti[6]; poco oltre, invita le signore a guardarsi da smorfie indecenti. La voce, che è ottimo strumento di seduzione[7], sia dolce e si tenga lontana da note stridule o toni rochi[8]. Anche il portamento dovrà mostrare grazia e decoro, evitando il passo superbo e le pose svenevoli[9]. È la misura la virtù che regola l'uso del codice extra-verbale nella don-

Fedeli 1989 e, soprattutto, Labate 1984 e Viscomi 2017 per l'attenzione prestata alla produzione ovidiana. Il ruolo più importante è riservato agli occhi, che mettono a nudo i più intimi sentimenti degli innamorati (passione, gelosia, rabbia), provocano il desiderio ed esprimono complicità: sull'argomento vd. Rousset 1989.

[6] Ov. *ars* III 275-276.

[7] Ov. *ars* III 316.

[8] Ov. *ars* III 289-290.

[9] Ov. *ars* III 298-304. È possibile apprezzare il successo di questi accorgimenti in Ov. *am.* II 4 dove il poeta confessa di non saper resistere ad alcuna di queste seducenti malie: incedere elegante (v. 23), sguardo pudico (vv. 11-12), gesti leziosi (vv. 29-30); circa il potere seducente del volto cfr. Ov. *am.* II 5, 43-44.

na così come nell'oratore[10]. In *Ars* III 502-524 Ovidio torna a istruire le lettrici insegnando a dissimulare i propri sentimenti per evitare che questi traspaiano dal viso: gli uomini, infatti, detestano gli occhi fiammeggianti e il volto gonfio per l'ira, così come non apprezzano i segni della superbia; piuttosto, è lo sguardo languido a catturare la loro attenzione. Con una breve sentenza Ovidio condensa l'efficacia espressiva del viso: esso, pur tacendo, riesce a seminare odio intorno a sé[11]. L'importante ruolo che il linguaggio del corpo assume nell'arte del corteggiamento è reso evidente almeno da altri due precetti dati dal maestro: l'amante è invitato a studiare i gesti e le parole della donna custodendo gelosamente le informazioni che lo avvantaggeranno sui rivali[12]. Deve, poi, controllare la mimica facciale, perché le espressioni del viso non siano in disaccordo con le parole proferite tradendo così una certa simulazione[13]. Lo studio dei luo-

[10] Ov. *ars* III 305: *sed sit, ut in multis, modus hic quoque* "ma anche qui, come in molte altre situazioni, ci sia la misura"; cfr. Quint. *inst.* XI 3, 181: *huius quoque loci clausula sit eadem necesse est quae ceterorum est: regnare maxime modum* "la conclusione di questo argomento deve essere necessariamente la stessa che degli altri: su tutto deve regnare la misura". I precetti impartiti da Ovidio per il controllo del codice gestuale mostrano numerosi punti di contatto con gli atteggiamenti suggeriti dai retori per realizzare il misurato contegno della *performance* oratoria; l'argomento sarebbe meritevole di approfondimento: cfr. Quint. *inst.* XI 3, 40-42 (tono di voce), 80-81 (smorfie del viso), 90-91 (gestualità scomposta), 128-129 (andatura fluttuante, pose sconvenienti). Sulla ricerca della misura nell'*actio* retorica, vd. Berardi 2014, pp. 3-4.

[11] Ov. *ars* III 509-512.

[12] Ov. *ars* I 395-396.

[13] Ov. *ars* II 311-312: *tantum ne pateas verbis simulator in illis, / effice nec vultu destrue dicta tuo* "fa' in modo di non rivelarti simulatore in quelle tue parole e non distruggere la credibilità delle tue parole con il tuo volto". Questa è una delle principali regole di recitazione che l'oratore deve osservare per dare credibilità alla propria *performance*: cfr. Quint. *inst.* XI 3, 67.

ghi ovidiani in cui sono descritti elementi riconducibili al codice extraverbale del corteggiamento rivela non solo l'importanza che l'autore attribuisce alla gestualità nella costruzione della relazione d'amore, ma fissa un'autentica pragmatica dell'amore e crea un muto linguaggio che è possibile decifrare sulla base di un sistema socio-culturale avvezzo ad associare precisi significati ai diversi gesti dell'uomo o della donna.

I retori, che hanno approfondito gli aspetti performativi del discorso per notarne la funzione persuasiva, forniscono le informazioni necessarie alla decrittazione. Cicerone da una parte, Quintiliano dall'altra rappresentano i punti estremi di una riflessione sui meccanismi della recitazione (*actio*) che, all'epoca di Ovidio, era già viva e ben nota ai frequentatori delle scuole retoriche[14]. Cicerone parla di una muta eloquenza del corpo per sottolineare quanto i mezzi performativi siano capaci di comunicare messaggi e, soprattutto, veicolare emozioni, realizzando in questo modo una potente azione persuasiva sull'uditorio[15]. Quintiliano, che pare sintetizzare tutta la ricca tradizione precettistica in tema di *actio*[16], è più analitico nel descrivere il significato associato ad ogni gesto e illustrarne gli effetti sull'interlocutore, evidenziando, ad esempio, la grande capacità espressiva del viso, al quale gli uomini guardano per primo e dal quale possono trasparire tanto l'odio quanto l'amore:

> *Dominatur autem maxime vultus. Hoc supplices, hoc minaces, hoc blandi, hoc tristes, hoc hilares, hoc erecti, hoc summissi*

[14] Per uno studio della dottrina elaborata dai retori a proposito di *actio*, vd. l'ampia sintesi offerta da Cavarzere 2011, oltre all'utile lavoro di Petrone 2005.

[15] Cic. *orat.* 55: *est enim actio quasi corporis quaedam eloquentia* "la recitazione è in un certo senso un'eloquenza del corpo"; Cicerone tratta diffusamente il tema dell'*actio* in *de orat.* III 213-230.

[16] Cfr. Fantham 1982 (con osservazioni interessanti sui contatti tra Cicerone e Quintiliano); Petrone 2004.

> *sumus: hoc pendent homines, hunc intuentur, hic spectatur etiam antequam dicimus: hoc quosdam amamus hoc odimus, hoc plurima intellegimus, hic est saepe pro omnibus verbis* (Quint. *inst.* XI 3, 72)
>
> Il ruolo dominante è affidato soprattutto al volto. Per suo tramite siamo supplichevoli, minacciosi, adulatori, tristi, allegri, fieri, umili; al volto è sospeso l'uditorio, è lì che fissa lo sguardo, il volto viene osservato prima ancora che parliamo, esprime amore, esprime odio, lascia capire moltissime cose, spesso sostituisce tutte le parole[17]

L'interesse si concentra sul particolare degli occhi che, meglio di ogni altro elemento performativo, trasmettono sentimenti e pensieri dell'individuo: rancore, superbia, gioia, mestizia, dolore, durezza d'animo, ironia[18]. Tra questi sentimenti spicca l'amore: il retore rivela la funzione erotica degli sguardi languidi e ammiccanti che suscitano il piacere:

> *Sed in ipso vultu plurimum valent oculi, per quos maxime animus emanat, ut citra motum quoque et hilaritate enitescant et tristitiae quoddam nubilum ducant. Quin etiam lacrimas iis natura mentis indices dedit, quae aut erumpunt dolore aut laetitia manant. Motu vero intenti, remissi, superbi, torvi, mites, asperi fiunt: quae ut actus poposcerit fingentur. Rigidi vero et extenti aut languidi et torpentes aut stupentes aut lascivi et mobiles et natantes et quadam voluptate suffusi aut limi et, ut sic dicam, venerii aut poscentes aliquid pollicentesve numquam esse debebunt. Nam opertos compressosve eos in dicendo quis nisi plane rudis aut stultus habeat?* (Quint. *inst.* XI 3, 75-76)
>
> Ma nel volto la più grande efficacia espressiva è riservata agli occhi, dai quali emerge con molta chiarezza lo stato d'animo,

[17] Qui e altrove le traduzioni dei brani tratti dal libro XI dell'*Institutio oratoria* sono di M. Vallozza.

[18] Considerazioni interessanti sulla capacità espressiva dello sguardo si trovano già in Cic. *de orat.* III 221-222.

tanto che, pur senza muoversi, brillano di allegria o si coprono di un velo di tristezza. E anzi la natura ha dato loro, rivelatrici dei sentimenti, le lacrime, che scaturiscono per il dolore o sgorgano per la gioia. In realtà, quando si muovono gli occhi diventano attenti, indifferenti, alteri, truci, dolci, duri: e assumono queste espressioni secondo quel che richiede la comunicazione del discorso. Ma non dovranno mai essere fissi e spalancati o inerti e intorpiditi, o immobili, o scherzosi, mutevoli, languidi e come soffusi di piacere, oppure obliqui e, per così dire, lascivi o in atto di chiedere o promettere qualcosa. D'altro canto, chi potrebbe tenerli chiusi o serrati mentre parla, se non un uomo del tutto rozzo o uno stolto?

Altrettanto importante è il dettaglio delle sopracciglia perché esse aiutano a delineare l'espressione degli occhi e a controllare la fronte: se aggrottate, indicano ira, quando abbassate, sono indizio di tristezza; distese, manifestano gioia:

*Multum et superciliis agitur; nam et oculos formant aliquatenus et fronti imperant: his contrahitur attollitur remittitur, ut una res in ea plus valeat, sanguis ille qui mentis habitu movetur, et, cum infirmam verecundia cutem accipit, effunditur in ruborem: cum metu refugit, abit omnis et pallore frigescit: temperatus medium quoddam serenum efficit* (Quint *inst.* XI 3, 78)

Anche le sopracciglia producono molti effetti: danno infatti in certa misura forma agli occhi e dominano la fronte. La fanno contrarre, sollevare, distendere, tanto che un solo fattore ha più efficacia su di essa, il sangue, il cui movimento dipende dagli stati d'animo e che, quando incontra una pelle sensibile alla vergogna, procura un diffuso rossore; nella paura si ritrae, scompare del tutto e dà luogo a un freddo pallore; quando è sotto controllo, produce un colorito intermedio, espressione di serenità

Le mani, poi, riescono ad assumere ogni posa eguagliando nella ricchezza dei movimenti l'infinita varietà espressiva del linguaggio così da riuscire a comunicare ogni sentimento:

> *Manus vero, sine quibus trunca esset actio ac debilis, vix dici potest quot motus habeant, cum paene ipsam verborum copiam persequantur. Nam ceterae partes loquentem adiuvant, hae, prope est ut dicam, ipsae locuntur. An non his poscimus pollicemur, vocamus dimittimus, minamur supplicamus, abominamur timemus, interrogamus negamus, gaudium tristitiam dubitationem confessionem paenitentiam modum copiam numerum tempus ostendimus?* (Quint. *inst.* XI, 3, 85-86)
>
> Riguardo alle mani, poi, senza le quali la comunicazione del discorso sarebbe incompleta e inefficace, a stento si può dire quanti movimenti sono in grado di fare, perché raggiungono quasi il numero delle parole. infatti, le altre parti del corpo aiutano l'oratore, le mani invece, oserei dire, parlano da sé. Non le usciamo forse per chiedere e promettere, chiamare e allontanare, minacciare e supplicare, esprimere avversione o timore, interrogare o negare, indicare la gioia, la tristezza, il dubbio, la confessione, il pentimento, la misura, la quantità, il numero, il tempo?

Il codice gestuale indagato dai retori a fini persuasivi costituisce un ottimo sistema in cui inserire le note descrittive o prescrittive che Ovidio riserva alla recitazione nella relazione d'amore. Tuttavia, il diverso contesto per cui è pensata la precettistica retorica limita la possibilità di riscontrare per ogni nota ovidiana di carattere performativo un preciso riferimento che aiuti a decifrare la funzione assolta dal singolo gesto nella comunicazione tra amanti. Bisogna, cioè, accontentarsi spesso di trovare nei testi di retorica una più generale conferma del valore espressivo di quel gesto piuttosto che esatti riscontri alle sue modalità di realizzazione. Ne deriva che l'analisi della gestualità erotica nella poesia ovidiana può sovente validare l'associazione stabilita dal poeta tra un sentimento e il suo gesto, ma non riesce a integrare le informazioni mancanti nel testo per ricostruire l'atteggiamento in tutti i suoi dettagli. Questa difficoltà costituisce, in verità, una fortuna perché conserva quella vaghezza allusiva che il poeta stesso pare cercare nei suoi versi. Quando Ovidio fa cenno a pose, sguardi, moine, parla a frequentatori di salotti ed esperti delle relazioni clandestine che sanno sicuramente a quali gesti il poeta faccia riferimento e in quali modi sia possibile realizzarli[19]. Ovidio è, piuttosto, interessato a sottolineare l'opportunità di porre in essere un'accorta strategia di corteggiamento centrata sull'abilità non solo elocutiva, ma anche performativa e, soprattutto, è molto attento a enfatizzare le potenzialità espressive dei gesti, capaci di comunicare anche in assenza di parole. La dote posseduta da occhi, viso, mani nella trasmissione di messaggi ed emozioni è esaltata dall'attenzione che il poeta mostra in varie circostanze agli aspetti silenti della comunicazione. È, dunque, il silenzio l'elemento più significativo cui viene dato risalto per affermare la funzione anche affettiva del codice gestuale. I retori definiscono il fenomeno per cui ogni movimento degli occhi o del corpo riesce a significare qualcosa anche senza l'ausilio delle parole e ne disciplinano l'uso stabilendo finalità e circostanze d'impiego, elaborando quella che è solitamente etichettata come 'retorica del silenzio'[20]. Ovidio ne riprende termini e concetti per applicarli al contesto della relazione erotica, mostrando allo stesso tempo quanto il silenzio sia expediente utile per costruire e vivere il rapporto tra amanti[21].

[19] I rapporti tra i moduli descrittivi dell'elegia ovidiana e il contesto della società galante sono stati studiati da Labate 1977 e Labate 1984, pp. 65-120.

[20] In merito alle molteplici funzioni che il silenzio assolve nella comunicazione non solo persuasiva e alle svariate occasioni d'impiego che esso mostra nella dottrina retorica e, più in generale, nella letteratura classica, vd. ora i numerosi saggi raccolti da Angeli – Bernardini 2015, oltre agli utili studi di Valesio 1989 e Montiglio 2000.

[21] Un'analoga attenzione agli aspetti performativi della comunicazione è stata riscontrata recentemente da Larosa 2013 nei *Tristia* e, in generale, nella poesia ovidiana dell'esilio. Ma il silenzio è tra i connotati più mesti che segnano le storie di metamorfosi dove la perdita della parola è la caratteristica principale dell'alienazione fisica e talora simbolo di un canto che viene censurato: cfr. Gardini 2017, pp. 109-119.

La situazione più consueta nella poesia ovidiana in cui il silenzio rivela tutta la sua efficacia, vede gli innamorati impegnati in un colloquio segreto, fatto di ammiccamenti e gesti convenuti, che sfugge ai presenti o è notato solo dal rivale frustrato. La clandestinità della comunicazione, capace di trasmettere messaggi d'amore e provocare il piacere pur senza ricorrere a dolci parole, è essa stessa causa di eccitazione. In *am.* I 4 il gioco erotico di Ovidio assume la consueta forma della relazione a tre: mentre la donna si distende accanto all'amante ufficiale, il poeta la prega di volgere l'attenzione ai segnali furtivi che le manda e a ricambiarli:

*cum premet ille torum, vultu comes ipsa modesto*
*ibis, ut accumbas – clam mihi tange pedem!*
*me specta nutusque meos vultumque loquacem;*
*excipe furtivas et refer ipsa notas.*
*verba superciliis sine voce loquentia dicam;*
*verba leges digitis, verba notata mero* (Ov. *am.* I 4, 15-20)

Quando giacerai sul letto, andrai con volto modesto
a distenderti accanto a lui: toccami di nascosto
il piede. Guarda me, i miei cenni, l'espressione del mio volto,
accogli e restituisci tu stessa i segnali furtivi.
Con le sopracciglia dirò parole che parlano prive di voce;
leggerai parole scritte con le dita o vergate con il vino[22]

L'efficacia della strategia performativa realizzata dagli amanti è sottolineata da potenti ossimori che pongono in rilievo la funzione svolta dal muto linguaggio gestuale nella trasmissione dei messaggi: il volto è detto loquace in quanto capace di ammiccare con i cenni del capo e, soprattutto, attraverso il movimento delle sopracciglia, grazie alle quali il poeta riesce a dire parole d'amore anche senza la voce. Alla scrittura cifrata, realizzata mediante dita che scrivono

[22] Le traduzioni dei brani tratti dagli *Amores* e citati in questo contributo sono di Luca Canali.

sulla tavola o vergata con il vino, è affidata poi un'altra parte della segreta comunicazione. La stessa situazione torna in *am.* II 5 dove a cambiare è il sentimento con cui essa è vissuta dal poeta. I ruoli dei personaggi, questa volta, si invertono: il poeta coglie i segnali che la donna e il suo compagno si scambiano e va in collera:

*Ipse miser vidi, cum me dormire putares,*
*sobrius adposito crimina vestra mero.*
*multa supercilio vidi vibrante loquentes;*
*nutibus in vestris pars bona vocis erat.*
*non oculi tacuere tui, conscriptaque vino*
*mensa, nec in digitis littera nulla fuit.*
*sermonem agnovi, quod non videatur, agentem*
*verbaque pro certis iussa valere notis* (Ov. *am.* II 5, 13-20)

Io stesso, sventurato, vidi, sobrio tra i vini della mensa,
mentre credevi che dormissi, i vostri misfatti.
Vi ho visto dire molte cose con il moto delle sopracciglia,
i vostri cenni eloquenti erano come viva voce.
I tuoi occhi non tacquero, scrivesti col vino sulla tavola,
poi formasti anche qualche lettera con le dita.
Compresi il discorso che dice ciò che non sembra dire,
e parole costrette ad assumere significati convenuti

Ricorrono i medesimi elementi descrittivi, che finiscono per delineare i contorni di una scena tipica: cenni del capo, sopracciglia che vibrano, scrittura con il vino. Ovidio enfatizza di nuovo l'espressività dei gesti sottolineando il contrasto tra il silenzio e la trasmissione delle informazioni: gli occhi non tacciono, i cenni diventano eloquenti quanto la viva voce. La sensibilità, per così dire, retorica con cui Ovidio guarda al codice gestuale, è ulteriormente esaltata dall'inserimento della scena in un'elegia che, sin dalle prime battute, è strutturata intorno all'argomentazione oratoria: il poeta ha avuto le prove della relazione, ma è così preso dell'amore per la donna che vuole discutere nella speranza di essere sconfitto e lamenta di avere a suo favore argomenti troppo forti[23]. In *am.* II 7 l'intesa clandestina fatta di ammiccamenti si inserisce nella discussione che oppone il poeta alla sua donna. Questa lo accusa di averla tradita con la sua ancella; il poeta obietta alla donna la sua gelosia che la induce a interpretare ogni sguardo rivolto da altre ragazze verso di lui come un segno di complicità:

> *candida seu tacito vidit me femina vultu,*
> *in vultu tacitas arguis esse notas* (Ov. *am.* II 7, 5-6)

> Se una bella donna mi guarda con volto silenzioso,
> mi accusi di avere con lei uno scambio di cenni segreti

È piuttosto lei a cedere ai segnali mandati da altri uomini e alle loro profferte provocando l'ira del poeta. In *am.* III 11 egli intende liberarsi finalmente della sua donna; le rimprovera difetti, dinieghi e, soprattutto, tradimenti. Allora non può non sovvenire al poeta adirato il ricordo dei taciti cenni e dei segni convenzionali con cui ella, durante i banchetti, *flirtava* con i ragazzi:

> *quid iuvenum tacitos inter convivia nutus*
> *verbaque compositis dissimulata notis?* (Ov. *am.* III 11, 23-24)

> Perché ricordare i cenni silenziosi dei giovani durante i conviti
> e le parole scambiate dissimulandole sotto segni convenzionali?

In queste scene che riprendono stereotipati moduli descrittivi (il triangolo: poeta, donna, amante) nella stessa cornice narrativa (banchetto), pur variando nell'attribuzione di ruoli e sentimenti ai diversi personaggi (ira, gelosia, piacere), appare evidente l'attitudine del codice gestuale, in particolare del viso e degli occhi, a stabilire la relazione erotica. Questo concetto è ribadito in altre circostanze da Ovidio stesso. In *am.* I 11 il poeta, che ha già consegnato all'ancella un bigliettino d'amore per la sua donna, le chiede di poter scru-

[23] Ov. *am.* II 5, 7-8.

tare i suoi occhi e la sua fronte per cogliere le reazioni alla sue parole. Con una frase dal sapore gnomico Ovidio riassume la capacità del viso di rivelare l'intimo di una donna: da un volto silenzioso puoi dedurre il suo accondiscendere:

*aspicias oculos mando frontemque legentis;*
*e tacito vultu scire fortuna licet.* (Ov. *am.* I 11, 17-18)

Ti raccomando di osservarle gli occhi e la fronte mentre legge: da un volto silenzioso si può arguire il futuro

È ancora uno sguardo furtivamente lanciato al poeta da una ragazza a confermargli il successo di un lungo corteggiamento in occasione di uno spettacolo equestre:

*risit et argutis quiddam promisit ocellis* (Ov. *am.* III 2, 83)

(La fanciulla) ha riso e promesso qualcosa con gli arguti occhi

Nelle relazioni d'amore, tuttavia, il silenzio non è solo quello della complicità e della connivenza. Il silenzio può costituire talvolta l'atteggiamento più opportuno ed efficace per reprimere o esprimere velatamente i propri sentimenti; nel silenzio si nascondono al partner e anche a se stessi gli aspetti più turpi e inconfessabili di una storia d'amore. In *am.* I 7 il volto dell'amata appare sufficientemente eloquente al poeta, pentito di averla schiaffeggiata: dal muto viso della donna egli sente provenire aspri rimproveri per il suo vergognoso comportamento; tacito è pure il labbro che lo accusa tra le lacrime della donna offesa:[24]

*sed taciti fecere tamen convicia vulnus,*
*egit me lacrimis ore silente reum* (Ov. *am.* I 7, 21-22)

[24] In *ars* II 449-450 Ovidio descrive in termini molto analoghi la reazione di una donna che ha appreso il tradimento del suo uomo: *quae, simul invitas crimen pervenit ad aures, / excidit et miserae voxque colorque fugit* 'non appena il tradimento giunge alle sue orecchie, ella cade e a lei, misera, la voce e il colorito fuggono via'.

Ma mi muoveva aspri rimproveri il volto silenzioso,
in lacrime mi accusò con tacito labbro

In *am.* III 7 il silenzio cala un velo di ritegno sulle inconfessabili fantasie erotiche alle quali il poeta si lascia andare in un approccio d'amore andato male:

*at quae non tacita formavi gaudia mente,*
*quos ego non finxi disposuique modos!* (Ov. *am.* III 7, 63-64)

Eppure quali gioie avevo immaginato nel segreto
della mente, quante non fantasticai posizioni d'amore!

E in *am.* III 14 il poeta prega la sua donna di non metterlo al corrente dei suoi tradimenti: anche se ha amanti, lei taccia sulle sue notti di passione: le ammissioni della donna causano dolore all'uomo che, benché offeso, non riesce tuttavia ad odiare l'amata:

*quis furor est, quae nocte latent, in luce fateri,*
*et quae clam facias, facta referre palam?* (Ov. *am.* III 14, 7-8)

Quale follia è mai rivelare alla luce del giorno
i segreti della notte, e svelare ciò che fai di nascosto?

Anche in questa elegia la sensibilità retorica per gli aspetti della comunicazione legati al silenzio sono ulteriormente enfatizzati dal fatto che l'ode gioca sul processo alla donna amata e sulle abilità elocutive dei contendenti: indagini, evidenze testimoniali, professioni d'innocenza, inganno retorico costituiscono elementi strutturali del componimento che, nella chiosa finale, istruisce un processo nel quale il poeta dichiara la sua predisposizione a lasciarsi vincere[25].

Le situazioni descritte negli *Amores* divengono oggetto di analisi obiettiva nell'*Ars amatoria* lì dove dall'esperienza vissuta degli innamorati si ricavano principi di comportamento dal valore universale e la soggettività della topica ele-

[25] Ov. *am.* III 14, 3-6; 39-50.

giaca si trasfigura nell'oggettività di una precettistica tecnica. Le esperienze legate all'efficacia espressiva del codice gestuale e del silenzio non esulano da questo principio generale e si trasformano in prescrizioni di carattere performativo destinate ad assicurare il successo al corteggiamento. Nel passaggio dalla descrizione soggettiva alla precettistica oggettiva il silenzio conserva l'ampio ventaglio di finalità espressive: complicità, stupore, reticenza, censura. In *Ars* I 133-139 l'ambiente galeotto delle corse ai cavalli, occasione di tresche intessute attraverso sguardi furtivi e ammiccamenti, favorisce il corteggiamento grazie anche al contatto cui costringe la presenza della folla assiepata sugli spalti. La vicinanza dà modo di attaccare bottone e compiere galanti cortesie alle quali la ragazza non saprà resistere. In tale contesto non servono i cenni d'intesa o i segni realizzati con le dita:

*nil opus est digitis, per quos arcana loquaris,*
*nec tibi per nutus accipienda nota est* (Ov. *ars* I, 137-138)

Non hai bisogno di dita con cui dire segreti,
né devi ricevere segni attraverso cenni del capo[26]

Nell'impianto generale dell'*Ars amatoria*, modellata come già detto sui coevi manuali retorici, i versi riservati dal poeta all'illustrazione delle più opportune tecniche di conversazione costituiscono il luogo in cui si manifesta con maggiore evidenza la relazione tra le strategie del corteggiamento e quelle dell'oratoria. Nei termini impiegati e nei precetti impartiti Ovidio richiama le riflessioni dei retori su stile e argomentazione[27]. Nel contesto della tematica erotica

[26] Le traduzioni dall'*Ars amatoria*, ove non sia altrimenti indicato, sono a mia cura.

[27] Ov. *ars* I 456-502 in cui Ovidio raccomanda alla gioventù romana di conoscere gli artifici dell'arte retorica per conquistare le donne; in particolare ai vv. 462-467 ricorrono termini e locuzioni diffusi nei manuali, come *credibilis*, *consueta verba* e *praesens ante oculos* per indicare le

la scelta di fornire istruzioni sull'arte del dire suona come un'autentica provocazione e il silenzio costituisce la misura di questa sfida. L'amore è, infatti, passione che inibisce le capacità espressive[28], anche se a provarlo è l'oratore più facondo: nell'*Ars* Ovidio conosce il silenzio quale segno che rende tangibile l'afasia delle emozioni[29], ma supera l'impasse consegnando al lettore tutti gli strumenti utili ad esprimere i sentimenti e persino a giocare con questi mediante accorte tattiche di simulazione e dissimulazione. Per un poeta come Ovidio il silenzio non è denuncia di inabilità a parlare, ma ponderata scelta da adottare per una più efficace comunicazione. In questo contesto le prescrizioni del poeta circa il silenzio e il codice gestuale da adottare nelle schermaglie d'amore acquisiscono un significato del tutto particolare e sempre riconducibile alla realizzazione di una precisa strategia persuasiva, mentre nella codificazione delle norme destinate a disciplinare la relazionalità degli amanti l'autore palesa una sensibilità chiaramente retorica verso contesti, attori e obiettivi della comunicazione.

Se la circostanza degli spettacoli teatrali favorisce il contatto tra gli amanti rendendo persino superfluo il ricorso ad un codice criptico, la segretezza, però, stimola il rapporto mostrandolo più intrigante. Il *latin lover* è invitato ad ammirare la ragazza e a intessere con lei un furtivo colloquio: l'uomo parli con le sue sopracciglia e sappia dare ad ogni cenno la forza espressiva di una parola:

*illam respicias, illam mirere licebit,*
   *multa supercilio, multa loquare notis;*

---

virtù stilistiche della verosimiglianza, della chiarezza e della evidenza che il seduttore dovrà perseguire come ogni buon oratore.

[28] La lingua spezzata, la parola che si ferma in gola fanno parte di quella vivida sintomatologia d'amore che ha nel fr. 31 Voigt di Saffo la prima e più celebre descrizione.

[29] Ov. *ars* I 80-86; in particolare: *illo saepe loco desunt sua verba diserto* "qui anche al più facondo le parole mancano un tratto" (trad. E. Barelli).

*et plaudas, aliquam mimo saltante puellam*
*et faveas illi, quisquis agatur amans* (Ov. *ars* I 497-500)

Ti sarà lecito guardarla, ammirarla,
dille molte cose con le sopracciglia, dille molte cose con segni;
e applaudi se un mimo sulla scena imita qualche ragazza
e grida il tuo favore a chi recita la parte dell'amante

Ma è ancora il banchetto a fornire l'occasione migliore per furtivi approcci: la scena tipica degli amanti che si scambiano segnali di complicità, variamente descritta negli *Amores*, è ora riproposta come regola di corteggiamento con tutto lo strumentario che fa da corredo all'abboccamento (cenni, sguardi, scrittura con il vino):

*hic tibi multa licet sermone latentia tecto*
*dicere, quae dici sentiat illa sibi,*
blanditiasque leves tenui prescribere vino,
*ut dominam in mensa se legat illa tuam,*
*atque oculos oculis spectare fatentibus ignem.*
*Saepe tacens vocem verbaque vultus habet.*
*Fac primus rapias illius tecta labellis*
*pocula, quaque bibit parte puella, bibas,*
*et quemcumque cibum digitis libaverit illa,*
*tu pete, dumque petes, sit tibi tacta manus* (Ov. *ars* I, 567-576)

Allora ti sarà facile dirle mille cose segrete a bassa voce,
che ella udrà dette tutte per lei sola,
o tenere lusinghe lievemente tracciar con vino,
si che sulla mensa legga che è tua padrona, o dentro agli occhi
con gli occhi tuoi fissarla innamorati.
Spesso tacendo il volto per sé parla.
Fa' di toccare primo quella tazza che
ella con le sue labbra abbia toccata,
e bevi dalla parte ond'ella bevve,
e d'ogni cibo ch'ella sfiori appena con le sue dita,
prendine anche tu, tocca quel cibo insieme alla sua mano[30]

[30] La traduzione è a cura di E. Barelli.

L'amante si finga rapito dalla bellezza della donna, estasiato e senza parole, simulando quello stesso stupore che si prova dinanzi alla più sublime delle opere d'arte:

*sed te cuicumque est retinendae cura puellae,*
*attonitum forma fac putet esse sua* (Ov. *ars* II 295-296)

Ma chiunque tu sia ad avere il pensiero di tenere legata a te la ragazza,
fa' che ella pensi che tu sia attonito per la sua bellezza

Spesso, però, il volto e la bellezza non sono sufficienti ad attirare su di sé l'attenzione del partner[31]. Al corteggiatore converrà, allora, parlare, soprattutto se ha un buon eloquio. L'uomo eviti di restare muto se è ben consapevole della sua abilità oratoria[32] e, quando parla, curi il tono della voce, perché già grazie a questo la donna potrà capitolare[33].

Questa stessa parola sia ardita nel momento dell'amplesso[34]; tuttavia, persino in tale occasione il muto linguaggio degli occhi risulterà fondamentale per vivere la relazione d'amore. Infatti, è con il movimento sinuoso del corpo e con lo sguardo languido che la donna ingannerà l'amante fingendo il più intenso piacere:

*tantum, cum finges, ne sis manifesta, caveto;*
*effice per motum luminaque ipsa fidem* (Ov. *ars* III 801-802)

Soltanto, quando fingerai, evita di essere manifesta;
attraverso il movimento degli stessi occhi ispiragli fiducia

[31] Ov. *ars* II 108: *ut ameris, amabilis esto / quod tibi non facies solave forma dabit* «perché tu sia amato, sii amabile, qualità che né il volto né la sola bellezza ti daranno».

[32] Ov. *ars* II 505: *qui sermone placet, taciturna silentia vitet* «chi sa di piacere per il suo discorso, eviti il silenzio».

[33] Ov. *ars* I 605-612; ma l'invito a curare il tono della voce vale anche per le donne: Ov. *ars* III 293-296; 316.

[34] Ov. *ars*. III 793-796.

Anche il silenzio della reticenza e della censura diventano materia di precettistica. Chi è scoperto nella sua tresca, dovrà pagare caro il silenzio complice del testimone[35], mentre una regola aurea per il successo di una relazione clandestina è saper mantenere il segreto:

*exigua est virtus praestare silentia rebus;*
*at contra gravis est culpa tacenda loqui* (Ov. *ars* II 603-604)

è virtù da poco assicurare il silenzio ai segreti;
ma al contrario è grave colpa parlare di argomenti da tacersi

Infatti, agli amori furtivi a cui il singolare maestro educa il suo pubblico, si addicono le porte chiuse della camera da letto[36].

Da questa rapida rassegna in cui appare evidente l'interesse di Ovidio per il codice gestuale nella relazione d'amore, si evince la 'sensibilità retorica' di chi interpreta l'esperienza del corteggiamento e del rapporto erotico in termini di comunicazione. L'amore è contatto che viene stabilito grazie ad un'accorta strategia di persuasione: in essa valgono gli inganni, la simulazione e la dissimulazione dei sentimenti, le qualità dell'eloquio e, perché no, il silenzio dei gesti e degli sguardi. Anche dallo studio degli elementi performativi descritti o prescritti dalla poesia ovidiana emerge quel peculiare rapporto tra letteratura e retorica che costituisce una cifra caratteristica dell'autore. Ovidio riprende alcuni modelli della tradizione poetica (l'innamoramento attraverso lo sguardo, la clandestinità del rapporto, il triangolo amoroso) e li reinterpreta arricchendo le scene con dettagli tesi a evidenziare la funzione del codice extra-verbale, manifestando in ciò un'attenzione particolare alle regole del-

[35] Ov. *ars*. II 575-576: *pete munus ab ipsa; / et tibi, si taceas, quod dare possit, habet* "chiedi a lei un dono; e, se taci, lei ha ciò che possa darti".
[36] Ov. *ars* II 617: *conveniunt thalami furtis et ianua nostris* "ai nostri amori furtivi si addicono le porte della camera chiuse".

la comunicazione codificate dalla retorica. Non è dottrina, è raffinato modo di fare poesia prendendosi gioco delle distinzioni di genere e destrutturando gli stereotipi di tradizioni ormai consumate.

## Bibliografia


ANGELI BERNARDINI 2015 = *Le funzioni del silenzio nella Grecia antica. Antropologia, poesia, storiografia, teatro. (Urbino 9-10 ottobre 2014)*, a cura di P. Angeli Bernardini, Pisa-Roma 2015.

BERARDI 2014 = F. BERARDI, *Dinamiche della performance oratoria: retorica, pantomima e danza*, in *Papers on Rhetoric XII*, edited by L. Calboli Montefusco, Perugia 2014, pp. 1-18.

BERARDI 2018 = F. BERARDI, *Ovidius lascivus. Intorno a un giudizio di Quintiliano (X 1 88; 92)*, «Res publica litterarum» 2018, c.s.

BJORK 2013 = M. BJORK, *Ovid's 'Heroides' and the Ethopoeia*, Lund 2013.

CAVARZERE 2011 = A. CAVARZERE, *Gli arcani dell'oratore. Alcuni appunti sull'actio dei Romani*, Roma-Padova 2011.

CELENTANO 1998 = M.S. CELENTANO, *Comunicazione, persuasione e consenso in Grecia e a Roma*, in *La 'parola' delle immagini e delle forme di scrittura. Modi e tecniche della comunicazione nel mondo antico,* Messina 1998, pp. 111-132.

CELENTANO 2012 = M.S. CELENTANO, *Retorica e menzogna*, «Rétor» 2, 2012, pp. 189-202.

DURUP 1983 = S. DURUP, *L'espressione tragica del desiderio amoroso*, in *L'amore in Grecia*, a cura di C. Calame, Bari 1983, pp. 143-157.

FANTHAM 1982 = E. FANTHAM, *Quintilian on Performance: Traditional and Personal Elements in Institutio 11.3*, «Phoenix» 36, 1982, pp. 243-263.

FANTHAM 2009 = E. FANTHAM, *Rhetoric and Ovid's Poetry*, in *A Companion to Ovid*, edited by P. E. Knox, Hong Kong 2009, pp. 26-44.

FEDELI 1989 = P. FEDELI, *Il gesto negato. Petronio 132,8 e la scelta del silenzio*, in *Mnemosynum. Scritti in onore di Alfredo Ghidelli*, Bologna 1989, pp. 207-220.

GARDINI 2017 = N. GARDINI, *Con Ovidio. La felicità di leggere un classico*, Milano 2017.

HARDIE 2002 = P. HARDIE, *Ovid's Poetics of Illusion*, Cambridge 2002.

HIGHAM 1958 = T.F. HIGHAM, *Ovid and the Rhetoric*, in *Ovidiana. Recherches sur Ovide*, Paris 1958, pp. 32-48.

IGLESIAS – ALVAREZ 2005 = R.M. IGLESIAS – M.C. ALVAREZ, *Ovidio, un poeta lascivus no tan lascivo*, in *Amica verba. Homenaje al profesor Dr. Antonio Roldán Pérez*, edited by R. Escavy Zamora, Murcia 2005, pp. 403-419.

LABATE 1977 = M. LABATE, *Tradizione elegiaca e società galante negli* Amores, «SCO» 27, 1977, pp. 283-339.

LABATE 1984 = M. LABATE, *L'arte di farsi amare. Modelli culturali e progetto didascalico nell'elegia ovidiana*, Pisa 1984.

LAROSA 2013 = B. LAROSA, *Facies, gestus, vox: tracce di teatralità retorica nella poesia ovidiana dell'esilio*, «Prometheus» 39, 2013, pp. 177-187.

MONTIGLIO 2000 = S. MONTIGLIO, *Silence in the Land of Logos*, Princeton 2000.

PIANEZZOLA 1999 = E. PIANEZZOLA, *Ovidio. Modelli retorici e forma narrativa*, Bologna 1999.

PETRONE 2004 = G. PETRONE, *I gesti delle passioni secondo Quintiliano*, in *Le passioni della retorica*, a cura di G. Petrone, Palermo 2004, pp. 133-146.

PETRONE 2005 = G. PETRONE, *La parola agitata. Teatralità della retorica latina*, Palermo 2005.

ROUSSET 1989 = J. ROUSSET, *Leurs yeux se rencontrèrent. La scène de première vue dans le roman*, Paris 1989.

VALESIO 1989 = P. VALESIO, *Ascoltare il silenzio: la retorica come teoria*, Milano 1989.

VISCOMI 2017 = A. VISCOMI, *Quidquid ibi poteris tangere, tange mei: la gestualità erotica nella produzione elegiaca ovidiana* (comunicazione nel corso della giornata di studi *Eloquentia corporis. Saggi sul linguaggio non verbale nei testi latini*, Università Cattolica del Sacro Cuore, Brescia 8 maggio 2017).

Monica Centanni

# MACHIAVELLI LETTORE DI LIVIO: UN USO SOVVERSIVO DELLA TRADIZIONE CLASSICA (*DISCORSI* I, 4)*

In uno dei capitoli iniziali dei *Discorsi sopra la prima Deca di Tito Livio* (pubblicato postumo ma scritto tra il 1513 e il 1519), Machiavelli propone ai suoi interlocutori questa che pare (ed è) una vera e propria provocazione. Già il titolo del quarto capitolo del primo libro recita: *Che la disunione della Plebe e del Senato romano fece libera e potente quella republica*. La disunione, si badi, non la concordia resero libera e potente la *res publica*. Ascoltiamo Niccolò[1]:

> Io non voglio mancare di discorrere sopra questi tumulti che furono in Roma dalla morte de' Tarquinii alla creazione de' Tribuni[2] e di poi alcune cose contro la opinione di molti che dicono, Roma essere stata una republica tumultuaria, e piena

*Questo contributo riprende e rielabora, nella prospettiva della relazione Machiavelli/Livio, alcuni spunti, temi e suggestioni già presenti nel numero monografico 134 de «La Rivista di Engramma» (marzo 2016) dedicato a *Machiavelli. Un uso sovversivo della tradizione classica*, a cura di Monica Centanni e Peppe Nanni; in particolare a partire dall'Editoriale *Machiavelli, gli Antichi e noi* (Centanni – Nanni 2016) e, per la parte relativa a Delio Cantimori, dal contributo *Cantimori e Machiavelli* (Centanni – De Laude 2016).

[1] Machiavelli, *Discorsi sopra la prima deca di Tito Livio* I, 4.

[2] Il riferimento è alla fase di unione nella guerra contro i Volsci: Liv. II 23-33, II, 42.

di tanta confusione che, se la buona fortuna e la virtù militare non avesse sopperito a' loro difetti, sarebbe stata inferiore a ogni altra republica.

Il fatto di essere dunque una 'repubblica tumultuaria' è un difetto? Assolutamente no, risponde Machiavelli.

Io dico che coloro che dannono i tumulti intra i Nobili e la Plebe, mi pare che biasimino quelle cose che furono prima causa del tenere libera Roma; e che considerino più a' romori ed alle grida che di tali tumulti nascevano, che a' buoni effetti che quelli partorivano; e che e' non considerino come e' sono in ogni republica due umori diversi, quello del popolo, e quello de' grandi; e come tutte le leggi che si fanno in favore della libertà, nascano dalla disunione loro, come facilmente si può vedere essere seguito in Roma.

Non è dunque il difetto di 'umori' contrastanti, ma l'energia e la temperanza di due umori diversi che fa libera la città. Proprio la disunione porta alla promulgazione di leggi che, riconoscendo il conflitto, garantirono la libertà delle parti:

Perché da' Tarquinii ai Gracchi, che furano più di trecento anni, i tumulti di Roma rade volte partorivano esilio e radissime sangue. Né si possano per tanto, giudicare questi tomulti nocivi, né una republica divisa, che in tanto tempo per le sue differenzie non mandò in esilio più che otto o dieci cittadini, e ne ammazzò pochissimi, e non molti ancora ne condannò in danari.

Dai tumulti nascono quindi buone leggi e, di converso, il costo di quel conflitto intrinseco alla forma repubblicana, è stato molto basso in termini di sangue versato, e altrettanto basso anche in termini di bandi di esilio e di pene pecuniarie.

Né si può chiamare in alcun modo con ragione una republica inordinata, dove siano tanti esempli di virtù; perché li buoni esempli nascano dalla buona educazione, la buona educazione, dalle buone leggi; e le buone leggi, da quelli tumulti che molti inconsideratamente dannano: perché, chi esaminerà bene il fine d'essi, non troverrà ch'egli abbiano partorito alcuno esilio o violenza in disfavore del commune bene, ma leggi e ordini in beneficio della publica libertà.

Certo non è priva di ordine, non è 'inordinata' una repubblica che propone così numerosi esempi di virtù. I tumulti – ribadisce Niccolò – non producono esili e violenze ma buone leggi e, paradossalmente, ordine in beneficio della pubblica libertà. Anche le forme di rivolta popolare contro il senato, non devono spaventare «chi legge» – tutt'altro:

> E se alcuno dicessi: i modi erano straordinarii, e quasi efferati, vedere il popolo insieme gridare contro al Senato, il Senato contro al Popolo, correre tumultuariamente per le strade, serrare le botteghe, partirsi tutta la plebe di Roma, le quali cose tutte spaventano, non che altro, chi le legge; dico come ogni città debbe avere i suoi modi con i quali il popolo possa sfogare l'ambizione sua, e massime quelle città che nelle cose importanti si vogliono valere del popolo: intra le quali, la città di Roma aveva questo modo, che, quando il popolo voleva ottenere una legge, o e' faceva alcuna delle predette cose, o e' non voleva dare il nome per andare alla guerra, tanto che a placarlo bisognava in qualche parte sodisfarli.

Si tratta di un modo, del tutto fisiologico, di far sfogare al popolo i suoi 'umori' e di fargli esprimere le sue istanze e le sue ambizioni. È una sorta di purgazione, di espulsione degli elementi in eccesso che funziona come un salasso benefico, e produce effetti positivi[3]. Anche la ribellione (o la renitenza) al servizio militare diventa un'arma per il popolo per avere soddisfatti i propri desideri e i propri diritti. Bisogna – dice Machiavelli – aver fiducia nella qualità del desiderio del popolo:

[3] PEDULLÀ 2011, p. 182; al tema del 'tumulto' in Machiavelli è dedicato il bel lavoro DEL LUCCHESE 2004.

> E i desiderii de' popoli liberi rade volte sono perniziosi alla libertà, perché e' nascono, o da essere oppressi, o da suspizione di avere ad essere oppressi. E quando queste opinioni fossero false e' vi è il rimedio delle concioni, che surga qualche uomo da bene, che, orando, dimostri loro come ei s'ingannano: e li popoli, come dice Tullio, benché siano ignoranti, sono capaci della verità, e facilmente cedano, quando da uomo degno di fede è detto loro il vero. [...] E se i tumulti furano cagione della creazione de' Tribuni, meritano somma laude, perché, oltre al dare la parte sua all'amministrazione popolare, furano constituiti per guardia della libertà romana.

E Guicciardini su questo passaggio segnala tutta la sua distanza ideologica chiosando «Io non intendo il titolo della questione»[4]. Ma per Machiavelli il ragionamento è ben chiaro: il desiderio del popolo libero è sempre un'istanza di libertà che nasce da una situazione di oppressione contro la quale la ribellione è giusta. Dai tumulti del popolo sorse inoltre l'istituzione dei Tribuni della plebe presidio costituzionale della libertà romana.

Come è stato ampiamente documentato il commento di Machiavelli non nasce da un passaggio preciso del testo liviano ma, in generale, dal II libro delle *Storie*, laddove Livio mette in scena il contrasto tra *patres* e *plebs*: in un punto, in particolare – è il capitolo 42 – Livio nota come la sospensione dei contrasti tra popolo e senato abbia consentito la vittoria sui Volsci. Lo spunto è, francamente, molto debole per la forza provocatoria della argomentazione di Machiavelli.

Per capire il senso di questa argomentazione che getta un fascio di luce e in certo qual modo ispira la temperatura di tutto il commentario machiavelliano, è importante ricostruire il contesto in cui Niccolò scrive la sua opera più importante, destinata a rimanere incompiuta. Ricordando che, da

---

[4] Pedullà 2011, pp. 281-282.

quanto abbiamo letto, il tono stesso con cui viene proposto l'argomento del capitolo – «che la disunione della Plebe e del Senato romano fece libera e potente quella republica» – denuncia una perfetta consapevolezza, da parte di Machiavelli, del tasso di provocatorietà della sua affermazione, la cui portata è chiara se si legge a contrasto dell'idea umanistica (anche savonaroliana) della concordia che salva dalla tabe delle fazioni[5].

Ricordiamo la cesura che divide a metà l'esperienza di vita e di pensiero di Niccolò. *Post res perditas* – per sintetizzare la svolta del 1512, all'intreccio tra la caduta della repubblica di Soderini e la sua conseguente espulsione dal suo ruolo di Segretario e da Firenze – Niccolò conia questa locuzione che sintetizza mirabilmente la catastrofe che segna la sua vita. È in questa fase che Machiavelli si rivolge ai classici[6]. In un celebre passaggio della lettera del 10 dicembre 1513 a Francesco Vettori, Machiavelli scrive:

> Entro nelle antique corti delli antiqui huomini, dove, da loro ricevuto amorevolmente, mi pasco di quel cibo che solum è mio e ch'io nacqui per lui; dove io non mi vergogno parlare con loro e domandarli della ragione delle loro azioni e quelli per loro humanità mi rispondono; e non sento per quattro hore di tempo alcuna noia, sdimentico ogni affanno, non temo la povertà, non mi sbigottisce la morte: tutto mi transferisco in loro[7].

Nella frequentazione degli antichi Niccolò trova un nutrimento per quella che è una vera e propria 'fame' («quel cibo che solum è mio, et che io nacqui per lui»), un palliativo che medica un poco la sofferenza psichica e fisica conse-

[5] PEDULLÀ 2011, pp. 160-164.
[6] CENTANNI – NANNI 2016
[7] NICCOLÒ MACHIAVELLI, *Lettera a Francesco Vettori* del 10.12.1513: https://it.wikisource.org/wiki/Lettere_%28Machiavelli%29/Lettera_XI_a_Francesco_Vettori

guente all'esclusione dalla città, alla traumatica deprivazione della vita pubblica che lo ha tagliato fuori dalla *vita activa* e lo ha confinato nella casa sperduta in Val di Pesa:

> In questa situazione Machiavelli usa i classici come testo a fronte del dolore vivo della propria condizione di impotenza ma [...] il contatto con gli Antichi non lo distoglie dall'urgenza del presente – anzi la filologia diventa la leva di un pensiero della trasformazione che, con capacità inquisitoria, interroga e tasta in aderenza il profilo dell'esistente per far trapelare zone critiche e luoghi scabrosi, punti deboli e linee di fuga[8].

Ma la svolta nel pensiero di Machiavelli, e il suo accostarsi in modo militante a Livio, non avviene nella forzata solitudine della Val di Pesa. Dobbiamo a Delio Cantimori l'intuizione di avere, fra i primi, sottolineato l'importanza della nuova stagione politica e intellettuale di Machiavelli che coincide con la frequentazione degli Orti Oricellari, nel saggio *Retorica e politica nell'Umanesimo italiano* che pubblica nel 1937 nel secondo volume del «Journal» del Warburg Institute, trasferitosi a Londra dopo l'avvento al potere del partito nazional-socialista, nella traduzione/versione inglese di Frances Yates[9].

Una breve digressione sul contesto in cui compare l'importante contributo. Al momento di scrivere il saggio appar-

---

[8] Nanni 2016.

[9] Il testo viene ripubblicato postumo, molti decenni dopo, da Adriano Prosperi in appendice alla riedizione dell'opera maggiore dello storico, *Eretici italiani del Cinquecento* (Cantimori 1992; le due edizioni precedenti, a cura dell'autore, erano state pubblicate nel 1939 e nel 1967). La difformità della redazione italiana rispetto a quella inglese, e la mancanza di una disamina accurata con discussione delle varianti, è con tutta probabilità il motivo per cui il saggio italiano scompare, senza spiegazioni, nelle successive ristampe di *Eretici italiani* proposte dalla stessa casa editrice Einaudi, e di fatto è oggi accessibile soltanto nella edizione del 1992: v. Cantimori 1937 e Cantimori 1992, con la *Nota* di Centanni – De Laude 2016.

so sul «Journal», Cantimori aveva trentatré anni. Lavorava all'Istituto Germanico di Roma, dove Giovanni Gentile lo aveva chiamato come redattore della rivista dell'Istituto e direttore della biblioteca. L'anno prima aveva pubblicato per Sansoni una serie di scritti di Carl Schmitt, aperti da un'introduzione intitolata *Principi politici del nazionalsocialismo*. Alla Scuola Normale di Pisa, dove aveva studiato, ritornerà nel 1940. Era maturata nel contempo, nel corso degli anni '30, la svolta che lo avrebbe portato ad avvicinarsi al comunismo, dopo essere stato, per tradizione familiare, repubblicano mazziniano, e poi fascista e discepolo di Giovanni Gentile[10].

L'intento del saggio *Retorica e politica nell'Umanesimo italiano* era di rovesciare il tenace stereotipo interpretativo che considerava l'umanesimo italiano, fatta eccezione per le personalità eccezionali di Machiavelli e di Guicciardini, un «fenomeno puramente letterario, verboso, vuoto – retorico nel senso peggiore del termine»[11]. Cura di Cantimori era ritrovare nel mondo degli umanisti «motivi di profonda originalità, anche nei riguardi del pensiero politico». Le implicazioni politiche della retorica dell'umanesimo erano dimostrate attraverso l'analisi di un caso concreto: le riunioni fiorentine degli Orti Oricellari; ne risultava una nozione di 'retorica' che non si riduceva all'oratoria e al gusto per l'eleganza letteraria, ma comprendeva una 'fede sincera', per quanto «non elaborata profondamente e ancora rozza e ingenua»: una «ideologia insomma» contro chi aveva trascurato «il pensiero politico degli umanisti, relegandone le eloquenti immagini» in quel «mondo delle inutili seppure altisonanti parole» che si soleva «chiamare 'retorica'»[12]. Così Delio Cantimori introduce l'ambiente dei Giardini di casa Rucellai:

[10] Sulle relazioni Cantimori e Gentile, v. SIMONCELLI 1994.
[11] GINZBURG 2000, p. 75.
[12] CANTIMORI [1992] 2016; per l'interpretazione cantimoriana di Machiavelli, vd. BIASIORI 2014.

> Le radunanze degli Orti Oricellari concludono una lunga tradizione fiorentina di conversazioni letterarie e politiche. [...] Si sanno alcuni nomi dei frequentatori degli Orti Oricellari, si conoscono le vite di alcuni di questi, si ricorda genericamente che vi si discuteva di politica e di letteratura, che il Machiavelli vi lesse il capitolo sulle congiure delle sue *Deche*, che erano frequentati dal Trissino il quale vi introdusse le discussioni sulla lingua italiana, da uno scolaro del Ficino, Francesco Diacceto, che vi parlava dell'amore, dal poeta Luigi Alamanni, dallo scrittore Antonio Brucioli, e da altri giovani che ordirono nel 1522 una ultima fallita congiura repubblicana contro i Medici; si rileva anche che il Machiavelli dedicò la sua *Arte della Guerra* e i *Discorsi* ad alcuni principali frequentatori degli Orti, e che anzi fece di questi il teatro dei dialoghi dell'*Arte della Guerra*[13].

Serve dunque un altro teatro per conversare con gli antichi in un modo che non sia solipsistico. Niccolò non può conversare con gli Antichi se è da solo. Forse nessuno può, a meno che non sia affetto da qualche alfieriana – romantica o neoclassica – paranoia; comunque, non può Niccolò Machiavelli, al quale piace il gioco della vita vera; gli piace «il corpo a corpo con il tempo». Scrive Maria Cristina Figorilli:

> Si potrebbe affermare che la scrittura di Machiavelli nasca da un corpo a corpo con il tempo. Fare i conti con esso, calcolarlo è determinante per l'attuazione del comportamento virtuoso, in cui tanta parte ha proprio la capacità dell''essere a tempo'. Il prevenire, il prevedere, il vedere 'discosto' sono delle qualità che il principe e in ogni caso colui che si impegna nell'agone politico non può non possedere se non vuole sperimentare l'insuccesso[14].

Un altro teatro serve perché gli Antichi tornino a parlare – per fare davvero 'rinascimento'. Quel teatro saranno gli

---

[13] CANTIMORI 2016.
[14] FIGORILLI 2014, p. 135.

Orti Oricellari. Per salvare dal naufragio il senso e le ragioni della sua scrittura, per avere il riconoscimento della sua Virtù, doveva capitare a Niccolò quell'incontro fortunato. Un mutamento di luogo, dall'eremo di Sant'Andrea in Percussina agli Orti Oricellari, accompagna il passaggio di stato d'animo di Machiavelli dalla riflessione tortile *in interiore homine* alla ritrovata volontà di dispiegamento e di condivisione del progetto politico, che, per definizione, non viene neppure a esistenza se non trova forma espressiva nel dialogo con un ambiente complice.

Il giardino degli Orti Oricellari, progettato da Bernardo Rucellai accanto al palazzo di famiglia, nasce espressamente con la funzione di luogo di incontro dell'élite urbana, luogo di scambio di pensieri e di conversazioni[15]. Vasari attribuisce il progetto della famiglia Rucellai degli edifici interni degli Orti ad Alberti (un anacronismo, essendo Leon Battista Alberti morto dagli anni '70 ma molto interessante). All'entrata degli Orti c'era questa iscrizione[16]

> HAC ITUR AD OCIUM, OCIO UTI SI SCIAS, NESCIAS ABUTI NEGOCIO
> LAETARI ADVENIENTEM IUBET LOCI GENIUS
> ABESSE PROCUL TRISTEM
> ASTAT NEMESIS SUCCINTA FURIIS
> EN TIBI, QUIS ES, PRATA, OLERA, POMA NEMUS, VIVARIUM
> HOSPITE FLORA, POMONA, SILVANUS DRIADES
> COMES VOLUPTAS
> PUELLAS RAPACES/FURACES MANET CUSTOS HORTORUM

Gli Orti Oricellari all'epoca di Bernardo erano stati uno dei centri dell'Accademia Platonica, in sintonia con la politica culturale dei Medici. Dopo la morte di Bernardo e la caduta di Soderini, il nipote Cosimino Rucellai aveva rilanciato l'attività intellettuale del "giardino": forte rimaneva

---

[15] Sullo spazio e la progettazione architettonico e artistico degli Orti Oricellari vd. COMANDUCCI 1996.

[16] COMANDUCCI 1996, p. 310.

l'istanza di una relazione con l'antichità classica ma ora nei tempi mutati, grazie a una diversa composizione dei frequentatori, all'ordine del giorno era l'uso attuale degli autori antichi, reclutati non solo a ispirare poesia ma a dare spunti per l'opposizione politica al potere, ora in chiave segnatamente repubblicana. Gli Orti Oricellari erano l'ambiente giusto in cui Machiavelli poteva trovare «il terreno fertile per esercitare il proprio influsso e mitigare pertanto il dolore per la sua forzata inattività politica»[17]. I giovani frequentatori del giardino, e in particolare la cerchia ristretta di cui facevano parte i giovani Zanoli Buondelmonte, Luigi Alemanni, Luigi Brucioli, erano particolarmente bendisposti a condividere con Niccolò l'istanza di un impegno miliante, la 'fame' di *vita activa.* Non è un caso che proprio Buondelmonte, Alemanni e Brucioli siano i protagonisti della congiura repubblicana del 1522, che fallì nel sangue dei suoi infiammati promotori[18]. A dispetto di tanta letteratura che mira a distinguere l'ispirazione di Machiavelli – dipinto correntemente come un conservatore ripiegato sulla nostalgia del passato, introflesso e pessimista – dall'impresa sovversiva della congiura, è innegabile la contiguità di Niccolò con quei giovani; così scrive Jacopo Nardi:

> Per il che detto Niccolò era amato grandemente da loro, e anche per cortesia sovvenuto, come seppi io, di qualche emolumento: e della sua conversazione si dilettavano maravigliosamente, tenendo in prezzo grandissimo tutte l'opere sue, in tanto che de' pensamenti e azioni di questi giovani anche Niccolò non fu senza imputazione[19].

Di fatto, agli Orti, Machiavelli trova una sua 'scuola', e nel dialogo con i giovani che «della sua conversazione si di-

---

[17] Dotti 2003, p. 306.
[18] Dotti 2003, p 306.
[19] Jacopo Nardi, *Istorie della città di Firenze* II, 7.

lettavano maravigliosamente» trova una sponda di dialogo e di condivisione, soprattutto dei suoi studi sui classici. Gli Orti sono il set giusto in cui Machiavelli può fare teatro con gli Antichi: vero teatro, ora, richiamando in scena le maschere dei classici per rappresentare i corpi realissimi, e i realissimi desideri, della irrequieta – esistenzialmente, intellettualmente e politicamente irrequieta – gioventù fiorentina[20]. Nessun panno 'reale o curiale' da indossare in quest'altro teatro; nessun compiacimento nel sentirsi 'ricevuti' e compresi dagli spiriti del passato; nessun accomodamento consolatorio nella 'antiqua corte'; nessun rimpianto per una comune *humanitas* irrimediabilmente tramontata; nessun rimedio che narcotizzi la costrizione di quell'*otium* solitario; nessuna pace. I classici ora servono a Machiavelli per fare un'altra parte in commedia: servono a dire altro[21]. E, soprattutto, a fare altro. Livio in particolare sta a questo serissimo gioco, forse perché proprio questo, da sempre, è il gioco dei classici: fare teatro e fare mondo in modo inedito, inatteso, diverso, sempre in attrito e in trasgressione rispetto a quanto ci si aspetta da loro e, soprattutto, rispetto alle norme che, di volta in volta, si impongono come canone.

Dal momento dell'incontro con i giovani amici agli Orti Oricellari, il desiderio di Niccolò di una conversazione con gli Antichi acquista dunque una piega tutta particolare. Non più presenze spiritiche come in Val di Pesa, ora i nomi e i testi degli Antichi, e in particolare di Livio, sono i pretesti narrativi per parlare della scena contemporanea con parole e immagini classiche; in discontinuità con il passato prossimo, sono strumenti ermeneutici di altissima precisione: la dotazione giusta per affrontare la sfida della complessità nello scenario della politica fiorentina e italiana del tempo.

[20] NANNI 2016; CENTANNI – NANNI 2016.

[21] Sull'uso dei classici in Machiavelli, rimando a JELLAMO 2013; GIORGINI 2014; PRIORI FRIGGI 2014, con ampia bibliografia.

Come sto cercando di mostrare, proprio nell'ambiente degli Orti Oricellari che è stata definita la 'Villa militante', il passo che incita al tumulto – prendendo a pretesto, più che a spunto, il testo di Livio – ha un peso particolare.

Importantissima è la dedica del commento al testo liviano. Non è affatto espressione retorica il debito reciproco che lega Niccolò alla compagnia degli Orti, denunciato in apertura ai *Discorsi sopra la prima Deca di Tito Livio*:

> Non so quale di noi si abbia ad essere meno obligato all'altro: o io a voi, che mi avete forzato a scrivere quello che io mai per me medesimo non arei scritto; o voi a me, quando, scrivendo non vi abbi sodisfatto. Pigliate, adunque, questo in quello modo che si pigliano tutte le cose degli amici [...]. E crediate che in questo io ho una sola satisfazione, quando io penso che, sebbene io mi fussi ingannato in molte sue circunstanzie, in questa sola so ch'io non ho preso errore, di avere eletto voi, ai quali, sopra ogni altri, questi mia Discorsi indirizzi: sì perché, faccendo questo, mi pare avere mostro qualche gratitudine de' beneficii ricevuti: sì perché e' mi pare essere uscito fuora dell'uso comune di coloro che scrivono, i quali sogliono sempre le loro opere a qualche principe indirizzare; e, accecati dall'ambizione e dall'avarizia, laudano quello di tutte le virtuose qualitadi, quando da ogni vituperevole parte doverrebbono biasimarlo. Onde io, per non incorrere in questo errore, ho eletti non quelli che sono principi, ma quelli che, per le infinite buone parti loro, meriterebbono di essere; non quelli che potrebbero di gradi, di onori e di ricchezze riempiermi, ma quelli che, non potendo, vorrebbono farlo[22].

Sarebbe interessantissimo – ma non è qui né il tempo né il luogo per farlo – mettere a confronto questa dedica con il famosissimo testo dedicatorio del *Principe* (l'altro modo che Machiavelli tenta per tornare in gioco)[23]: perché, ci in-

[22] *Discorsi*, Dedica.

[23] Sul tema delle dediche del *Principe* e dei *Discorsi*, vd. Frosini 2013.

segna Michel Foucault, qualsiasi letterato si metta al servizio del principe, sa che qualsiasi principe terrà bensì il letterato-filosofo al suo servizio e che gli offrirà un posto e un ruolo «che lo onora ma lo disarma». Non così tra i ragazzi degli Orti Oricellari dove i *Discorsi* sono veramente tali perché si tratta di un confronto con il testo antico ma anche di una conversazione con i giovani compagni, interlocutori di elezione che meritano «per le infinite buone parti loro» di essere principi al posto di qualsiasi 'principe' in carica, che attira solo adulatori.

L'incontro con i «letteratissimi giovani» (così Benedetto Varchi) raccolti presso gli Orti Oricellari rappresenta un'occasione, di cui non possiamo misurare tutta la portata, forse salvifica per la scrittura dell'opera di Machiavelli. E non solo sul piano dei contenuti politici e culturali; a riprova che si trattava di una cerchia reattiva ed esigente («poeti e muse» come si chiamavano fra loro con scherzosa complicità), i giovani interlocutori intervenivano, molto poco reverenzialmente, anche per affinare lo stile dello scrittore in vista della pubblicazione dei *Discorsi*.

> Una scuola particolare, con il maestro discreto che non rivela il suo ruolo ma lascia la scena a protagonisti antichi, mentre il copione è nuovissimo e scritto per un nuovo teatro, da un regista che 'ama nascondersi', con un pensiero che non si lascia catturare da nessuna rete, in nessuna griglia definitoria e classificatoria, ma è tanto prensile quanto mimetico. Gli Antichi sono cattivi maestri per l'uso improprio che ne fa Machiavelli che li distorce e che, per convincerci, prende le sembianze – di Livio, di Tucidide, di chi vuole[24].

'Muse' e 'poeti': così chiamavano se stessi le ragazze e i ragazzi degli Orti Oricellari, la 'meglio gioventù' fiorentina. Ed erano muse sì, ma non consegnate all'erudita memoria del

[24] NANNI 2016.

passato ma 'muse sediziose', fra le quali svetta da protagonista la figura di Flora che non allude soltanto all'immagine mitica della primavera che porta vento d'amore sul mondo, ma è anche il nome allegorico della Repubblica fiorentina, vero oggetto del desiderio dei giovani sovversivi fiorentini in cui l'eros si intreccia all'impegno politico[25].

Dalla tristezza dell'esilio Machiavelli ritrova, nel cuore della sua Firenze, un giardino in cui sbocciano nuove energie, nuove parole: non più la topica *laudatio* dei bei tempi della giovinezza perduta, rancorosa e misoneista, ma la sapiente considerazione che, in vecchiaia, tutto si indurisce e le cose paiono tutti «insopportabili e cattive». Questo il Proemio al II libro dei *Discorsi*:

> Laudano sempre gli uomini, ma non sempre ragionevolmente, gli antichi tempi, e gli presenti accusano: ed in modo sono delle cose passate partigiani, che non solamente celebrano quelle etadi che da loro sono state, per la memoria che ne hanno lasciata gli scrittori, conosciute; ma quelle ancora che, sendo già vecchi, si ricordano nella loro giovanezza avere vedute. E quando questa loro opinione sia falsa, come il più delle volte è, mi persuado varie essere le cagioni che a questo inganno gli conducono [...]. Ma tornando al ragionamento nostro, dico che se il giudicio degli uomini è corrotto in giudicare quale sia migliore, o il secolo presente o l'antico, in quelle cose dove per l'antichità e' non ne ha possuto avere perfetta cognizione come egli ha de' suoi tempi; non doverebbe corrompersi ne' vecchi nel giudicare i tempi della gioventù e vecchiezza loro avendo quelli e questi equalmente conosciuti e visti. La quale cosa sarebbe vera, se gli uomini per tutti i tempi della lor vita fossero di quel medesimo giudizio, ed avessono quegli medesimi appetiti: ma variando quegli ancora che i tempi non variino, non possono

[25] Mutuo dal bel volume Chiodo – Sodano 2012 la locuzione 'Muse sediziose' e la ricostruzione della temperie intellettuale e politica della cerchia di Cosimo Rucellai in cui il petrarchismo e il cavalcantianesimo diventano quasi un'insegna di partito.

parere agli uomini quelli medesimi, avendo altri appetiti, altri diletti, altre considerazioni nella vecchiezza, che nella gioventù. Perché, mancando gli uomini, quando gl'invecchiano, di forze, e crescendo di giudizio e di prudenza, è necessario che quelle cose che in gioventù parevano loro sopportabili e buone, rieschino poi, invecchiando, insopportabili e cattive; e dove quegli ne doverrebbono accusare il giudizio loro, ne accusano i tempi. Ma essendo la cosa sì manifesta che ciascuno la vede, sarò animoso in dire manifestamente quello che io intenderò di quelli e di questi tempi; acciocché gli animi de' giovani che questi mia scritti leggeranno, possino fuggire questi, e prepararsi ad imitar quegli, qualunque volta la fortuna ne dessi loro occasione. Perché gli è offizio di uomo buono, quel bene che per la malignità de' tempi e della fortuna tu non hai potuto operare, insegnarlo ad altri, acciocché, sendone molti capaci, alcuno di quelli, più amato dal Cielo, possa operarlo[26].

Contro l'incalzante impotenza della vecchiaia che non sa far più presa sul tempo, l'unico investimento è nei giovani che possono riscattare anche «quel bene che per la malignità de' tempi e della fortuna tu non hai potuto operare». Perciò è «offizio di uomo buono» non coltivare il rimpianto del passato ma ricordare, vitalmente, che il tempo giusto non può che essere il tempo della giovinezza. Ed è ufficio dei giovani che credono di poter cambiare il mondo, andare a scuola di storia dal passato.

Solo negli Orti Oricellari, luogo d'incontro elettivo il cui il maestro trova giovani spiriti disposti a farsi 'maravigliare', la lettura di Livio e le parole e i concetti nuovissimi che Machiavelli dal testo antico trae, possono suonare come autentiche. Di più, solo tra e per i ragazzi degli Orti Oricellari, in quella «*cerchia ristretta* [dove] vige una perfetta reciprocità data dal rapporto di libera discussione»[27] vale la pena di studiare Livio e i *Discorsi* su Livio possono essere pronunciati e scritti.

---

[26] NICCOLÒ MACHIAVELLI, *Proemio al II libro* dei *Discorsi*.
[27] FROSINI 2013, p. 93.

> L'opera acquista un suo senso proprio in funzione del desiderio di cambiamento che provocò nei suoi lettori [...]. La potenza di questo desiderio attribuito alla nuova generazione è essenziale all'impresa. Senza di esso la storia resterà soltanto uno spettacolo da guardare, la conoscenza del passato romano non farà nascere la capacità di imitazione[28].

È certo il tentativo di tornare in gioco, l'unico gioco che a Machiavelli interessa che è quello dell'impegno politico. Ma quel che accade è anche un vero e proprio cambiamento d'umore per contagio: dallo scorbutico isolamento in Casciano Val di Pesa alla comunione con energie e sangue giovani. Per capire il tragitto di Niccolò – avverte Delio Cantimori – si dovrà, dunque, «discendere nei meandri della psicologia e della biografia interiore – il che è estremamente rischioso»[29]. *Acheronta movere*: e proprio dai giacimenti delle proprie memorie, esperienze, successi e fallimenti, entusiasmi e desolazioni, Niccolò nel giardino degli Orti cava spunti ed energie per innescare processi che mettano in crisi l'opaco principio di realtà.

Perché Machiavelli lettore di Lucrezio[30] sa che tutto dipende dalla dinamica vitale delle particelle: è l'idea del *clinamen* – la possibilità che ogni atomo devii, anche leggermente, nel suo corso e nel suo moto, provocando con la nuova traiettoria collisioni impreviste e dando così origine a diversi disegni del mondo. In questo senso Machiavelli, seguendo la lezione di Adriani[31] è pronto a riconoscere con Lucrezio che il mondo non è condannato all'identità e all'immutabilità come vorrebbero «quegli filosofi che hanno voluto che il

[28] Lefort 1978, p. 168.
[29] Cantimori 1992, p. 489, n. 10.
[30] Come noto dobbiamo a Sergio Bertelli la scoperta del rapporto diretto tra Machiavelli e il testo del *De Rerum Natura*: v. Bertelli 1961; Bertelli 1964.
[31] Brown 2013, p. 79.

mondo sia stato eterno» (*Discorsi* II, 5), ma muore e rinasce, e perciò è – può essere – sempre nuovo.

Nell'ambiente degli Orti accade a Niccolò qualcosa che non ha a che fare soltanto con l'evoluzione del suo pensiero. È una situazione di contagio simpatetico che gli volta l'umore in una nuova progettualità politica. In questo senso l'elogio del tumulto come innesco di libertà non suona affatto casuale. Machiavelli ora, tra i giovani amici 'sediziosi', legge i classici in altro modo e legge soprattutto di storia, Livio – appunto –, ma anche Sallustio e, in traduzione, Polibio, Tucidide e Dionigi di Alicarnasso[32]; ma li legge per far dire loro quello che nei loro testi va cercando per i suoi, altissimi, secondi fini: trovare la leva per provocare processi di mutazione. Scrive Fabio Raimondi:

> Machiavelli, attribuendo ai Romani o ad altri, il funzionamento di certi ordini, sta facendo una proposta politica, poiché spesso l'attribuzione storica non è corretta. L'imitazione degli antichi, per Machiavelli, non è una idealizzazione, ma un modo per presentare un progetto politico che, pur nella stilizzazione (facilmente confondibile con un modello), testimonia che «nel seguire l'autorità dei Romani, non si segue l'autorità dei Romani [poiché] i Romani scoprirono i loro modi e ordini senza alcun esempio di altri e da loro medesimi» [...] La collezione di *exempla* non chiede la semplice imitazione [...]; essa piuttosto è lo strumento che, misurando lo *scarto* tra presente e passato, aiuta a orientarsi nella soluzione dei problemi in essere, attraverso l'elaborazione della materia fino ad allora identificata come l'Antichità[33].

In questa direzione gli attacchi espliciti di Machiavelli contro le opinioni dei «Savi de' nostri tempi»[34], sono mirati contro l'arroganza degli eruditi, la presunzione del sapere

[32] GIORGINI 2014, p. 110 ss.; PRIORI FRIGGI 2014, pp. 185 ss.
[33] RAIMONDI 2013, p. 124.
[34] Si veda ad es. l'incipit del capitolo *Discorsi* II, 24.

che paralizza l'azione: il gioco umanistico normalmente si riduce a un puro recupero del passato e ormai con una patina di paludato classicismo (lo stesso dei suoi panni in isolamento) che invecchiato nel passare dei decenni che assume un segno conservatore.

Machiavelli sa che le scoperte e anche le rivoluzioni invecchiano se non vengono riportate ai principi. Ma il principiare di Machiavelli è una parola costitutivamente complessa perché significa riprendere l'antico ma l'antico è una scusa per fare un'operazione di re-inizio. Attraverso l'involucro del classico antico, riproporre l'assolutamente nuovo. Così Claude Lefort:

> L'impresa rivoluzionaria sarebbe senza verità se l'avvenire restasse popolato dai fantasmi del passato, se Roma non risultasse un punto di riferimento per mettere una distanza tra sé e le anticaglie del mondo presente[35].

Ma non era forse così, più o meno consapevolmente, anche per Livio? Autore profondamente romano nel senso anche conservatore del termine che si presta alla, a sua volta ambigua, operazione di Augusto di far passare per *res publica restituta* l'operazione rivoluzionaria dell'istituzione del principato augusteo (anche se entrambi non sanno cosa diventerà il principato).

Così Machiavelli parte da Livio, ovvero da un ambito di discorso noto agli interlocutori, però invertendone il segno. E l'ideologia repubblicana diventa ideologia sovversiva

Nell'ambiente degli Orti, anche architettonicamente arredato con pezzi di *antiquitates*[36], gli Antichi invitati a questa nuova festa sono di casa. Ed è proprio in questo contesto che Machiavelli adotta come 'copione' per le conversazioni il testo di Livio, da leggere insieme, chiosare, commentare: da prendere come spunto per parlare d'altro.

---

[35] LEFORT 1978, p. 178.

[36] COMANDUCCI 1996.

Una riprova del fatto che nel clima accogliente e stimolante degli Orti Oricellari lo stato d'animo di Machiavelli muta, è l'ampliamento degli strumenti espressivi del suo pensiero e delle sue passioni. È in quel contesto che, come scriverà Paolo Giovio negli *Elogia*: *Cuncta quae aggrederetur elegantissime perficiebat sive seria sive iocosa scriberentur*[37].

Così è per lo 'sberleffo laico' della *Mandragola*, la più bella commedia italiana di tutti i tempi, scritta con tutta probabilità per una festa negli Orti Oricellari, in cui Machiavelli sperimenta ancora una volta la ripresa dei classici (in particolare di Plauto e di Terenzio) nel segno della interpolazione incrociata e di una filologica libertà di reinvenzione:

> La Mandragola non nasce dall'esigenza di soddisfare la fame di spettacoli di una corte rinascimentale, né è l'esercizio retorico di chi prova a ridare forme nuove a una materia antica. È prima di tutto ed essenzialmente l'opera di chi maneggia la letteratura come strumento conoscitivo. La sua genesi non è dunque lontana dall'esigenza di capire e spiegare il presente con il passato che è all'origine dei *Discorsi*, del *Principe* e di tutti gli altri scritti politici e storici del nostro autore[38].

Perciò Niccolò usa i classici contro se stessi, ne tortura le opere, li torchia per fargli dire l'inespresso, rovesciando il segno di intenzioni e giudizi. Questa la rivalutazione del tumulto come fattore decisivo per la tenuta della forma politica romana[39]. Contro un muro compatto di celebrazione della concordia, Machiavelli inventa, da Livio e da altre fonti antiche[40], l'idea del tumulto come innesco creativo della vita della *res publica*. Il tumulto non solo non è una patologia

[37] Paolo Giovio, *Elogia veris Clarorum Virorum Immaginibus apposita*, *Nicolaus Macciavellus*, Michele Tramezzino, Venezia 1546, p. 55.
[38] Stoppelli 2006, pp. XXVIII-XXIX e Stoppelli 2014, p. 125; sulla commedia v. anche Calloni 2014, pp. 137-141.
[39] *Discorsi* I, 4.
[40] Rinaldi 2009, pp. 27-51.

della vita civile, ma è il sintomo positivo e vitale, una febbre salutare che conferma la vitalità del corpo.

Idea sovversiva, questa della 'repubblica tumultuaria', luogo in cui si dà attrito e quindi si dà – può sempre darsi – una esplosione di energia[41] che tiene in movimento e salva dal deperimento la società[42]. È un'asserzione forte, che provoca reazioni immediate. Così ribatte Francesco Guicciardini nelle sue *Considerazioni intorno ai Discorsi del Machiavelli sopra la prima Deca di Tito Livio* (1529):

> Non fu adunche la disunione tra la plebe ed el senato che facessi Roma libera e potente, perché meglio sarebbe stato se non vi fussino state le cagione della disunione; né furono utile queste sedizione, ma bene manco dannose che non sono state in molte altre cittá, e molto utile alla grandezza sua che e' patrizi piú presto cedessino alla voluntá della plebe, che entrassino in pensare modo di non avere bisogno della plebe; ma laudare le disunione è come laudare in uno infermo la infermitá, per la bontá del remedio che gli è stato applicato. Questo disordine fu dalla origine di Roma, perché nel principio suo vi fu la distinzione tra patrizi e plebei.

Una concezione della potenza benefica del conflitto che fa scartare totalmente Machiavelli rispetto alla contemporanea cultura umanistica fiorentina, ancora bloccata sul mito organicista della *concordia* civile. Non sarà un caso che nel testo dei *Discorsi* l'apologo di Menenio Agrippa sia significativamente eluso: è un «silenzio non casuale»[43].

La *res publica* ha un fondamento che si fonda, costitutivamente, su energie che non convergono verso un centro organico ma si muovono reciprocamente sulle linee del

[41] Pedullà 2011, p. 129.
[42] Sul tumulto come dispositivo di autogenerazione della libertà politica che eccede e precede la funzione delle leggi e l'assetto istituzionale, vd. Raimondi 2013, pp. 48-49.
[43] Pedullà 2011, pp. 205-206.

conflitto: il conflitto è iscritto fin nella locuzione *Senatus PopulusQue Romanus*, e la formula compositiva non neutralizza le controverse istanze e desideri ma garantisce dinamismo, spazi di libertà ai soggetti costituenti, e inesauribili margini di rinnovamento alla vita della città.

Quei giovani metteranno in atto la congiura politica che Machiavelli in loro ispira. E non poteva essere diversamente: solo i giovani, più vicini biologicamente al 'principio' hanno l'energia necessaria per 'principiare'; così Claude Lefort:

> Nella costruzione di un'immagine del potere che affonda le radici in forze primigenie c'è posto solo per il tempo della giovinezza, l'unico che sembra confarsi ai ritmi rapidi e impetuosi della politica[44].

Perché non era l'elucubrazione astratta ma il tentativo estremo di restituire alla società del suo tempo un formato repubblicano (in parallelo al naufragio del tentativo di investire su 'un prìncipe'): Voi siete meritevoli di essere principi, nel senso che voi sapete 'ricapitolare i principi', sapete principiare. Questo è l'insegnamento filosofico – e insieme l'indicazione praticamente sovversiva – che Machiavelli trasmette ai giovani rivoluzionari.

Livio interpretato e distorto da Machiavelli per farne materiale esplosivo per il presente; Machiavelli cattivo maestro: da là, forse, dovremmo anche noi ripartire.

## Bibliografia

BERTELLI 1961 = S. BERTELLI, *Noterelle machiavelliane: un codice di Lucrezio e Terenzio,* «Rivista storica italiana» 73, 1961, pp. 544-553 («La Rivista di Engramma» 134, marzo 2016)

[44] FIGORILLI 2014, p. 136.

BERTELLI 1964 = S. BERTELLI, *Ancora su Machiavelli e Lucrezio*, «Rivista storica italiana» 76, 1964, pp. 774-79 («La Rivista di Engramma» 134, marzo 2016)

BIASIORI 2014 = L. BIASIORI, s.v. *Cantimori, Delio*, in *Enciclopedia Machiavelliana*, Roma 2014, pp. 259-260.

BROWN 2013 = A. BROWN, *Machiavelli e Lucrezio*, Firenze 2013.

CALLONI 2014 = M. CALLONI, *Filosofia del segreto e dialettica del disvelamento in Machiavelli*, in G.M. CHIODI – R. GATTI, *La filosofia politica di Machiavelli*, Milano 2014, pp. 129-141.

CANTIMORI 1937 = D. CANTIMORI, *Rhetoric and Politics in Italian Humanism*, translated by F. Yates, «Journal of the Warburg Institute» 1.2, 1937, pp. 83-102 («La Rivista di Engramma» 134, marzo 2016)

CANTIMORI 1992 = D. CANTIMORI, *Retorica e politica nell'Umanesimo italiano*, in *Eretici italiani del Cinquecento*, a cura di Adriano Prosperi, Torino 1992, pp. 483-511 («La Rivista di Engramma» 134, marzo 2016)

CENTANNI – DE LAUDE 2016 = M. CENTANNI – S. DE LAUDE, *Cantimori e Machiavelli. Nota introduttiva alla riedizione dei saggi: Rhetoric and Politics in Italian Humanism* (1937) *e Retorica e politica nell'Umanesimo italiano (1937; 1992)*, «La Rivista di Engramma» 137, marzo 2016.

CENTANNI – NANNI 2016 = M. CENTANNI – P. NANNI, *Machiavelli, gli Antichi e noi,* «La Rivista di Engramma» 134, marzo 2016.

CHIODI – GATTI 2014 = G.M. CHIODI – R. GATTI, *La filosofia politica di Machiavelli*, Milano 2014.

CHIODO – SODANO 2012 = D. CHIODO – R. SODANO, *Le muse sediziose. Un volto ignorato del petrarchismo*, Milano 2012.

COMANDUCCI 1996 = R.M. COMANDUCCI, *Gli Orti Oricellari*, «Interpres» 15, 1996, pp. 302-358.

DEL LUCCHESE 2004 = F. DEL LUCCHESE, *Tumulti e indignatio. Conflitto, diritto e moltitudine in Machiavelli e Spinoza*, Milano 2004.

DOTTI 2003 = U. DOTTI, *Machiavelli rivoluzionario*, Roma 2003.

FIGORILLI 2014 = M.C. FIGORILLI, *Machiavelli: i ritmi del segretario e i tempi dello scrittore*, in *Festina lente. Il tempo della scrittura nella letteratura del Cinquecento*, a cura di C. Cassiani e M.C. Figorilli, introduzione di N. Ordine, Roma 2014.

FROSINI 2013 = F. FROSINI, *'Dubitando non incorrere in questo inganno di che io accuso alcuni'. Storia memoria giudizio nelle prefazioni e nella dedicatoria dei Discorsi*, in *Machiavelli: tempo e conflitto*, a cura di R. Caporali, V. Morfino e S. Visentin, Milano 2013, pp. 87-105.

GINZBURG 2000 = C. GINZBURG, *Rapporti di forza. Storia, retorica, prova*, Milano 2000.

GIORGINI 2014 = G. GIORGINI, *Machiavelli e i classici*, in G.M. CHIODI – R. GATTI, *La filosofia politica di Machiavelli*, Milano 2014, pp. 102-123.

JELLAMO 2013 = A. JELLAMO, *Machiavelli e Platone: armonie dissonanti*, in G.M. CHIODI – R. GATTI, *La filosofia politica di Machiavelli*, Milano 2014, pp. 159-164.

LEFORT [1978] 2005 = C. LEFORT, *Le forme della storia*, Bologna 2005.

NANNI 2016 = P. NANNI, *'Cattivi maestri'. Machiavelli e i classici*, «La Rivista di Engramma» 134, marzo 2016.

PEDULLÀ 2011 = G. PEDULLÀ, *Machiavelli in tumulto. Conquista, cittadinanza e conflitto nei Discorsi sopra la prima deca di Tito Livio*, Roma 2011.

PRIORI FRIGGI 2014 = L. PRIORI FRIGGI, *Sulla cultura di Machiavelli*, in G.M. CHIODI - R. GATTI, *La filosofia politica di Machiavelli*, Milano 2014, pp. 184-191.

RAIMONDI 2013 = F. RAIMONDI, *L'ordinamento della libertà. Machiavelli a Firenze*, Verona 2013.

RINALDI 2009 = R. RINALDI, *Scrivere contro. Per Machiavelli*, Milano 2009.

SIMONCELLI 1994 = P. SIMONCELLI, *Cantimori, Gentile e la Normale di Pisa. Profili e documenti*, Milano 1994.

STOPPELLI 2006 = P. STOPPELLI, *Introduzione a Niccolò Machiavelli, Mandragola*, a cura di P. Stoppelli, Milano 2006.

STOPPELLI 2014 = P. STOPPELLI, *Mandragola*, in «Enciclopedia Machiavelliana», Roma 2014, pp. 118-131.

Flavio Raviola

# UN SOPRAVVISSUTO AL PRINCIPE: IL CASO DI STRABONE

Strabone sopravvive senza dubbio ad Augusto: alcune aggiunte tardive dimostrano che egli lavorava alla *Geografia* ancora nel 23 d.C. In particolare la certezza di tale *terminus post quem* è data dal riferimento alla morte di Giuba II, re vassallo di Mauritania, appunto nel 23[1].

Anche un semplice sguardo a un indice dei nomi dell'opera evidenzia che Tiberio è citato almeno una decina di volte, sei come regnante[2]. Augusto è morto: a V 3, 8 si ricordano, nel Campo Marzio, il suo mausoleo e la sua tomba, nonché la *kaustra*, il sito della sua cremazione, entro un recinto di marmo bianco.

Nel suo ruolo intellettuale Strabone gode di una posizione peculiare: è un osservatore privilegiato, in quanto greco, 'dentro' i meccanismi ideologici dell'impero, ma pure esterno al sistema, in quanto suddito non coinvolto nella gestione diretta del potere, bensì soltanto nella creazione del consenso e dell'accettazione dei nuovi dominanti. Sopravvive abbastanza ad Augusto da vedere i primi effetti del governo

---

[1] Strab. XVII 3, 7; 3, 9; 3, 25.

[2] Come regnante: Strab. III 3, 8; VI 4, 2; XII 1, 4; 8, 18; XIII 2, 3; 4, 8. Prima della scomparsa di Augusto: Strab. IV 6, 9; VII 1, 5 (nominato due volte); XVII 1, 54.

di Tiberio e della continuità che questo instaura rispetto al governo di Augusto: nel suo complesso la *Geografia* palesa la sicurezza della stabilità raggiunta dall'impero stesso, la gratitudine per il suo fondatore e «padre»[3], e la confortante garanzia della sua continuazione[4]. Permangono settoriali preoccupazioni, legate alla sensibilità pontica di Strabone, attento ai problemi dell'estrema periferia dell'impero, che proprio intorno alle coste nordorientali del Mar Nero trovava ancora difficoltà di presa e controllo sulle popolazioni rivierasche e dell'immediato entroterra[5].

Tutto tranquillo, tutto pacifico, allora, il trapasso e il senso della definitiva acquiescente sottomissione al nuovo ordine del mondo, per Strabone? Non proprio, o non del tutto.

Sotto la superficie del suo testo traspaiono qua e là increspature del pensiero, piccoli fremiti di sentimento critico che denunciano una non completa 'pacificazione' del Geografo con la storia del suo presente e del recente passato.

## 1.

Il primo passaggio della mia esemplificazione è dato dalla vicenda di Quinto Servilio Cepione, console nel 106 a.C.,

[3] Nella *climax* finale di Strab. VI 4, 2.

[4] Esemplare Strab. VI 4, 2, alla conclusione dell'intero libro VI, con la celebre sintesi sulla conquista e l'assetto dell'Italia e dell'impero: «mai di tanta pace e abbondanza di beni toccò di godere ai Romani e ai loro alleati quanta procurò loro Cesare il *Sebastos*, da quando assunse l'autorità sovrana, e quanta procura ora il figlio che gli è succeduto, Tiberio, facendo di lui il modello [*kanon*] del suo governo e delle sue decisioni, così come di lui [Tiberio] fanno [il loro modello] i figli suoi, Germanico e Druso, collaborando con il padre». *Terminus ante quem* per la scrittura di questo passaggio il 19 d.C., anno di morte di Germanico (e *post quem* la morte di Augusto nel 14).

[5] Vd. in particolare Strab. XI 2, 12, su cui Raviola 2014, pp. 100-101, e Nicolai – Traina 2000, p. 24. Vd. anche Strab. VI 4, 2 sulle riottose popolazioni dell'oltre-Colchide. Per l'ottica pontica di Strabone: Braund 2005.

sconfitto l'anno dopo dai Cimbri nel territorio di *Arausio* (oggi Orange), cui Strabone dedica, per così dire, un intero *logos*, dal sapore quasi erodoteo: una vicenda di *hybris* sacrilega punita dagli dei. 'Macchiatosi' per aver messo le mani sui tesori di Tolosa consacrati agli dei e ritenuti intoccabili, una volta battuto dai Cimbri Cepione avrebbe terminato la propria vita al colmo della sventura, scacciato come sacrilego dalla patria, lasciando in disgrazia le figlie, cui sarebbe toccato di essere ridotte all'esercizio della prostituzione[6].

Significativo che, subito dopo, a quest'ultima notazione Strabone aggiunga «come ha detto Timagene», il noto retore e storico alessandrino, a lungo ospite dell'*élite* romana ai tempi di Augusto, ma di acceso spirito 'frondista' e antiregime[7], e senta poi il bisogno di rientrare in una più ortodos-

[6] Strab. IV 1, 13, con le note di commento di Lasserre 1966, pp. 142-143, 209 (e ora Roller 2018, pp. 185-186). Nella realtà dei fatti accertabili Cepione, certamente coinvolto nel saccheggio di Tolosa, e forse nella successiva sparizione dell'oro predatovi, sconfitto poi dai Cimbri, fu bandito da Roma e finì i suoi giorni in esilio (a Smirne, secondo Cic. *Balb.* 28). Sulla vicenda giudiziaria di Cepione cfr. ora Treggiari 2019, pp. 30-35, con rassegna di fonti e bibliografia. Quanto alla sorte prospettata per le figlie, non si ha alcun riscontro (neppure negli autori che più insistono sulla gravità della vicenda o dei suoi esiti, come Liv. *Per.* LXVI; Iust. XXXII 3, 6-11; Oros. V 15, 25): quella della loro disonorante sventura potrebbe essere pura invenzione di Timagene, unico testimone in proposito, anche se l'aura maledetta dell'*aurum Tolosanum* (ben enunciata in Gell. III 9, 7) potrebbe aver indotto già assai prima di Timagene la confezione di temi 'popolari', di spirito più o meno apertamente antiromano (o antinobiliare?), sul destino toccato a chi aveva profanato i sacri tesori di Tolosa e ai suoi discendenti. Sull'oro tolosano cfr. i contributi riuniti in *Or de Tolosa* 2001, tra cui Moret 2001; lo studio geomorfologico e topografico di Boudartchouk – Bruxelles – Molet 2008; l'ampia disamina di Thollard 2009, pp. 191-207. Il motivo, non puramente storiografico, del comandante vinto è studiato da Rosenstein 1990 e Cavaggioni 2013.

[7] Su Timagene cfr., fra gli altri, Bowersock 1965, pp. 109-110, 125-127; Sordi 1982; e di recente Muccioli 2012, cui rimando per un aggiornamento generale, e in particolare sulla questione del suo atteggiamento

sa rappresentazione degli eventi che parrebbe voler scagionare Cepione o i Romani, per bocca di Posidonio, figura di intellettuale certo molto critico verso l'impero romano, ma in sostanza ben più conciliante con le posizioni degli ottimati dell'Urbe[8].

Il ragionamento posidoniano riportato da Strabone consiste nel rilevare l'impossibilità che l'oro di Tolosa fosse ciò che restava del saccheggio di Delfi del 278 per mano dei Celti di Brenno: oro sacro più che mai, dunque, per Timagene[9], ma che secondo Posidonio mai sarebbe potuto rifluire o ritornare dalla Grecia alla Gallia, tanto più che il grosso del tesoro se lo erano già fuso i Focidesi nello *hieros polemos*; e semmai vi fosse stato a Delfi ancora qualcosa da depredare, sarebbe andato disperso tramite le tante vie della diaspora celtica dopo il 278. La regione tolosana era in realtà, come il resto della Gallia, stracolma di offerte votive in oro e in argento, grezzi o modellati in forma di macine, offerte depositate in recinti appositamente consacrati, oppure sul fondo dei laghi e delle paludi, e da qui doveva provenire il bottino che avrebbe, o aveva, 'contagiato' Cepione.

Dal testo non è chiaro se il «discorso più convincente» di Posidonio valga a negare il sacrilegio del magistrato romano.

---

antiromano, nonché l'originale revisione critica di Nardelli 2018. Il frammento di Timagene è classificato come *FGrHist* 88 F 11 = *BNJ* 88 F 11, a cura di J. McInerney e D.W. Roller.

[8] Pos. *FGrHist* 87 F 33 = *BNJ* 88 F 33, a cura di K. Dowden. Su Posidonio quale fonte diretta del libro IV della *Geografia* straboniana cfr., per tutti, Trotta 1996, pp. 25-28, 30-31. Su Posidonio e Strabone costruttori di una nuova rappresentazione del mondo conquistato da Roma basilare Clarke 1999, pp. 129-345; ma sulle idee di Posidonio in merito al dominio di Roma fondamentali anche Strasburger 1965; Desideri 1972; Primo 2011, pp. 221-232. Sul suo rapporto con l'*élite* romana Kidd 1997, *passim*.

[9] E, accanto a lui, gli autori più espliciti nel ricollegare l'oro di Tolosa al sacco delfico: Pompeo Trogo (Iust. XXXII 3, 6-10) e Dione Cassio (XXVII 90), forse sulla scorta di Timagene stesso.

L'impressione è che il racconto del filosofo potrebbe non contenere affatto menzione di Cepione, ma al più potrebbe servire a Strabone per sviare il *focus* dalle gesta non proprio onorevoli del personaggio. Comunque sia, non saprei se sia più caratterizzante nella strategia espositiva di Strabone la correzione che invoca Posidonio subito dopo la citazione di Timagene[10], con inversione (si noti) dell'ordine cronologico naturale[11], o la mancata censura di Strabone nei confronti di Timagene stesso: in fin dei conti il nostro Geografo avrebbe potuto fare benissimo a meno di riportare la notizia maligna di Timagene[12], ma apparentemente non resiste alla tentazione di presentare, almeno in prima battuta, Cepione come Romano colpevole e punito esemplare.

Ma pure la versione di Posidonio, cui Strabone ricorre per controbilanciare quella di Timagene, è a ben guardare non esente da connotazioni negative a carico di Roma, un 'quasi detto' inquietante: i Galli, ricordava Posidonio[13], non osavano toccare, per loro timore del divino (*deisidaimonon*) e semplicità di vita (*ou polytelon tois biois*), i metalli preziosi dedicati agli dei, e li lasciavano dunque sul fondo di laghi, stagni e paludi[14]; al contrario i Romani, «impadronitisi

---

[10] «Ma più persuasivo è il racconto di Posidonio».

[11] Per LASSERRE 1966, p. 209 (nota 6 a p. 142), lo stesso Posidonio polemizzerebbe qui direttamente con la fonte di Timagene. L'inversione cronologica nella presentazione delle due fonti farebbe comunque pensare che Strabone vi attinga separatamente: così JACOBY 1963, p. 184, contro l'ipotesi che Posidonio sia qui pervenuto a Strabone tramite citazione da parte di Timagene.

[12] Tanto più che egli non doveva essere all'oscuro dell'interdizione di Timagene dalla *domus* di Augusto (attestata dai due Seneca: *Contr.* X 5, 22; *Ira* III 23, 5), avvenuta intorno al 20 a.C.: NARDELLI 2018, pp. 60-70, 232-233, e *passim*.

[13] E con lui «parecchi altri»: ipotesi di identificazione in LASSERRE 1966, p. 209 (nota 3 a p. 143).

[14] Il motivo dell'oro dei Celti consacrato nei santuari e intoccabile per loro *deisidaimonia* ritorna in Diodoro Siculo, accentuato per contra-

dei luoghi, vendettero all'asta pubblica gli specchi d'acqua, e fra i compratori molti rinvennero pietre da macina d'argento lavorate a martello». Il sacrilegio, o la fine dell'*asylia* prima garantita dalla santità dei siti o delle acque, sono quindi manifesti, alla luce del sole, semplicemente edulcorati dal loro essere atto ufficiale di appropriazione demaniale e di vendita all'incanto da parte dello stato romano, anziché una (presunta) malefatta privata di Cepione!

Nel gioco delle opposizioni di ruolo fra conquistatori e vinti impostato da Strabone *deisidaimonia* e *pietas* stanno univocamente dalla parte dei secondi, i Galli Tectosagi di Tolosa: come conferma la coda di questo capitolo, con la menzione del santuario cittadino, veneratissimo e ricolmo di ricchezze consacrate cui nessuno degli abitanti ardiva accostarsi.

## 2.

Secondo caso che porto all'attenzione è fornito dalle modalità della narrazione straboniana della guerra sociale fra Romani e Italici del 91-88 a.C., che il Geografo chiama «la guerra marsica»[15].

Questo conflitto è posto quale terzo elemento di prova della straordinaria virilità e virtù bellica dei popoli dell'antica *Italìa*, dopo la combattività dimostrata nel corso delle guerre più antiche da loro sostenute contro Roma (primo fattore), e dopo la valentia esibita nelle spedizioni cui presero parte a fianco dei Romani in qualità di loro alleati (secondo fattore); infine, terzo fattore appunto, il *Marsikos polemos*, che gli Italici ingaggiarono (*exepsan*: letteralmente

sto dal fatto che in realtà essi sarebbero «avidi di denaro all'eccesso» (V 27, 4): passo che desta subito il sospetto di un'almeno parziale derivazione da Posidonio.

[15] Strab. V 4, 2.

«accesero») di loro iniziativa per rivendicare i propri diritti. Gli insorti «per due anni perseverarono nella guerra, fino a quando riuscirono a ottenere la *koinonia* [la comunanza giuridica e politica] per cui avevano combattuto»: ma questa, detta così, è (o ha tutta l'aria di essere) una vittoria degli Italici sui Romani!

È percepibilissimo nei toni di Strabone il senso di soddisfazione e ammirazione per l'*exploit* dei ribelli, capaci di imporre a Roma il loro obiettivo, a dispetto del fatto che militarmente parlando il conflitto si era risolto in una dura sconfitta degli Italici stessi, assediati, inseguiti, repressi, schiacciati da una progressiva riscossa delle legioni romane e infine costretti comunque a una resa. Strabone 'salta' il fatto militare per arrivare alle conclusioni politiche della contesa, ben più favorevoli agli Italici grazie alle ampie concessioni legislative immediatamente successive alla fine della sollevazione, o coeve alla sua fase terminale[16]: anche qui un silenzio, un non detto a proposito di ciò che era stata l'effettiva conclusione, sul campo, della vicenda bellica, e un quasi detto a proposito di un presunto o effettivo (a seconda dei punti di vista!) successo degli apostati.

È un 'taglio' veramente particolare, forse condizionato dalla fonte di Strabone (di nuovo Posidonio?), ma ad ogni modo voluto espressamente da Strabone stesso per orientare la rappresentazione degli eventi del 91-88 in senso, se non antiromano, certo non romanocentrico[17].

---

[16] Si tratta, nello specifico, delle leggi *de civitate* emanate ancora nel 90 a.C. (la *lex Iulia*) e poi nell'89 (la *lex Plautia Papiria*), cui si sommò, sempre nell'89, l'elargizione ai Transpadani del diritto latino, e indirettamente della cittadinanza romana per chi fra loro avesse ricoperto le magistrature civiche nelle varie comunità locali (*lex Pompeia*).

[17] Sull'intero tema della 'vittoria' degli Italici rinvio ora a Raviola 2018, per il confronto con gli altri testi antichi, nonché la bibliografia antecedente, cui aggiungo ora Bispham 2007 e Migliario 2017.

3.

Terzo caso paradigmatico è offerto dalla rievocazione in Strabone del massiccio traffico schiavile dei Romani (e degli Italici sottintesi, o di fatto inclusi nella qualifica di *Rhomaioi*) a Delo, e da Delo alla volta dell'Italia, a partire in special modo dagli anni 149-146 a.C.[18].

L'occasione per parlarne è data dalla menzione della piazzaforte di Korakesion in Cilicia, protesa nel mare, base dei pirati cilici nonché di Diodoto Trifone, ribelle e usurpatore del potere seleucide in Cilicia appunto e in Siria settentrionale negli anni 144-138. Diodoto è ricordato perché Strabone gli attribuisce la responsabilità di aver avviato o permesso la prassi delle scorrerie piratesche dei Cilici suoi sottoposti e complici, ma subito dopo chiama in causa la «nullità» (*oudeneia*) dei Seleucidi legittimi, incapaci di reprimere il fenomeno sul mare e soprattutto di impedire che i loro sudditi venissero rapiti dalla terraferma, dalle coste e dalle campagne per essere venduti schiavi a Delo, dove intanto il volume degli scambi e nello specifico della compravendita di esseri umani aveva assunto proporzioni enormi.

La causa prima, dice Strabone, il motore di tutto il meccanismo della tratta facente capo a Delo, è il fatto che «i Romani, divenuti ricchi dopo la distruzione di Cartagine e di Corinto, si avvalevano di grandi quantità di schiavi», e alimentavano quindi con la loro domanda l'offerta di manodopera schiavile predata in Egeo e lungo le coste dell'Asia seleucide. Facendosi passare per 'regolari' mercanti di schiavi, *somatemporoi*, i pirati approfittavano della situazione, favoriti inoltre dalla connivenza dei sovrani di Cipro e di Egitto, e pure dei Rodii.

[18] Strab. XIV 5, 2. Il *terminus post quem* è dato dalla menzione della distruzione di Cartagine e di Corinto.

Questo concorso di colpa non scagiona e non lascia sfuggire il ruolo dei Romani, o meglio il non-ruolo dei Romani nella repressione della tratta (ulteriore rilievo critico, ben distinto dal precedente): essi «ancora non si davano cura delle cose al di qua del Tauro», specifica Strabone; una missione diplomatica ed esplorativa di Scipione Emiliano in Egitto e in Oriente[19] aveva sì individuato la *kakia* dei governanti locali, ma aveva provato ritegno nel rimuovere i Seleucidi, dato che proprio i Romani «stessi avevano approvato la continuità della successione da Seleuco Nicatore» come linea legittima di discendenza sovrana per il regno di Siria. Il risultato fu che il vuoto di potere procurato dal malgoverno seleucide venne riempito da Parti e Armeni, e questi ultimi in particolare «consegnarono il mare ai Cilici». Alla fine «i Romani furono costretti ad annientare, in guerra e con un esercito, coloro a cui non avevano impedito di crescere» (si intende, in forze e potere)[20]: più esplicito di così non si potrebbe dire!

La consapevolezza di Strabone di aver appena proferito un'accusa circostanziata contro la condotta di Roma nel Mediterraneo orientale emerge immediatamente dopo, con una sorta di *excusatio non petita*, che proprio perché tale rivela che Strabone sta pensando, o ha appena pensato, esattamente quello che tenta di smentire: «di negligenza a dire il vero è difficile accusarli: ma essendo intenti ad altre cose, più ravvicinate e a portata di mano, non erano in grado di badare a quelle che erano più lontano».

---

[19] Forse nel 143, o qualche anno più tardi. Fra le varie fonti testimone principale è Diod. XXXIII 28b.

[20] Il riferimento potrebbe essere generico, ossia all'insieme delle azioni antipiratiche intraprese dalla repubblica romana nella prima metà del I secolo a.C.; ma più verosimilmente Strabone avrà avuto in mente almeno le guerre più efficaci, come quella di P. Servilio Isaurico, tra 78 e 75, e quella, risolutiva, condotta e vinta da Pompeo nel 67 su mandato della *lex Gabinia*.

Una pagina sincerissima, di straordinaria onestà e trasparenza intellettuale, nonostante il diniego o lo schermirsi finale. Il contenuto dell'intero paragrafo è di solito riferito a Posidonio, ma la responsabilità autoriale è anche inevitabilmente di Strabone, che registra e accoglie il duplice capo d'accusa espresso dalla sua fonte, quando avrebbe potuto tranquillamente fare a meno di riportarlo: è significativo questo meditare su responsabilità storiche complessive, il cui bilancio si estende per lo spazio di decenni, ha a che fare con la dissoluzione radicale del regno siriaco-seleucide ed è sintomo della coscienza della parte negativa giocata da Roma nella distruzione degli equilibri ellenistici in Oriente; prima di costruire il loro nuovo ordine e la loro pace i Romani avevano contribuito a distruggere, sia come *aition*, causa prima della tratta servile, sia con l'astensione e il non-intervento nel contrasto alla pirateria, la pace e l'ordine del delicato sistema ellenistico preesistente[21].

## 4.

Il tema successivo che voglio brevemente presentare si potrebbe sintetizzare con la formula: quello che un Greco suddito di Roma vorrebbe dire, e non dice.

Le opere d'arte greche predate dai Romani costituiscono un punto scabroso nelle relazioni tra i dominanti e i sudditi ellenici, anche a distanza di decenni dal momento dei vari 'prelievi': tuttavia il motivo affiora relativamente poco in Strabone; ci è paradossalmente più e meglio noto da altri testi, quali ad esempio l'orazione *De signis* fra le *Verrine* ciceroniane. Il caso di Samo, però, è sufficientemente illuminante[22].

---

[21] Su tutto l'argomento concernente la visione straboniana del caso delio rimando a RAVIOLA 2014, con le ulteriori fonti antiche e la bibliografia precedente, cui aggiungo ora CLARKE 2009; CLARKE 2017; GARCÍA MORCILLO 2017; JONES 2017; ROLLER 2018, pp. 829-830.

[22] Strab. XIV 1, 14.

Strabone ricorda che Antonio aveva portato a Roma dall'*Heraion* samio tre eccellenti statue, *erga kolossika*, di Mirone poste su unico basamento; Augusto ne aveva fatto ricollocare a Samo due, un'Atena e un Eracle, ma non aveva rimandato indietro lo Zeus, sistemato sul Campidoglio dentro un *naiskos* appositamente costruito[23]. Prudenza o reticenza straboniana, o vogliamo dire autocensura? Difficile comunque non sottintendere in Strabone un pensiero non benevolo nei riguardi di tale ruberia, sia pur ridimensionata dalla parziale restituzione da parte di Augusto, e dal fatto che quella di Samo è l'eccezione che conferma la regola secondo cui Augusto 'rimetteva a posto' le cose dopo le malefatte di Antonio[24]!

---

[23] I dati concernenti le statue sono sintetizzati nel commento di Radt 2009, p. 20. Per il tema in generale: Celani 1998 e Bravi 2012.

[24] Un caso parallelo è fornito da XIII 1, 30: Antonio requisisce a Reteo, in Troade, la statua di Aiace e la fa trasportare in Egitto, ma Augusto la restituisce ai Retei, e tocca unicamente al suo rivale la parte del predatore. La medesima dinamica si era verificata in vari altri casi, soggiunge Strabone: «le dediche più belle, infatti, dai templi più illustri l'uno [Antonio] le portò via per compiacere l'Egizia [Cleopatra], l'altro [Augusto] le restituì agli dei». Dunque non solo senso di giustizia, sul conto di Augusto, nei riguardi dei derubati, ma *pietas* verso gli dei: un passo in cui l'ammirazione sincera per il *Sebastos* sembra al tempo stesso riecheggiare apertamente, nell'accenno sprezzante all'«Egizia», motivi della propaganda ottavianea in chiave antiantoniana, ma pure la retrospettiva tracciata dallo stesso Augusto nelle *Res gestae* (24, 1) per ricordare la propria assidua azione di ricollocamento nelle sedi originarie e legittime degli *ornamenta* razziati da Antonio nei templi della provincia d'Asia (cfr. il commento di Biffi 2009, p. 171), di cui Samo era parte. Di storici distruttori e saccheggiatori romani della Grecia, come Lucio Emilio Paolo e Silla, Strabone non riporta nessuna *harpage* specifica (salvo quella, sul conto di Silla, della biblioteca di Aristotele e Teofrasto ad Atene: XIII 1, 54). Ben più dettagliato invece il racconto del sacco di Corinto per mano di Lucio Mummio e delle sue conseguenze in Strab. VIII 6, 23. Opere d'arte sottratte da Lucullo: Strab. VII 6, 1 e XII 3, 11.

## 5.

La pagina che infine vi sottopongo è davvero ricca di informazioni, ma pure non scevra di ambiguità: è una sintesi dedicata alle vicende politiche e militari dei Romani e dei Germani all'epoca di Augusto e subito dopo Augusto, e contiene l'esplicita menzione della disfatta di Publio Quintilio Varo, registrata da Strabone con molta schiettezza e onestà[25].

Ne emerge una visione assai complessa dell'instabile mondo delle tribù germaniche, un mondo ancora ostile e infido, in cui la parvenza della sottomissione all'impero si affianca al tradimento, alla ribellione, all'insidia. La precarietà della *fides* nel rispetto dei patti e degli ostaggi da parte dei Germani è illustrata proprio dal caso di Varo, massacrato a tradimento nel 9 d.C. con le sue tre legioni dai Cherusci guidati da Arminio, con un'imboscata nella foresta di Teutoburgo[26].

Colpisce immediatamente il fatto che in tutto il presente contesto Strabone non dice mai che il Reno è il confine della parte settentrionale dell'impero verso Oriente: a VII 2, 4 è implicito che i Romani sono arrivati all'Albis, ossia l'Elba, perché è solo a partire dalla foce dell'Elba che, afferma il Geografo, nessuno conosce realmente che cosa vi sia oltre in direzione Est; ma il fiume conta qui soltanto come punto di riferimento longitudinale e come limite delle esplorazioni e delle effettive conoscenze geografiche antiche[27]. In se-

---

[25] Strab. VII 1, 4, con le note di commento di Baladié 1989, pp. 69-71, 184 (e ora Roller 2018, pp. 342-343).

[26] Sulla battaglia di Teutoburgo cfr. Wells 2010. Sulla problematica della fase augustea e tiberiana del confronto romano-germanico la bibliografia è ormai molto vasta; basti qui citare, per i risvolti ideologici e propagandistici, Braccesi 1991, pp. 27-80, e, per una sintesi recentissima e molto aggiornata, Roberto 2018, pp. 3-205, cui si rimanda per la bibliografia complessiva. Per la visione straboniana dei barbari nordeuropei cfr. Gratsianskaya 2015 e Ilyushechkina 2017.

[27] A dire il vero, l'informazione di Strabone non è qui al suo livello migliore: come precisa Baladié 1989, p. 69 nota 2, il Geografo ha l'aria

de di consuntivo finale, invece, in un lungo paragrafo concepito come bilancio conclusivo della *Geografia*, XVII 3, 24, Strabone dice chiaramente che il Reno è uno dei limiti della parte europea dell'impero di Roma, insieme con l'Istro e il Tanais (cioè il Danubio e il Don).

Ma torniamo a Varo. A VII 1, 4, dopo l'elenco dettagliato delle tribù germaniche comprese tra Reno ed Elba (1, 3) e subito prima del riferimento alla sconfitta di Varo (lo stesso 1, 4), Strabone passa a segnalare, quale effetto delle campagne germaniche di Augusto, che alcune tribù si trasferivano al di là dell'Elba, e che perciò i popoli stanziati fra Reno ed Elba «sarebbero stati più noti se Augusto avesse concesso ai suoi generali di oltrepassare l'Elba». Ma proprio Augusto, seguita Strabone, aveva alla fine[28] ritenuto più opportuno lasciare in pace quelli passati o residenti oltre il fiume onde non facessero causa comune con quelli al di qua, con i quali egli stava conducendo la guerra in corso: quella appunto cominciata dai Sugambri, dilatatasi con una serie continua di ribellioni e culminata appunto con la violazione della *pistis* e dei trattati da parte dei Cherusci a spese di Varo e delle sue legioni.

Insomma Strabone vede il conflitto con i Germani come un *work in progress*, ancora in atto sotto Augusto stesso e poi Tiberio, e l'intero territorio compreso tra Reno e Elba come terreno di guerra e teatro di operazioni in corso, di fatto quella che tecnicamente diremmo, ed era, una *provincia*.

di non conoscere la spedizione di Lucio Domizio Enobarbo (nota da Tac. *Ann.* IV 44, 2), inoltratasi a una profondità mai prima toccata a Est dell'Elba nel 2 a.C. o subito dopo: Roberto 2018, pp. 77-81.

[28] Il testo recita «ora invece», *nyni de*: sembrerebbe un'indicazione temporale riferita a un momento in cui Augusto sarebbe ancora vivo e regnante, in contrasto con il resto del paragrafo, aggiornato o sincronizzato con il trionfo di Germanico, tre anni dopo la morte di Augusto. Sui tempi, compositivi e narrativi, della *Geografia* straboniana cfr. Clarke 1999, pp. 245-293, e specialmente 288-289.

È come se qui Strabone ignorasse volutamente o per obiettiva disinformazione le conseguenze della sconfitta di Teutoburgo, e cioè la rinuncia (di fatto, anche se mai ufficialmente proclamata) di Augusto e poi anche di Tiberio alla frontiera dell'Elba e il ripiegamento dell'impero sul Reno; ma è forse pure possibile che questo passo della *Geografia* rifletta molto da vicino gli echi dei successi in particolare di Germanico e magari una qualche percezione o illusione nell'opinione pubblica (o nel solo Strabone, o nel suo ambiente culturale) che tale rinuncia fosse solo provvisoria e addirittura smentita dagli eventi degli anni 14-16 d.C., quando di fatto gli eserciti romani operarono costantemente, e vittoriosamente, nello spazio tra Reno ed Elba[29]. Rispetto alla chiara menzione del Reno quale confine dell'impero nelle ultime pagine della *Geografia* questa di VII 1, 4 potrebbe essere una pagina meno aggiornata, scritta magari prima della morte di Germanico nel 19.

Sia quel che sia. Ciò che in ogni caso sembra contare di più nel momento in cui Strabone ricorda la disfatta di Varo è che adesso, sotto il regno di Tiberio, la bilancia tra successi e insuccessi dei Romani in Germania pare ormai pendere di nuovo a loro favore. I Germani, dice il Geografo, «pagarono il fio tutti quanti, e offrirono a Germanico il giovane uno splendidissimo trionfo», *lamprotaton thriambon*[30], che vide trascinati nel corteo del vincitore decine di capi germani e di loro consanguinei (figli e donne compresi): una sequenza straordinaria con una dettagliata e impressionante prosopografia della parentela di Arminio e dei leader di Cherusci, Sugambri, Catti[31]; e pure un notevole e compiaciuto tri-

[29] Sulle campagne di Germanico nel triennio 14-16 d.C. cfr. ROBERTO 2018, pp. 150-182.

[30] Il 26 maggio del 17 d.C.: Tac. *Ann.* II 41, 2-3.

[31] Un *reportage* originale e personale (Strabone è l'unico ad attestare i nomi di Tusnelda e di Tumelico, come è l'unico a dare una descrizione così vivida del trionfo), quasi certamente autoptico, o comunque dovu-

buto di lealismo, per parte di Strabone, alla politica e alle fortune di Roma messe alla fatidica prova della successione dal vecchio al nuovo *princeps*.

Tuttavia anche qui sotto la superficie, o dietro il pensiero principale, affiora una vena di considerazione non del tutto positiva, o ancora non pienamente positiva: nel trionfo di Germanico sfilano, fra gli altri prigionieri, Tusnelda e il piccolo Tumelico, rispettivamente moglie e figlio «di Arminio, colui che aveva avuto il comando in guerra fra i Cherusci nella violazione dei patti [*paraspondesis*] contro Varo Quintilio e che ancora oggi continua il conflitto».

Dunque Arminio è ancora vivo e seguita a combattere! La guerra prosegue, e il principale colpevole della *paraspondesis* a danno di Varo non è ancora incorso nella giusta punizione. I Germani non sono stati ancora del tutto domati.

## 6.

Strabone non è uno di quei Greci che esaltano la memoria di Alessandro Magno quale condottiero che avrebbe saputo vincere i Romani se il destino non gli avesse impedito di venire in Italia, e per il presente si fanno sostenitori dei Parti come degno contraltare al potere di Roma: altri sono i *levissimi ex Graecis* della polemica liviana[32].

Strabone è in effetti ben contento della *pax Augusta* e non è disposto a tornare indietro all'epoca e al clima delle guerre civili. Rintracciare e segnalare nella *Geografia* gli spunti e i sussulti critici, anche minimi, nei riguardi dei Romani serve però a meglio inquadrare il rapporto del suo au-

---

to a un contatto immediato di Strabone con qualche testimone oculare o qualche soggetto coinvolto nella cerimonia: BALADIÉ 1989, pp. 35-37. La cattura, nel 15 d.C., dell'*uxor Arminii*, in stato di gravidanza, è narrata da Tac. *Ann.* I 57, 3; il figlio di Arminio di lì a poco nasce, e vivrà, a Ravenna: Tac. *Ann.* I 58, 5.

[32] Liv. IX 18, 6.

tore con i dominanti e il grado della sua acquiescenza culturale a tale dominio.

Una buona ricetta per sopravvivere ai principi, specie se potenzialmente imprevedibili e dispotici, è quella di non cercarsi gratuitamente guai per eccesso di *parrhesia*, orale o scritta che sia. La 'fronda' di Strabone non è né di intensità né di estensione tale da turbare i sonni di Augusto o di qualche suo ministro (e nemmeno di Tiberio): rientra giusto in quel margine di libertà e di elasticità che un regime autoritario sicuro della propria tenuta del potere e del proprio controllo sulla società si può permettere di tollerare.

Ma, detto questo, non si può fare a meno di vedere come persino in uno dei più convinti o più politicamente corretti sudditi *greci* di Roma si celino (o si palesino, a seconda dei casi) 'piccole' e autocontrollate manifestazioni di dissenso, che in fondo traducono o rivelano un moderatissimo revanscismo 'patriottico' in senso ellenico, una nostalgia per ciò che era stata l'Ellade delle *poleis* e dei regni ellenistici, almeno all'epoca della loro maggior solidità: una forma di non completo allineamento o appiattimento, che in Strabone è e vuole essere indice di indipendenza e onestà di giudizio, e che come tale dobbiamo sforzarci di cogliere[33].

---

[33] Al tempo stesso non va trascurata l'eventualità che Strabone intravedesse in queste sue prudenti posizioni critiche una funzione 'didattica', un modo per esercitare il ruolo di prezioso testimone e saggio consigliere nei riguardi dei Romani da lui frequentati, o che lo ospitavano e proteggevano, a ricordo e monito circa l'opportunità che i nuovi signori dell'*oikoumene* sapessero moderare nel presente e nel futuro le proprie prassi e ambizioni di potere. Indipendenza di giudizio critico e funzione di paideutica politica si unificano del resto nel delineare una fisionomia stoica o quanto meno stoicizzante a carico di Strabone: sul suo stoicismo cfr. Aujac 1983; Dueck 2000, pp. 62-69; e la recente messa a punto di Hatzimichali 2017, pp. 11-17 in particolare. Sul contesto culturale e politico della vita di Strabone a Roma cfr. almeno Bowersock 1965, pp. 124-134, e Dueck 2000, pp. 85-96, 130-144. Per il tema, in generale, della relazione fra 'consulenza' filosofica (ellenica) e attività politica

## Bibliografia

AUJAC 1983 = G. AUJAC, *Strabon et le Stoïcisme*, «Diotima» 11, 1983, pp. 17-29.

BALADIÉ 1989 = R. BALADIÉ, *Strabon, Géographie*, IV *(Livre VII)*, Paris 1989.

BIFFI 2009 = N. BIFFI, *L'Anatolia meridionale in Strabone. Libro XIV della Geografia*, Bari 2009.

BISPHAM 2007 = E. BISPHAM, *From Ausculum to Actium. The Municipalization of Italy from the Social War to Augustus*, Oxford 2007.

BOUDARTCHOUK – BRUXELLES – MOLET 2008 = J.-L. BOUDARTCHOUK – L. BRUXELLES – H. MOLET, *Strabon, les «lacs sacrés» des Tectosages et les «zones humides» du Toulousain*, «Mémoires de la Société Archéologique du Midi de la France» 68, 2008, pp. 15-38.

BOWERSOCK 1965 = G.W. BOWERSOCK, *Augustus and the Greek World*, Oxford 1965.

BRACCESI 1991 = L. BRACCESI, *Alessandro e la Germania. Riflessioni sulla geografia romana di conquista*, Roma 1991.

BRAUND 2005 = D. BRAUND, *Greek Geography and Roman Empire: the Transformation of Tradition in Strabo's Euxine*, in *Strabo's Cultural Geography. The Making of a Kolossourgia*, a cura di D. Dueck, H. Lindsay e S. Pothecary, Cambridge 2005, pp. 216-234.

BRAVI 2012 = A. BRAVI, *Ornamenta urbis. Opere d'arte greche negli spazi romani*, Bari 2012.

CAVAGGIONI 2013 = F. CAVAGGIONI, *Vae victis! Il problema della sconfitta militare a Roma durante lo scontro con Annibale*, Bologna 2013.

---

(romana): GRIFFIN 1997 e RAWSON 1997. Da ultimo, va segnalata l'attenta calibratura del rapporto di Strabone con Roma e i Romani e del suo grado di lontananza dal potere e dagli esponenti più in vista dell'*élite* romano-italica in SARTRE 2015 e in MADSEN 2017.

Ringrazio la dott.ssa Chiara Grigolin per la preziosa assistenza nella ricerca bibliografica.

CELANI 1998 = A. CELANI, *Opere d'arte greche nella Roma di Augusto*, Napoli 1998.
CLARKE 1999 = K. CLARKE, *Between Geography and History. Hellenistic Constructions of the Roman World*, Oxford 1999.
CLARKE 2009 = K. CLARKE, *D'une Méditerranée de pirates et de barbares à une Méditerranée cœur de civilisation: Strabon et la construction d'un concept unifié dans le cadre romain*, «Pallas» 79, 2009, pp. 295-303.
CLARKE 2017 = K. CLARKE, *Strabo's Mediterranean*, in *The Routledge Companion to Strabo*, a cura di D. Dueck, London 2017, pp. 47-59.
DESIDERI 1972 = P. DESIDERI, *L'interpretazione dell'impero romano in Posidonio*, «RIL» 106, 1972, pp. 481-493.
DUECK 2000 = D. DUECK, *Strabo of Amasia. A Greek Man of Letters in Augustan Rome*, London-New York 2000.
GARCÍA MORCILLO 2017 = M. GARCÍA MORCILLO, *Patterns of Trade and Economy in Strabo's Geography*, in *The Routledge Companion to Strabo*, a cura di D. Dueck, London 2017, pp. 137-149.
GRATSIANSKAYA 2015 = L.I. GRATSIANSKAYA, *The Northern Barbarians in Strabo's 'Geography': Tradition and Reality*, in AttiConv *Limes XXII. 22nd International Congress of Roman Frontier Studies (Ruse 2012)*, a cura di L. Vagalinski e N. Sharankov, Sofia 2015, pp. 781-784.
GRIFFIN 1997 = M. GRIFFIN, *Philosophy, Politics, and Politicians in Rome*, in *Philosophia Togata*, I. *Essays on Philosophy and Roman Society*, a cura di M. Griffin e J. Barnes, Oxford 1997², pp. 1-37.
HATZIMICHALI 2017 = M. HATZIMICHALI, *Strabo's Philosophy and Stoicism*, in *The Routledge Companion to Strabo*, a cura di D. Dueck, London 2017, pp. 9-21.
ILYUSHECHKINA 2017 = E. ILYUSHECHKINA, *Strabo's Description of the North and Roman Geo-Political Ideas*, in *The Routledge Companion to Strabo*, a cura di D. Dueck, London 2017, pp. 60-68.
JACOBY 1963 = F. JACOBY, *Die Fragmente der Griechischen Historiker*, II C. *Kommentar*, Leiden 1963.

JONES 2017 = C. JONES, *Strabo and the 'Petty Dynasts'*, in *Auguste et l'Asie Mineure*, a cura di L. Cavalier, M.C. Ferriès e F. Delrieux, Bordeaux 2017, pp. 349-356.

KIDD 1997 = I.G. KIDD, *Posidonius as Philosopher-Historian*, in *Philosophia Togata*, I. *Essays on Philosophy and Roman Society*, a cura di M. Griffin e J. Barnes, Oxford 1997², pp. 38-50.

LASSERRE 1966 = F. LASSERRE, *Strabon, Géographie*, II *(Livres III-IV)*, Paris 1966.

MADSEN 2017 = J.M. MADSEN, *Looking in from the Outside: Strabo's Attitude towards the Roman People*, in *The Routledge Companion to Strabo*, a cura di D. Dueck, London-New York 2017, pp. 35-44.

MIGLIARIO 2017 = E. MIGLIARIO, *Strabo, Italy and the Italian Peoples*, in *The Routledge Companion to Strabo*, a cura di D. Dueck, London-New York 2017, pp. 79-92.

MORET 2001 = P. MORET, *Strabon, Posidonios et le trésor des Tectosages*, in CatMostra *L'or de Tolosa,* Toulouse 2001, pp. 17-22.

MUCCIOLI 2012 = F. MUCCIOLI, *Timagene, un erudito tra Alessandria e Roma. Nuove riflessioni*, in *Tradizione e trasmissione degli storici frammentari*, II, a cura di V. Costa, Tivoli 2012, pp. 365-388.

NARDELLI 2018 = M. NARDELLI, *Un Alessandrino a Roma. Timagene tra storiografia, retorica ed erudizione*, Tesi di Laurea Magistrale, Univ. di Padova, a.a. 2017/18.

NICOLAI – TRAINA 2000 = R. NICOLAI – G. TRAINA, *Strabone, Il Caucaso e l'Asia Minore. Libri XI-XII*, Milano 2000.

*Or de Tolosa* 2001 = CatMostra *L'or de Tolosa*, Toulouse 2001.

PRIMO 2011 = A. PRIMO, *Valutazioni critiche di Strabone e Posidonio sul dominio di Roma*, in *Studi Ellenistici*, XII, a cura di B. Virgilio, Pisa 2011, pp. 199-232.

RADT 2009 = S. RADT, *Strabons Geographika*, 8. *Buch XIV-XVII: Kommentar*, Göttingen 2009.

RAVIOLA 2014 = F. RAVIOLA, *I Romani, Delo e il commercio degli schiavi nella visione di Strabone XIV 5, 2*, «Hormos» 6, 2014, pp. 90-104.

RAVIOLA 2018 = F. RAVIOLA, *Strabone, la «guerra marsica» e la vittoria degli Italici*, in *Koinonia. Studi di storia antica offerti a Giovanna De Sensi Sestito*, a cura di M. Intrieri, Roma 2018, pp. 623-643.

RAWSON 1997 = E. RAWSON, *Roman Rulers and the Philosophic Adviser*, in *Philosophia Togata*, I. *Essays on Philosophy and Roman Society*, a cura di M. Griffin e J. Barnes, Oxford 1997², pp. 233-257.

ROBERTO 2018 = U. ROBERTO, *Il nemico indomabile. Roma contro i Germani*, Roma-Bari 2018.

ROLLER 2018 = D.W. ROLLER, *A Historical and Topographical Guide to the Geography of Strabo*, Cambridge 2018.

ROSENSTEIN 1990 = N.S. ROSENSTEIN, *Imperatores Victi. Military Defeat and Aristocratic Competition in the Middle and Late Republic*, Berkeley-Los Angeles 1990.

SARTRE 2015 = M. SARTRE, *Strabon et Plutarque: regards croisés sur l'Hégemonia ton Rhomaion*, in *Ruling the Greek World. Approaches to the Roman Empire in the East*, a cura di J.M. Cortés Copete, E. Muñiz Grijalvo e F. Lozano Gómez, Stuttgart 2015, pp. 161-170.

SORDI 1982 = M. SORDI, *Timagene di Alessandria: uno storico ellenocentrico e filobarbaro*, in *ANRW* II 30.1, 1982, pp. 775-797.

STRASBURGER 1965 = H. STRASBURGER, *Poseidonios on Problems of the Roman Empire*, «JRS» 55, 1965, pp. 40-53.

THOLLARD 2009 = P. THOLLARD, *La Gaule selon Strabon. Du texte à l'archéologie.* Gèographie, *livre IV. Traduction et études*, Paris-Aix-en-Provence 2009.

TREGGIARI 2019 = S. TREGGIARI, *Servilia and Her Family*, Oxford 2019.

TROTTA 1996 = F. TROTTA, *Strabone, Geografia. Iberia e Gallia, libri III e IV*, Milano 1996.

WELLS 2010 = P.S. WELLS, *La battaglia che fermò l'impero romano. La disfatta di Quintilio Varo nella selva di Teutoburgo*, Milano 2010.

Salvatore Puggioni

# SULLA STORIA DI SOFONISBA E MASSINISSA: TITO LIVIO, LUCA PULCI E LORENZO IL MAGNIFICO

In parte eclissata dal più celebre Luigi, in parte consunta da casi avversi sopravvenuti in vita, la fama di Luca Pulci – che all'altezza del Quattrocento non risulta essere di limitato circuito – giunge, a oggi, ridotta ai minimi termini: non è un caso che l'avvio della stagione degli studi pulciani, con l'occhio al profilo di Luca, sia da ricondurre a tempi tutto sommato non troppo remoti e che un'attenzione specificamente filologica, con riguardo alle *Pìstole*, si sia destata in tempi ancora più recenti[1]. Alle *Pìstole*, soprattutto, si è spo-

[1] Per una prima ricognizione dell'opera di Luca Pulci, specie con l'occhio alle fasi redazionali, cfr. Carrai 1985 e Carrai 1993, pp. 104-106. Di una trascrizione delle *Pìstole* a cura di Franca Brambilla Ageno dà notizia l'Archivio digitale dell'Accademia della Crusca (http://www.adcrusca.it/theke/schedaoggetto.asp?idgestore=4&idoggetto=26553&file_seq=1). È poi da segnalare l'avvio dell'edizione critica delle stesse *Pìstole* a cura di Annalisa Chiodetti (Tesi di Dottorato, tuttora in corso, supervisore Davide Cappi, Dipartimento di Studi Linguistici e Letterari, Università di Padova). Per un inquadramento più analitico delle epistole pulciane, la bibliografia non è particolarmente copiosa. In attesa di studi più completi, si vedano, intanto, Battera 1993, Battera 1996, Martelli 1996, pp. 144-159 e pp. 160-165, Bisconti 2000*b*, Orvieto 2017, pp. 64-71.

radicamente rivolto lo sguardo, pur con forti limiti derivanti, in primo luogo, dalla mancata messa a disposizione di un testo critico e, per il vero, anche dalla faticosa reperibilità di esemplari della *princeps*, a stampa nel 1481, a Firenze, per Miscomini. A fronte della sfortuna editoriale moderna, non poche, però, risultano le edizioni succedutesi alla prima, talvolta in abbinamento con il *Ciriffo Calvaneo*, almeno fino alla giuntina del 1618, e a partire dal 1488 con la fiorentina di Francesco Bonaccorsi, alla quale seguiranno la veneziana del 1492 (per Tommaso di Piasi), un'altra fiorentina del 1495 (per Bartolomeo de' Libri), le veneziane del 1505-1506 (per Manfrin Bono de Monferra), la senese del 1512 (per Symione di Niccolo & Giouanni di Alixandro librai), l'altra veneziana del 1518 (per Zorzi di Rusconi) e la giuntina del 1572. Dedicata a Lorenzo il Magnifico, l'opera raccoglie 18 epistole in versi di vario metro, ideate e strutturate secondo la forma dell'archetipo epistolografico ovidiano:

| | |
|---|---|
| I | *Lucrezia a Lauro* |
| II | *Iarba re africano a Dido di Sidonia regina di Cartagine* |
| III | *Deidamia figliuola del re Licomede ad Achille figliolo del re Pelleo* |
| IV | *Ercole figliuolo di Iove e d'Almena ad Iole sua amante* |
| V | *Egisto sacerdote di Micena a Clitennestra sposa d'Agamenon* |
| VI | *Filomena figliuola del re Pandion d'Atena a Progne regina di Tracia* |
| VII | *Pentesilea regina delle Amazone ad Ettor figliuolo del re Priamo di Troia* |
| VIII | *Polifemo ciclopo a Galatea ninfa marittima* |
| IX | *Argia figliuola del re Adastro d'Argo a Pollinice figliuolo del re Ippo di Tebe suo sposo* |
| X | *Circe figliuola del Sole ad Ulisse* |
| XI | *Pocris d'Atena a Cefalo cacciatore suo sposo* |
| XII | *Canente ninfa a Pico re di Laurenzia suo sposo* |

XIII *Ersilia sabina a Romolo primo re di Roma suo sposo*
XIV *Massinissa re di Numidia a Sofonisba sposa del re Siface*
XV *Salapia ad Annibal Amilcario*
XVI *Cornelia a Pompeo Magno*
XVII *Marco Bruto a Porzia*
XVIII *Cleopatra a Cesare Augusto Ottaviano*

È però un caso del tutto singolare, questo di Pulci, che segna un passaggio cruciale nel diagramma della ricezione moderna delle *Heroides*, giacché, nell'impatto col modello antico, è ravvisabile una forte presa di distanza dallo stesso, a cominciare dalla selezione degli eroi e delle eroine scriventi: non più – come può notarsi immediatamente dall'indice sopra riportato – una predilezione per figure della mitologia classica, a differenza della silloge latina, ma una significativa chiamata a raccolta di nomi direttamente estratti dalla storia romana. Rovesciamento più radicale, questo, rispetto all'impostazione ovidiana, che è dato essenziale nella ricezione moderna dell'antica epistola eroica: ma è proprio con l'operazione di Pulci che prende forma, per la prima volta nella tradizione volgare, il 'libro' delle eroidi. A ben vedere, la tradizione italiana aveva riassorbito relativamente presto il medesimo prodotto dell'Ovidio minore, sul doppio versante dei volgarizzamenti e della lettera eroica, con grado di conformità al prototipo latino diversificato a seconda delle epoche e degli autori. Basti almeno pensare, a proposito dei primi, allo straordinario esito in prosa di Filippo Ceffi (1325 circa), ad esempio, oppure al caso di Domenico da Monticchiello (di incerta datazione), e, più oltre, a Cinquecento avanzato, alla versione in endecasillabi sciolti di Remigio Fiorentino (1555). E si aggiungano, a questi, altri importanti testimoni della fortuna ovidiana secondo una modalità emulativa che in rapida progressione digrada verso l'affrancamento dall'archetipico *liber heroidum*. Non solo attestazioni primitive, almeno dal ciclo bretone e fino al

*Novellino*[2], ma pure attestazioni d'autore riaffiorano dai fondali di una tradizione non propriamente minore, quali risultano, soprattutto, quelle del Boccaccio predecameroniano[3]: già, quindi, nel *Filocolo*, con i casi di Florio e Biancifiore (III 20 e 22); nel *Filostrato*, con la vicenda di Troiolo e Criseida (II 91-130); e con lo scambio epistolare di tipo 'politico-diplomatico', nel *Teseida*, tra Ippolita e Teseo (I 104). Ma in forma più apertamente conforme alla matrice ovidiana riaffiorano dalla *Fiammetta*, resoconto elegiaco di amante abbandonata, al centro, poi, di un fortunato gioco di rispecchiamenti mimetici fino al Quattrocento, con Piccolomini ad esempio, e fino, addirittura, al Cinquecento di Bandello[4].

Indagini recenti hanno potuto individuare proprio nella pratica poetica tre-quattrocentesca di area padana l'esercizio umanistico che ha ripetutamente manipolato i materiali ovidiani fino a creare la fisionomia dell'eroide moderna[5]: onde una ricezione dell'epistola eroica via via crescente, specie nei termini della declinazione elegiaca[6], attestabile anche nei vertici della produzione cavalleresca, almeno da Ariosto (si pensi all'Olimpia abbandonata e all'assolo di Bradamante rispettivamente nel X e nel XLIV del *Furioso*) al Tasso della *Liberata* (col celebre episodio di Armida nel canto XVI) e del *Torrismondo*.[7] Sono queste, a ragion veduta, prove tutte inscrivibili nel quadro di un'entusiasta frequentazione ovidiana il cui laboratorio risulta per lo più

---

[2] Cfr. HEIJKANT 1999.

[3] Sulla presenza di Ovidio in Boccaccio cfr. almeno PERUGI 1989 e ROSSI 1993. E, più in generale, cfr. ORVIETO 1979.

[4] Cfr. Enea Silvio Piccolomini, *Historia de duobus amantibus* e Matteo Bandello, *Novelle*, I 41.

[5] Cfr. LONGHI 2001 e VECCHI GALLI 2003.

[6] Sulla fortuna elegiaca cfr. DE MALDÉ 2003.

[7] Cfr. *Il re Torrismondo*, I, 25, 80-81, 123-124; II, 1176-1177, 1251; IV, 2327; V, 2877-2878. Per la presenza delle *Heroides* nella *Liberata* cfr. LA PENNA 1995, pp. 312-316.

insediato nel particolarismo cortigiano dell'Italia settentrionale con il concorso di autori dotti, certamente minori, ma determinanti nel raffinato processo di rivisitazione delle forme letterarie antiche: siano qui sufficienti, *pars pro toto*, i nomi di Basinio da Parma (*Liber Isottaeus*) e di Tito Vespasiano Strozzi (*Erotica*), e, ancora, della più nota triade di rimatori formata da Niccolò da Correggio, Antonio Tebaldeo e Serafino Aquilano.

Nell'universo di questa rimeria è però il caso delle *Pìstole* di Luca Pulci a determinare una tappa fondamentale nella ricezione dell'epistola eroica con l'intuizione 'creativa' della 'forma libro', innanzitutto, e con un inedito gioco di travisamento rispetto alla fonte antica, a cominciare dalla *scribentis imago* di volto maschile e, come si è visto poco sopra, dalla chiamata in scena di figure di non esclusiva derivazione mitica: è del resto la stessa lettera proemiale, di Lucrezia Donati a Lorenzo il Magnifico, a dar conto anticipato delle direttrici programmatiche annunciando «pìstole di Penneo, d'Affrica e Tibro» (v. 111), di argomento, ossia, greco, africano e latino. Virata, questa, rispetto alle più manierate rotte poetiche cortigiane quattrocentesche, comprensibile alla luce di una rielaborazione strumentale della letteratura. Stando alle scarne informazioni biografiche oggi disponibili, nel 1460 Luca e il fratello Bernardo fondano una compagnia finanziaria di cambio, la cui attività non regge tuttavia a lungo il peso delle progressive insolvenze se già agli albori del 1465 risulta fallita[8]: i Pulci (con Luca e Bernardo anche Luigi), in conseguenza del gravoso indebitamento, vengono espulsi da Firenze e ritrovano riparo nei luoghi aviti del Mugello. Il rientro di Luca non avverrà prima del 1468, ma un anno dopo appena, accusato egli di ma-

[8] Sulla datazione della bancarotta cfr. Carrai 1985, pp. 16-17, note 5 e 6. Sul profilo biografico di Luca Pulci cfr. anche il più aggiornato Orvieto 2017, pp. 34-38.

laffare presso la Zecca fiorentina, dove nel frattempo si era impiegato, verrà recluso nel carcere cittadino delle Stinche fino alla morte, avvenuta probabilmente nella primavera del 1470. L'ideazione e la messa in carta delle *Pìstole* sono da ricondurre proprio al periodo dell'esilio mugellese ed è in questo drammatico frangente biografico che il modello epistolare ovidiano viene ripreso e ripensato con calcolatissime finalità extraletteraria.

A Firenze, intanto, a Cosimo il Vecchio, nel 1464, succede Piero, detto il Gottoso, le cui fragilità, non solo di natura fisica, non gli consentono un'ottimale tenuta del governo: ma già prima della morte, del 1469, nello scenario politico fiorentino è il figlio Lorenzo a distinguersi per temperamento e abilità politica. Non a caso è a quest'ultimo, principe *in pectore*, che Luca rivolge, da esule, la *petitio* per impetrare clemenza e quindi un tempestivo richiamo a Firenze. La prima epistola, in un criptico gioco di nomi e di casi allusivi, cela le intenzioni che soggiacciono all'intero *corpus* epistolare. Nella finzione poetica, Lucrezia degna del proprio sguardo l'infelice Pulcro (ovvero il poeta) e questi può così affidarle il messaggio da recapitare a Lauro (evidentemente Lorenzo). Il poeta, in definitiva, attraverso un'antica metafora, già biblica[9], e particolarmente cara alla rimeria medicea, e più oltre al Tasso del *Metauro*, ambisce al riparo sotto la grande ombra del principe-lauro:

> Pulcro, pietoso, a me: «Se mai de' solchi
> esco a vedere il Lauro al santo seggio,
> non bramo il vello del monton de' Colchi,
> ma sì benigno il cor verso te veggio,
> nuova luce rinata di Piccarda,
> ch'i' sarò all'ombra sua: altro non chieggio.
> Grazia se giugne a' miseri non tarda,
> vedra' portar a me l'acqua col cribro

[9] Cfr. *Sal* 17, 8; 36, 8; 57, 2; *Lc* 1, 35.

in ogni parte, e in man la fiamma carda.
Vanne, Lucrezia, e porta a Lauro il libro
ch'i' ho composto al suon di queste linfe,
pìstole di Penneo, d'Affrica e Tibro.
Torna, Lucrezia, a riveder le ninfe».
(vv. 100-112)

Il breve passaggio, di fatto, è una supplica al sovrano, al futuro sovrano più precisamente, costruita a regola d'encomio attraverso un'adunanza di *tópoi* della tradizione: il Pulci confinato intende far leva non sul desiderio di ricchezze (metaforizzate nell'immagine del mitico vello d'oro), ma sulla prova d'onore (associata al caso esemplare della vestale Tuccia)[10], e nella figura intermediatrice della donna ripone le sorti delle proprie aspettative. L'auspicio – ancora con ricorso a una topica di antica derivazione con forte valenza perorativa – è che il libro di eroidi giunga quindi a Lorenzo per mezzo di Lucrezia per favorirne la grazia immediata. Per la verità, ben prima delle intenzioni affidate alla retorica del commiato, Luca nella stessa epistola 'proemiale' mette in campo una strategia persuasiva ancora di segno encomiastico. È dato significativo che Lorenzo, al verso 35, in un breve *excursus* storico sulla congiura dei Pazzi, sia definito «nuovo Scipio» e che gli venga pertanto (impropriamente) attribuito un ruolo fondamentale nella restaurazione dell'ordine repubblicano già all'altezza del '66, ovvero prima della vittoria effettiva del partito mediceo (1468) e prima, dunque, di un incisivo impegno politico dello stesso Lorenzo[11]. Alla composizione delle *Pìstole*, in definitiva, soggiacciono le travagliate dinamiche tra letterato e potere e alla luce di questa dialettica è da condurre la lettura esegetica dei testi.

---

[10] Cfr. Plin. *Nat.* XVIII 2. È molto probabile che il caso di Tuccia giunga a Luca Pulci per mezzo di Petrarca, *Triumphus Pudicitie*, 148-151

[11] Cfr. Bisconti 2000*a*, pp. 123-125.

C'è però un altro dato non meno importante da mettere in chiaro: il ripristino e, soprattutto, la conseguente ricodificazione dell'epistolografia eroica in senso politico. Pulci manipola il prototipo ovidiano fino a privarlo dei contenuti a declinazione patetico-amorosa e fino a convertirlo, sulla scorta della prassi petrarchesca, in «veicolo privilegiato di elaborazione [...] precettistica»[12]. Petrarca, appunto, riautorizza una consuetudine – di fatto fortunatissima nel quadro del mecenatismo di antico regime – che prevede, da parte del letterato, l'invio dell'epistola a un destinatario detentore di potere[13]. L'esito pulciano si avvale, però, di un riuso obliquo della precettistica *ad principem* attraverso la messa in scena di casi esemplari individuati, come si è visto, nella mitologia e nella storia antica. A quest'ultima guarda anche l'epistola XIV, che si finge inviata da Massinissa, primo re della Numidia unificata, e quindi fedele alleato di Roma, a Sofonisba, moglie del partigiano cartaginese Siface.

La storia si legge in Livio (XXX 12-15)[14] e molta suggestione ha esercitato nella tradizione italiana, non solo delle origini, con Petrarca come si vedrà, ma pure, e soprattutto, nel mondo moderno, con il coinvolgimento della tragediografia cinquecentesca e poi sette-ottocentesca. Gli esiti della seconda guerra punica comportano una novità geopolitica con la creazione di un regno unito di Numidia affidato al controllo di Massinissa. Durante la battaglia dei Campi Magni (203 a.C.), il cui epilogo è a schiacciante favore della fanteria romana al comando di Scipione l'Africano, la nobile Sofonisba è fatta prigioniera da Gaio Lelio e – come da consuetudine – il destino di lei si sarebbe consumato a Roma con l'umiliazione della parata trionfale in catene. Gli eventi, però, subiscono altro corso giacché Massinissa, vitti-

[12] Cappelli 2005, p. 155.

[13] Cfr. Feo 1994.

[14] Cfr. Masselli 2012.

ma d'amore, sposa Sofonisba nonostante la contrarietà di Scipione, che nel patto matrimoniale intravede il rischio di subdole manovre sovversive (il timore, in pratica, è che Sofonisba, di non rinnegata fede cartaginese, possa indurre lo stesso Massinissa alla ribellione antiromana). È celebre, nella pagina degli *Ab Urbe condita*, il discorso persuasivo che l'Africano indirizza a Massinissa per richiamarlo ai princìpi inderogabili della ragion di stato e alla conseguente necessità di vincere le passioni. Si tratta, per la verità, di un ordine quantomeno perentorio al quale il neo-sovrano numida dà immediata applicazione con un atto di eroismo estremo nel nome dell'amicizia politica. Sofonisba riceve quindi da Massinissa, in dono nuziale, una coppa di veleno, e la beve senza indugio, con altrettanto eroismo, poiché solo nella morte riconosce l'unica via di scampo all'impietosa schiavitù romana. È nel momento dell'invio della coppa che la *scribentis imago* di Massinissa viene ritratta nel componimento pulciano[15]:

A Sofonisba mia, pìstola, quando
giugni, suplica il cor dolente bagni
di quel velen, ch'a lei piangendo mando.

Massinissa ti scrive in tanti lagni,
morte ti porge invece di salute,
Mercurio invoca il tuo spirto accompagni.

Gli orecchi sordi e le risposte mute
inanzi al mio Cornelio Scipïone,
le dolce prece sono indarno sute.

Non isperando aver remissïone
per te da lui, d'ogni mio ben mi spoglio
per osservar la mia promissïone.

[15] La trascrizione del componimento è limitata ai vv. 1-75.

Regina e sposa mia cara, i' non voglio
che serva a Roma sì vada Siface [*sic*]
inanzi al carro a Scipio al Campidoglio.

Numidia, il regno tuo, subietto giace
di Roma, che già chiese pace o lega
al suo signor ch'è sì falso e mendace.

Scipïone sovente, o donna, allega
ch'a prieghi tuoi Siface si rivolse:
questa è cagion ch'al mio desìo non piega.

Il dolce amor della patria ti tolse
ogni ragione a difender Cartago,
la fede data a Scipïon sì sciolse.

Or non veggio per te nessuna imago
che ti difenda: Annon e Asdruballe
fortuna ha spento e Almicon e Mago.[16]

D'Italia, lasso! si parte Anniballe
quasi per vinto, onde sospira e plora
Salapia[17] sua per ogni monte e valle.

Publio Cornelio Scipio alto s'onora
de' sua gran fatti al cognome Africano
e spera trïunfare a Roma ancora.

D'Annibal fia ogni soccorso invano,
in Cartagin quïete mai non fia,
ch'ognun vorrebbe il suo vessillo in mano.

[16] *Annon...Mago*: comandanti cartaginesi (Annone I il Grande, Asdrubale e Magone). *Almicon* potrebbe essere forma errata del nome Amilcare.

[17] *Salapia*: antica città della Daunia, nota per il contestuale sviluppo, al suo interno, di uno schieramento filoromano e di uno schieramento filocartaginese durante la seconda guerra punica. Il trionfo del secondo schieramento fa sì che Annibale soggiorni a lungo in città.

Dunque, questo veleno, o donna, sia
quel che di servitù cruda ti sciolga,
e ogn'altro desìo del mondo oblìa.

Priego pietosamente che lo tolga,
onde ne' campi elisii la tua alma
fra l'altre etterne più famosa volga.

Priego Acheronte sia quïeto e 'n calma
onde tu passi e indi al fiume Lete,
dove del mondo si scuota ogni salma.

O felice alme, che da morte sète
isciolte da' pensier mondan caduci,
di Sofonisba mia sarete liete.

Prìncipi grandi, o regi, o sommi duci,
che giova alfine il glorïoso scetro,
poscia che morte ha spento le vostre luci?

Che premio o danno, a morir prima o retro?
In un momento vola il tempo e gli anni:
pure alla fin tutti cantiamo un metro.

Poiché son persi i tua reali scanni,
deh! non ti sia la morte aspra o acerba,
ma dolce, amena e fin di tanti afanni.

Un brieve sorso, un picciol licor d'erba
fia della gloria tua sigillo e chiave:
beato è il fin che fama etterna serba!

S'i' sperassi poter l'opere prave
cessar con morte, un prezïoso poto
sarebbe il tosco, in me dolce e soave.

Fortuna non è stabile nel moto:
vedi Iocasta a Teba Pollinice
e Iteòcle suo non pianse a vòto.

Ecuba a Troia, misera e 'nfilice,

defunti i figli, in decrepita etade
di Polidoro al tronco il pianto dice.

E d'Alessandro Magno Olimpïade
la degna madre, incarcerata è morta,
né perciò il nome suo di gloria cade.

Queste ti sieno essemplo, guida e scorta
a consolare il tuo dolore alquanto,
se l'altrui male i sua danni conforta.

Pulci, all'altezza del secondo Quattrocento, può contare su una tradizione illustre che intorno a Sofonisba si è già assestata: Petrarca, in primo luogo, con la memorabile visualizzazione dei due amanti nel *Triumphus Cupidinis* (II, 79-93); con il *De viris illustribus* nella *Vita Scipionis*, e con l'*Africa*, soprattutto, il cui libro quinto è interamente dedicato alle vicende di Massinissa[18]; e, ancora, Boccaccio, con il ritratto di *Sophonisba regina Numidie* nel *De mulieribus claris* (LXX), che rende giustizia all'eroina rispetto alla prospettiva petrarchesca[19], e con le riflessioni esemplari sull'instabilità della fortuna nella *Consolatoria a Pino de' Rossi*. Ricezione, dunque, questa, di lunga durata, ben oltre il caso di Pulci, e ben al di là dello spazio italiano[20], se si pensa anche alla cittadinanza della stessa Sofonisba presso la tragedia italiana[21], dall'esito 'sperimentale' di Trissino (1524)[22] alle stesure di Galeotto Del Carretto (1546), di Luigi Ricco-

[18] Cfr. Bernardo 1962 e Bartuschat 2000, pp. 109-141. Cfr., inoltre, Voce 2008.

[19] Cfr. Filosa 2015-2016, pp. 165-187.

[20] Basti almeno ricordare, di Madeleine e Georges de Scudéry, *Les femmes illustres ou les harangues héroïques* (1642), e di Pierre Corneille, la *Sophonisbe* (1663).

[21] Cfr. Cosentino 2006.

[22] Cfr. Gallo 2005, pp. 17-61.

boni (1710) e poi di Alfieri (1789)[23], e persino presso la novellistica bandelliana (I, 41). Non meno importanti infiltrazioni traspaiono, peraltro, anche dalla *Liberata* tassiana, nel cui ordito la vicenda di Rinaldo e Armida, come si è recentemente dimostrato, riflette *per speculum* petrarchesco la vicenda di Massinissa e Sofonisba[24].

La novità, o, se si vuole, il sovvertimento della tradizione, è che Pulci dà voce a Massinissa, all'eroe, ovverosia, che di fatto incarna e rappresenta le straordinarie *virtutes* di Scipione: viene così a definirsi una sorta di *mise en abyme* che adombra una triangolazione a distanza tra il condottiero del mondo antico, l'esule poetante e Lorenzo. Sull'esemplarità dell'amicizia tra Massinissa e Scipione già Petrarca si era soffermato (*Vita Scipionis* IV 46-47): ma più ancora l'umanista trecentesco si era impegnato nella costruzione del mito scipionico[25], tant'è che dell'eroe *invictus* frequenti affiorano gli elogi non solo dalla produzione trionfale, ma pure dall'opera latina, dal *corpus* epistolare al *De vita solitaria* al *De otio* e alle *Invective*. Il mito, di fatto, godrà di ampia fortuna nei decenni successivi e molto peso gli sarà attribuito nell'animata *quaestio de ducibus* che si prolungherà fino al Cinquecento[26]: va però detto che contestualmente all'affermazione medicea presso il comune fiorentino, alla figura di Scipione vengono riconosciute forti connotazioni di tipo repubblicano nel nome del suo trionfo su uno dei più temuti avversari dello stato romano e, d'altro canto, alla stessa figura vengono accreditate qualità umane di pietosa ispirazione, a corollario, in qualche misura, di talune gesta eroiche tramandate dalla penna liviana (la difesa del padre durante la battaglia del Ticino contro Annibale e il giuramento patriotti-

[23] Cfr. Cipriani 2013, pp. 55-75.

[24] Cfr. Macinante 2014, pp. 559-579.

[25] Cfr. Crevatin 1977.

[26] Cfr. Caputo 2007, Canfora 2014, Favaro 2014, Fera 2014.

co dei giovani romani a seguito della celebre rotta di Canne: episodi a cui guarderanno anche i *Discorsi* machiavelliani)[27]. La parabola di Scipione si conclude tuttavia nel segno dell'ingratitudine e del volontario esilio a Literno. Nell'insofferenza ai vincoli dell'istituzione repubblicana e nell'incapacità di porre un freno alle ambizioni di orientamento monarchico la carriera di uno dei più grandi uomini del mondo antico ha conosciuto un repentino tramonto.

Se Scipione è misura paradigmatica della storia universale e degli eventi, il pensiero di Pulci corre alla storia *particulare* e in quest'ottica affida all'epistola il monito al principe. Col richiamo al *memento mori*, al *sic transit gloria mundi* (vv. 49-51) e all'instabilità della fortuna (v. 64) il poeta si appella al ruolo di precettore che la tradizione umanistica gli conferisce. Le *Pìstole*, che racchiudono diffusamente ammaestramenti, trascendono il primo obiettivo – quello della grazia impetrata – e annunciano messaggi di più esteso orizzonte. Luca rientra a Firenze solo nel 1468: sopravvive, sì, al principe, ma, come si è visto, non sopravvive al rovesciamento di fortuna.

## Bibliografia

Bartuschat 2000 = J. Bartuschat, *Sofonisba e Massinissa. Dall'Africa e dal De viris ai Trionfi*, in AttiConv *Petrarca e i suoi lettori*, a cura di V. Caratozzolo e G. Güntert, Ravenna 2000, pp. 109-141.

Battera 1993 = F. Battera, *Sulla Pìstola di Polifemo a Galatea: primi appunti*, «Comparaison» 2, 1993, pp. 35-64.

Battera 1996 = F. Battera, *Le Pìstole di Luca Pulci e la formazione culturale del giovane Lorenzo*, in AttiConv *Lorenzo The*

[27] Cfr. Liv. XXI 46 e XXII 53.

*Magnificent. Culture and Politics (London and Warwick 1992)*, London 1996, pp. 177-190.

BERNARDO 1962 = A.S. BERNARDO, *Petrarch, Scipio and the "Africa"*, Baltimora 1962.

BISCONTI 2000*a* = D. BISCONTI, *La Pìstola I de Luca Pulci entre louange courtisane et poésie pastorale*, «Chroniques italiennes» 63-64, 2000, pp. 119-138.

BISCONTI 2000*b* = D. BISCONTI, *Ovide dans les Pistole de Luca Pulci : l'allégorie au service de la moralisation de la littérature érotique*, «Arzanà» 6, 2000, pp. 139-173.

CANFORA 2014 = D. CANFORA, *L'immagine di Scipione nella letteratura politica umanistico-rinascimentale*, in AttiConv *Scipione l'Africano. Un eroe tra Rinascimento e Barocco (Roma 2012)*, a cura di W. Geerts, M. Caciorgna e C. Bossu, Milano 2014, pp. 193-202.

CAPPELLI 2005 = G.M. CAPPELLI, *Petrarca e l'Umanesimo politico del Quattrocento*, «Verbum» 7.1, 2005, pp. 153-175.

CAPUTO 2007 = V. CAPUTO, *Un transfert cinquecentesco: Scipione l'Africano*, «Quaderni d'Italianistica» 2, 2007, pp. 89-102.

CARRAI 1985 = S. CARRAI, *Le muse dei Pulci. Studi su Luca e Luigi Pulci*, Napoli 1985.

CARRAI 1993 = S. CARRAI, *La lirica toscana nell'età di Lorenzo*, in M. SANTAGATA – S. CARRAI, *La lirica di corte nell'Italia del Quattrocento*, Milano 1993, pp. 96-145.

CIPRIANI 2013 = G. CIPRIANI, *Sub specie Didonis. Sofonisba, il teatro e la sete di 'grandeur'*, in *Le chiavi del mito e della storia*, a cura di G. Cipriani e A. Tedeschi, Bari 2013, pp. 55-75.

COSENTINO 2006 = P. COSENTINO, *Tragiche eroine. Virtù femminili fra poesia drammatica e trattati sul comportamento*, «Italique» 9, 2006, pp. 65-99.

CREVATIN 1977 = G. CREVATIN, *Scipione e la fortuna di Petrarca nell'Umanesimo (un nuovo manoscritto della collatio inter Scipionem Alexandrum Hanibalem et Pyrrum)*, «Rinascimento. Rivista dell'Istituto di Studi sul Rinascimeto» 17, 1977, pp. 3-30.

De Maldé 2003 = V. De Maldé, *Fortuna elegiaca della Liberata*, in *Sul Tasso. Studi di filologia e letteratura italiana offerti a Luigi Poma*, a cura di F. Gavazzeni, Roma-Padova 2003, pp. 161-194.

Favaro 2014 = M. Favaro, *Il migliore di tutti i tempi? Scipione e il dibattito cinquecentesco sul più grande condottiero della storia*, in AttiConv *Scipione l'Africano. Un eroe tra Rinascimento e Barocco (Roma 2012)*, a cura di W. Geerts, M. Caciorgna e C. Bossu, Milano 2014, pp. 203-213.

Feo 1994 = M. Feo, *L'epistola come mezzo di propaganda politica in Francesco Petrarca*, in AttiConv *Le forme della propaganda politica nel Due e Trecento (Trieste 1993)*, a cura di P. Cammarosano, Roma 1994, pp. 203-226.

Fera 2014 = V. Fera, *Petrarca e Scipione*, in AttiConv *Scipione l'Africano. Un eroe tra Rinascimento e Barocco (Roma 2012)*, a cura di W. Geerts, M. Caciorgna e C. Bossu, Milano 2014, pp. 131-154.

Filosa 2015 - 2016 = E. Filosa, *Motivi anti-tirannide e repubblicani nel* De mulieribus claris, «Heliotropia» 12-13, 2015-2016, pp. 165-187.

Gallo 2005 = V. Gallo, *La scena della morte. La 'Sofonisba' di Trissino*, in V. Gallo, *Da Trissino a Giraldi. Miti e topica tragica*, Manziana 2005, pp. 17-61.

Heijkant 1999 = M.-J. Heijkant, *«E' ti saluto con amore». Messaggi amorosi epistolari nella letteratura arturiana in Italia*, «Medioevo romanzo» 23.2, 1999, pp. 277-298.

La Penna 1995 = A. La Penna, *Aspetti della presenza d'Ovidio nella 'Gerusalemme liberata'*, in AttiConv *Aetates virgiliane. Lettori di Ovidio dall'antichità al rinascimento (Salerno e Fisciano 1993)*, a cura di I. Gallo e L. Nicastri, Napoli 1995, pp. 293-321.

Longhi 2001 = S. Longhi, *Lettere a Ippolito e a Teseo* in S. Longhi, *Le memorie antiche. Modelli classici da Petrarca a Tassoni*, Verona 2001, pp. 49-66.

Macinante 2014 = A.P. Macinante, *Tra le fonti tassiane: Africa e Liberata*, «Lettere Italiane» 66, 4, 2014, pp. 559-579.

MARTELLI 1996 = M. MARTELLI, *Letteratura fiorentina del Quattrocento. Il filtro degli anni Sessanta*, Firenze 1996.

MASSELLI 2012 = M.G. MASSELLI, *Amore captivae victor captus: Liv. 30,12-15. Saggio di commento*, Foggia 2012.

ORVIETO 1979 = P. ORVIETO, *Boccaccio mediatore di generi o dell'allegoria d'amore*, «Interpres» 2, 1979, pp. 7-104.

ORVIETO 2017 = P. ORVIETO, *Pulci. Luigi e una famiglia di poeti*, Roma 2017.

PERUGI 1989 = M. PERUGI, *Chiose gallo-romanze alle Eroidi: un manuale per la formazione letteraria del Boccaccio*, «Studi di filologia italiana» 47, 1989, pp. 101-148.

ROSSI 1993 = L. ROSSI, *Presenze ovidiane nel Decameron*, «Studi sul Boccaccio» 12, 1993, pp. 125-137.

VECCHI GALLI 2003 = P. VECCHI GALLI, *Percorsi dell'elegia quattrocentesca in volgare*, in AttiConv *L'elegia nella tradizione poetica italiana (Trento 2000)*, a cura di A. Comboni e A. Di Ricco, Trento 2003, pp. 37-79.

VOCE 2008 = F. PETRARCA, *Africa. Libro V. Commento*, a cura di S. Voce, Cesena 2008[2].

Frontespizio delle *Epistole* di Luca Pulci (Siena, Symione di Niccolo & Giouanni di Alixandro librai, 1512). Esemplare custodito presso la Bibliothèque Municipale de Lyon.

Francesca Veronese

# LA PATAVIUM DI TITO LIVIO: UNA CITTÀ IN TRASFORMAZIONE

Secondo quanto tramandano le fonti, Tito Livio nacque a *Patavium* nel 59 a.C. e a *Patavium* sarebbe morto nel 17 d.C., dopo aver trascorso gli anni centrali della sua vita a Roma, entrando a far parte della cerchia dell'imperatore Augusto, di cui divenne amico personale[1].

Una città, *Patavium*, le cui origini affondano all'inizio del I millennio, quando nel nord est della penisola andava configurandosi la cultura dei Veneti antichi. Qui, nell'area pianeggiante di quel territorio che Tito Livio definirà *Venetorum angulus*[2], l'insediamento si sviluppa all'interno dell'ansa e

[1] Luogo, anno di nascita e di morte di Tito Livio sono stati ampiamente dibattuti fin dall'antichità. La sua provenienza da *Patavium* è stata un tratto caratterizzante, tanto che una "certa *patavinitas*" gli è stata attribuita già dai contemporanei. Sul significato e le implicazioni del termine *patavinitas* si rinvia a Baldo – Cavaggioni 2015 con bibliografia. Inutile dire, tuttavia, che dal sottosuolo di *Patavium* nulla è emerso a comprovare con certezza la presenza dello storico o della *gens Livia* in città. Il solo dato che gli storici hanno ricondotto alla famiglia di Livio, sia pure non con certezza assoluta, è l'iscrizione funeraria *CIL* V, 2975, murata dal XV secolo nell'androne di Palazzo Emo Capodilista, ora Tabacchi, in corso Umberto I. Si veda sull'argomento Bassignano 2015, pp. 54-55. La provenienza di Livio da Padova ha comunque lasciato nel tempo molti segni in città, come ben descrive Bodon 2017.

[2] Liv. V 33, 10.

della successiva controansa di un fiume, il *Meduacus*, che, proprio grazie a quest'andamento sinuoso, ne costituiva da un lato, lungo l'asta ascendente, il confine naturale, dall'altro lo divideva in due parti con quella discendente[3] (*fig. 1*). Gradualmente l'insediamento diviene una protocittà e poi una vera e propria città veneta, assumendo – per lo meno dal VI secolo a.C. – il nome di *Patava*[4].

A partire dal II secolo a.C. tutto il territorio allora configurato come provincia della Gallia Cisalpina, viene inglobato nell'orbita di Roma, andando incontro a un radicale processo di trasformazione culturale con riflessi in ambito politico e sociale[5]. Le tappe sono scandite dalla costruzione delle grandi arterie viarie con cui Roma rende visibile la sua presenza nei territori di recente conquista[6]: dal 174 il territorio dei Veneti viene solcato dalla via che univa Bologna ad Aquileia; quindi dalla Postumia, chc dal 148 collegava Genova ad Aquileia e, infine, dalla via Annia, che a partire dalla metà del II secolo a.C. collegava un capolinea meri-

[3] Tosi 2002, pp. 90-91. Di un *flumen oppidi medium*, ovvero di un fiume che scorre al centro della città, parlerà molti secoli dopo proprio Tito Livio, nel solo affondo dedicato alla sua città natale (X, 2) su cui si avrà modo di tornare nel prosieguo. Con questa definizione egli coglie con straordinaria efficacia la principale caratteristica topografica della città.

[4] Toponimo ipotizzato a partire dal recente rinvenimento, nel santuario altinate in località Fornace, di una laminetta votiva (VI secolo a.C.) in cui un devoto si autodefinisce in base al luogo di provenienza: *patavnos*, patavino appunto. Sul reperto e sulle sue implicazioni si rinvia a Marinetti 2013. Quadro di sintesi in Braccesi – Veronese 2013, p. 171.

[5] Le dinamiche, le modalità e i protagonisti di un fenomeno tanto rapido quanto complesso quale fu la romanizzazione sono a tutt'oggi delineati solo parzialmente. Si rinvia pertanto, per una visione generale, a Bandelli 2009, Di Filippo Balestrazzi 2013; per una visione più specifica sulla realtà di *Patavium* Di Filippo Balestrazzi 2015.

[6] Ineludibile il riferimento a Bosio 1991; per un quadro di sintesi si rinvia a Braccesi – Veronese 2014, p. 11 ss. con bibliografia.

dionale di incerta identificazione, posto molto probabilmente a sud di Adria[7], con Aquileia, passando per Padova, Altino e Concordia[8]. Nel corso del I secolo a.C. Padova viene poi collegata ad Asolo con la via Aurelia, destinata a proseguire lungo la valle del Piave e nelle aree transalpine. Le grandi strade divengono a loro volta il perno di una viabilità minore e del sistema delle centuriazioni che, con i *cardines* e i *decumani*, incidono profondamente sull'aspetto del territorio e lo modificano in modo a volte permanente[9].

Dal punto di vista istituzionale, i momenti cruciali del processo di romanizzazione delle comunità transpadane, inclusa quindi la città di Padova, sono due. Il primo è identificabile nell'89 a.C., anno in cui viene loro riconosciuto lo *ius Latii*: non una vera cittadinanza romana, ma un passaggio preliminare fondamentale per arrivarvi. Il secondo è il periodo 49-42 a.C. che vede il conferimento, con la *lex Roscia*, della *civitas optimo iure*, ovvero della vera e propria cittadinanza romana e il venir meno dell'antica provincia della Gallia Cisalpina[10]. In questo processo Padova, da colonia di diritto latino, diviene *municipium optimo iure* ed è ascritta alla tribù Fabia. L'ordinamento amministrativo dei *municipia* viene determinato dalla *lex Iulia municipalis* del 45 a.C. e non si può escludere che proprio a questa legge faccia riferimento un'iscrizione rinvenuta a Padova nel XVII secolo,

[7] Donati 2009.

[8] Se incerto è capolinea meridionale dell'Annia, non sicura è anche la sua datazione, che si attesta comunque intorno alla metà del II secolo a.C. Su questi aspetti si rinvia a *Via Annia* 2009 e *Via Annia II* 2011. Il progetto di recupero e valorizzazione di questo tracciato, avviato nel 2004 e che ha riportato l'attenzione di studiosi e grande pubblico sull'antico tracciato, è delineato in Veronese c.s.

[9] Ciò è ben testimoniato dalla persistenza del 'graticolato' romano ancora oggi esistente a nord-est di Padova. A questo proposito si rinvia a *Antico e sempre nuovo* 2013.

[10] Veronese 2015, p. 114, con bibliografia.

nei pressi del monastero di San Pietro (*CIL* V, 2864), oggi conservata presso il Museo Archeologico[11].

Nel corso del I secolo a.C. anche Padova va incontro a un radicale cambiamento di identità: sul piano urbanistico, culturale e sociale da città dei Veneti si trasforma in città romana. Il cambiamento avviene però senza traumi, in modo progressivo. Non vi sono dati, sul fronte archeologico, che lascino pensare a un momento rifondativo, atto a segnare il passaggio da una fase all'altra, ma vi sono molti indizi che suggeriscono un graduale adattamento della vecchia città dei Veneti alle nuove necessità indotte dall'arrivo dei Romani. A partire dagli aspetti urbanistici: salvo poche eccezioni, infatti, nella città romana persistono gli orientamenti delle strutture e delle infrastrutture protostoriche. Indizio, questo, della funzionalità dell'impianto urbano preromano che, nel processo di trasformazione, non si ritiene necessario alterare nelle sue linee di fondo[12].

A cambiare sono invece le tecniche costruttive e i materiali[13]: vengono via via abbandonati i materiali deperibili, che avevano caratterizzato le diverse fasi di sviluppo della città protostorica, e vengono scelti materiali duraturi, funzionali alle nuove tecniche costruttive, nella logica dell'*aedificatio ex solidis rebus* tipica delle città romane[14]. Questi erano, del resto, molto più adatti a conferire ai centri urbani quella *publica magnificentia* che già caratterizzava Roma e che le altre città andavano assumendo mano a mano che entravano nella sua orbita. In questo momento di trasformazione vengono realizzati i primi interventi di pianificazione urbanistica, con la costruzione di strade pavimentate e infrastrutture, quali la rete fognaria e un acquedotto, e con

[11] Bassignano 2016, p. 168 ss.; da ultima Veronese 2015, p. 114.

[12] Quadro in Veronese 2015, p. 114, con bibliografia analitica.

[13] Bonetto *et alii* 2019.

[14] Tosi 2002, p. 90 ss.

la bonifica di aree umide, in precedenza incolte, sia nel centro della città, sia in zone periferiche[15]. In tal modo si ottengono nuovi spazi per ampliare l'abitato, per costruire edifici pubblici, per ingrandire le necropoli. La città si dota altresì di edifici monumentali destinati alle pratiche cultuali, alla socializzazione e allo svago.

Nelle aree a destinazione pubblica vengono costruiti gli edifici atti a ospitare le magistrature del *municipium*: le nuove tipologie architettoniche fanno quindi la loro comparsa soprattutto nel settore centro-orientale dell'*insula* delimitata dal fiume, nei pressi dell'attuale Caffè Pedrocchi, laddove era situato il cuore politico-amministrativo della città romana (*fig. 1*). Qui dovevano infatti trovarsi il foro, la basilica forense[16], probabilmente il *capitolium* e tutte le sedi istituzionali[17]. Dal punto di vista archeologico, è questo un punto nevralgico, caratterizzato da un complesso palinsesto solo parzialmente conservato e conosciuto: pochissimi i ritrovamenti *in situ*; in questa zona, infatti, la frequentazione non è mai venuta meno, con conseguente obliterazione delle fasi più antiche e con l'impossibilità, oggi, di realizzare indagini archeologiche su scala non 'puntiforme'. L'area è stata oggetto di attenzione soprattutto in passato, tra l'Ottocento e i primi del Novecento, quando in più punti vennero realizzati sterri e scavi, ma non in epoche più recenti. Si tratta quindi di un'area di difficile lettura, sulla cui articolazione effettiva e sul cui sviluppo persistono tuttora molte incertezze interpretative[18].

---

[15] Bonifiche e drenaggi realizzati con anfore sono stati ripetutamente individuati nel sottosuolo della città. Per un quadro di sintesi si rinvia a VERONESE 2015, p. 115, con bibliografia analitica relativa ai ritrovamenti.

[16] TOSI 1994*a*, pp. 56-60 con ipotesi sulle diverse fasi costruttive a partire dalle caratteristiche stilistiche dei capitelli.

[17] BASSIGNANO 1981; quadro ripreso e aggiornato dal punto di vista archeologico in VERONESE 2010.

[18] Per considerazioni su ubicazione e sviluppo planimetrico del foro, si veda, da ultima, VERONESE 2010.

Non meno complessa è la situazione sull'opposto versante di piazza Cavour, dove interventi di scavo, anche in questo caso piuttosto datati, hanno riportato alla luce molto materiale lapideo in stato frammentario, ma anche fosse di fondazione di pilastri, strati pavimentali e lacerti di strada basolata (*fig. 2*), sistemi di murature in laterizio e materiale fittile riferibile a un ampio orizzonte cronologico. Sebbene non ci siano elementi per delineare con chiarezza l'articolazione dell'area, l'insieme dei dati ha permesso di ipotizzare per questo versante una connotazione più mercantile, con la presenza di una monumentale struttura porticata (*fig. 3*), forse un *macellum*, correlata al vicino porto fluviale e in dialogo con la realtà posta al di là del fiume dove, in corrispondenza della zona compresa tra piazza Antenore, via del Santo e via San Francesco, sorgeva molto probabilmente un sistema di *horrea* per lo stoccaggio delle merci gravitanti sul porto[19]. Porto che, in questo periodo, diviene il punto di forza dell'economia patavina, conoscendo a sua volta un'importante fase di monumentalizzazione: vengono infatti costruite banchine e 'pietrificati' i ponti posti a delimitazione dell'area portuale[20], ovvero il ponte San Lorenzo a sud, considerato tuttora un capolavoro di ingegneria per il rapporto tra larghezza delle arcate e altezza, e, circa 300 metri più a nord, il ponte Altinate, oggi del tutto scomparso alla vista in seguito al tombinamento del Naviglio Interno realizzato nel corso del Novecento[21],

---

[19] Veronese 2015, pp. 119-120, con bibliografia analitica.

[20] Per una lettura complessiva dei ponti romani di Padova si rinvia al lavoro fondamentale di Galliazzo 1971. Se questi sono i due ponti posti a delimitazione del porto fluviale, non va dimenticato che la città, sviluppatasi all'interno del meandro del *Meduacus*, era dotata di un vero e proprio sistema di ponti, molti dei quali proprio nella fase di passaggio tra tarda età repubblicana ed età augustea vengono costruiti in pietra dopo essere stati per secoli in legno.

[21] Per un aggiornamento sul ruolo giocato dal porto fluviale, sulla sua scomparsa e sulle polemiche innescate dalla politica dei tombinamenti

ma ancora in parte conservato sotto il piano stradale e certo meritevole di recupero e valorizzazione (*fig. 4*)[22].

I pochi elementi architettonici sopravvissuti, oggi esposti nel lapidario del Museo Archeologico cittadino, testimoniano come gli edifici dell'area pubblica, sia quelli presenti nella parte a vocazione istituzionale, sia quelli dislocati nella parte a destinazione più commerciale, fossero eleganti e sfarzosi, realizzati in solida trachite euganea nelle parti portanti, ma rivestiti di pregiati marmi di provenienza italica, egea e microasiatica. A contrassegnarne l'eleganza lo stile 'corinzieggiante' dei capitelli (*fig. 5*), una variante dell'ordine corinzio canonico arricchita di esuberanti elementi vegetali, per la quale sono state ipotizzate sia un'ascendenza ellenistica, sia la presenza in città di maestranze specializzate[23].

Ma non è solo l'area destinata alla vita pubblica a conoscere un'esplosione monumentale: anche l'abitato si amplia e se ne intensifica il tessuto, dapprima nelle aree centrali e progressivamente in quelle più periferiche. Molte aree inizialmente a destinazione artigianale vengono riconvertite in zone residenziali: si moltiplicano le *domus*, abitazioni monofamiliari di prestigio, e sorgono le *insulae*, abitazioni a più piani necessarie a fronteggiare l'incremento demografico. Di entrambe queste realtà oggi vi è ancora una conoscenza limitata; ciò che si può però affermare è che per le abitazioni più prestigiose le poche tracce individuate lascia-

---

novecenteschi si veda Vigoni 2018.

[22] Spetta al Gruppo Speleologico del CAI di Padova il merito di aver 'riscoperto' il ponte Altinate nell'ambito del *Progetto Padova Sotterranea* e di aver tempestivamente coinvolto il Comune in un'esplorazione preliminare dell'arcata esistente (ottobre 2017). Oggi entrambi i ponti romani posti a delimitare il porto fluviale sono oggetto di studio nell'ambito di una convenzione che vede protagonisti il Comune (Musei Civici), l'Università e la Soprintendenza, con l'intento di far progredire gli studi sulla Padova romana e di valorizzare quanto di essa ancora si conserva.

[23] Tosi 1994*a*, p. 61 ss.

no pensare a planimetrie complesse e alla compresenza di tecniche costruttive tradizionali e di soluzioni tipicamente romane. Sono inoltre attestati impegnativi apparati decorativi sia pavimentali, sia parietali, realizzati con grande accuratezza su modelli di area centro-italica e campana, rielaborati però in modo autonomo e originale[24].

In questo quadro ben si comprende come le fonti non esitino e definire *Patavium* città *opulentissima*[25] e popolosa, caratterizzata da un'economia vivace e da una numerosissima classe di cavalieri, tanto da essere considerata la città più importante dell'intera regione[26]. Dati fondamentali per comprendere una realtà che ha lasciato sul terreno poche tracce; una realtà di tutto rilievo, storico e politico, se si considera che *Patavium* era la sola città dell'Italia romana a vantare origini comuni a quelle di Roma[27]. Ciò che oggi appare paradossale è come quasi nulla di monumentale si conservi a vista della città *opulentissima* ricordata dalla tradizione letteraria. Una scomparsa radicale, cui non furono

---

[24] Il quadro è qui tracciato a partire dai tanti scavi urbani condotti dalla Soprintendenza in particolare negli anni 1990-2014, regolarmente pubblicati nei «Quaderni di Archeologia del Veneto» e in «Notizie di Archeologia del Veneto». Un quadro analitico dei ritrovamenti è stato tracciato in Veronese 2015, pp. 115-117, con riferimenti bibliografici.

[25] Pompon. Mela II 4, 60.

[26] Strabone (V 1, 7-12) descrive la popolosità e la floridezza economica della città, sottolineando come vantasse ben cinquecento cavalieri «in occasione dell'ultimo censimento». Il riferimento è molto probabilmente al censimento indetto da Augusto nel 14 d.C. Su questi aspetti si rinvia a Raviola 2015.

[27] Braccesi – Veronese 2014, p. 26 ss. Padova e Roma hanno conosciuto una lunga sintonia, ben documentata in ambito letterario, e proprio in età augustea Virgilio e Tito Livio hanno riattualizzato la leggenda della comune discendenza delle due città da sangue troiano: l'una fondata da Antenore, l'altra da Enea, entrambi esuli in seguito alla guerra di Troia. *Patavium* dunque, fondata da Antenore e patria di Livio, era nel panorama del mondo italico una città di notevole importanza.

estranei i dissesti climatici, e i conseguenti disalveamenti fluviali, di cui le fonti letterarie conservano memoria per il periodo tardoantico[28]. Eventi naturali a cui si aggiunsero le invasioni barbariche, in particolare quella dei Longobardi che, nel 601, misero a ferro e fuoco ciò che ancora sopravviveva dell'antica *Patavium*, decretandone la fine. A tutto questo vanno aggiunte le distruzioni finalizzate al reimpiego di materiali da costruzione, scandite nel tempo, ma inesorabili nel loro procedere: molti sono gli edifici della città romana – il teatro e l'anfiteatro, per non fare che due esempi eclatanti – i cui elementi sono stati riconosciuti all'interno di strutture costruite successivamente[29].

Nel clima di cambiamento politico e culturale della seconda metà del I secolo a.C. a Padova nasce dunque Tito Livio. A ben vedere allora la città non era ancora romana, ma era parte dell'antica provincia della Gallia Cisalpina. La trasformazione era però ormai all'orizzonte e Tito Livio, nato in Cisalpina ma massima espressione della cultura romana, ne è testimone diretto.

Della storia di Padova, nell'opera di Livio, non c'è però molto: nulla che aiuti a comprenderne la storia e l'evoluzione; nemmeno un riferimento diretto alla sua fondazione da parte di Antenore: nell'*incipit* dell'*Ab Urbe condita* Livio afferma, infatti, che «è innanzitutto abbastanza noto che caduta Troia, furono sterminati tutti gli altri Troiani; su due di essi, Enea e Antenore, i Greci non esercitarono alcun diritto di guerra [...] dopo varie vicende, Antenore con gran seguito di Eneti [...] giunse fino alla più interna insenatura del mare Adriatico. Eneti e Troiani [...] occuparono quella con-

[28] Paolo Diacono (*Hist. Lang.* III 23) ricorda il grande diluvio «quale post Noe tempora creditur non fuisse» che si abbattè sulle Venezie nel 589, determinando la 'rotta della Cucca', ovvero il disalveamento dell'Adige. In quell'occasione il disastro fu tale da cambiare l'assetto idrografico di una buona parte del territorio veneto.

[29] BROGIOLO 2011.

trada [...]. Profugo dalla patria dopo la stessa rovina, ma guidato dai fati a fondare una maggiore potenza, Enea dapprima giunse in Macedonia, poi cercando una sede approdò in Sicilia e dalla Sicilia per via di mare si diresse verso il territorio di Laurento [...]. Fu resa più certa nei Troiani la fiducia di poter termine finalmente all'errare in una stabile e sicura sede, fondarono una città che Enea dal nome della moglie chiamò Lavinio»[30]. In queste parole di Livio la fondazione di Padova è solo adombrata, per quanto anteposta a quella di Roma; per averne esplicita testimonianza bisogna ricorrere ai versi di Virgilio, secondo cui Antenore «qui pose la città di Padova e la sede / dei Teucri [...]: ora riposa composto in placida pace»[31]. Del resto, il silenzio di Livio in questo frangente ben si comprende pensando al suo ruolo di storico ufficiale del regime augusteo e a come ragioni di opportunità politica sconsigliassero di dar maggior evidenza a Padova che a Roma[32].

Un solo episodio, nella monumentale opera liviana, ha per sfondo Padova e, sia pure tra le righe, la narrazione offre qualche indizio per comprendere alcuni aspetti di quell'evoluzione urbanistica di fine I secolo a.C. finora tratteggiata. Si tratta di un episodio di storia squisitamente locale, narrato da Livio con accenti epici, che vede i Patavini protagonisti di un'azione contro Cleonimo, comandante spartano alla te-

---

[30] Liv. I 1, 1-11.

[31] *Aen.* I, 247-249. Questi versi hanno sollecitato ripetutamente, nel corso dei tempi, la riflessione degli studiosi su dove potesse essere ubicato, a *Patavium*, il sepolcro di Antenore, padre fondatore della città. Sebbene in epoca medievale-umanistica una 'tomba di Antenore' sia stata eretta nella piazzetta omonima, davanti alla Prefettura, si può ipotizzare che in epoca antica, e soprattutto nel periodo qui analizzato, che vede una riattualizzazione del mito fondante da parte di Livio e Virgilio, il sepolcro di Antenore potesse essere ubicato nel foro, luogo simbolico preposto a ospitare i monumenti della memoria. Si veda a questo proposito Braccesi – Aeronese 2014, p. 46 ss.

[32] Su questi aspetti si rinvia a Braccesi 2017, p. 14 ss.

sta di un gruppo di mercenari, proiettato a cercare fortuna nelle terre dell'alto Adriatico. L'episodio è datato al 301 a.C. Secondo quanto Livio tramanda[33], Cleonimo, giunto *ad litora Venetorum* dopo una perigliosa risalita dell'Adriatico, viene a sapere dai suoi esploratori dell'esistenza di una laguna, nei cui pressi era situata la foce di un fiume molto profondo – il *Meduacus* – oltre la quale si estendeva un territorio pianeggiante su cui si innalzavano dei colli[34]. Cleonimo dà quindi ordine ai suoi di risalire il fiume: entrati con le navi e sbarcati nei territori limitrofi, i mercenari iniziano a razziare i *maritimi Patavinorum vici*. Non appena la notizia giunge a *Patavium*, i Patavini, che a causa della minaccia dei Galli erano sempre in allerta[35], dividono la *iuventus* in due schiere: una prima schiera viene mandata contro i nemici che si erano dati al saccheggio, l'altra alle navi che erano rimaste ancorate. Navigando rapidamente su agili navi a fondo piatto, adatte alla navigazione fluviale – *fluviatiles naves* – i Patavini riescono ad avere la meglio sui Greci, la cui flotta rimane incagliata e viene data alle fiamme. I Greci vengono così in parte uccisi e in parte fatti prigionieri. Cleonimo è costretto alla fuga con appena il quinto della flotta superstite e i Patavini ritornano vincitori:

> *rostra navium spoliaque Laconum, in aede Iunonis veteri fixa, multi supersunt qui viderunt Patavi. Monumentum navalis pugnae eo die quo pugnatum est quotannis solemni certamine navium in oppidi medio exercetur.*

---

[33] Liv. X 2. L'episodio di Cleonimo è analizzato in tutti i suoi aspetti da Braccesi 2017.

[34] Liv. X 2, 5: [...] *cum audisset tenue pretentum litus esse, quod transgressis stagna ab tergo sint inrigua aestibus maritimis, agors haud procul [proximos] campestres cerni, ulteriora colles videri* [...].Immagini di straordinaria efficacia: per chi conosce il paesaggio della laguna veneta, la descrizione ha la nitidezza di una fotografia. I *colles* sono, naturalmente, gli Euganei.

[35] Veronese 2017.

I Patavini dunque, avuta ragione di Cleonimo, appendono i rostri e il bottino sottratto agli Spartani in un antico tempio di Giunone: ci sono molti, a Padova, che lo videro.

Da queste parole di Livio è lecito ipotizzare che, nei primi decenni del I secolo a.C., dovesse ancora esistere a Padova quell'antico tempio di Giunone – *aedes Iunonis vetus* – nel quale erano stati consacrati i rostri delle navi e le spoglie sottratte agli Spartani di Cleonimo: se nel 301 doveva configurarsi come il tipico santuario veneto a cielo aperto, delimitato da segnacoli, all'epoca di Livio doveva essere invece una struttura edificata. Lo storico sembra non avere dubbi e anzi afferma, a ribadire la veridicità di quanto sostenuto, che ancora ai suoi tempi c'erano molti testimoni che avevano visto quel bottino nel tempio della dea: cioè *multi supersunt qui viderunt*. Costoro avevano visto una realtà che, da come si esprime lo storico, alla sua epoca sembra già non esserci più. Se, come è stato affermato, Tito Livio ha scritto la prima decade della sua opera, in cui è inserito l'episodio di Cleonimo, tra gli anni 30 e 20 del I secolo a.C.[36], si può forse pensare che nella prima metà del I secolo a.C. l'*aedes vetus* dovesse essere ancora esistente, mentre non lo fosse più nella seconda metà del secolo. In mancanza di dati, è possibile ipotizzare che sia stato distrutto: un incendio, uno straripamento del fiume, un terremoto potrebbero esserne stati la causa. Ma a ben vedere, però, altra potrebbe essere la ragione della sua scomparsa. Non si può non ricordare, infatti, come il I secolo a.C. sia stato per *Patavium* il momento dei radicali cambiamenti innescati dal processo di romanizzazione e come, tra questi, vi sia stato il riassetto urbanistico e monumentale della città. La scomparsa dell'*aedes vetus* ben si potrebbe inserire in questa dinamica: potrebbe quindi non trattarsi di una distruzione accidentale, quanto di un'intenzionale trasforma-

[36] Datazione riportata in Tosi 1994*b*, p. 269.

zione dell'antica struttura di culto in un'*aedes nova*, in un nuovo tempio, nella logica del rinnovamento edilizio del periodo di romanizzazione.

A rileggere con attenzione le parole di Livio sembra, infatti, di potere cogliere due distinte fasi della vita della città: sullo sfondo la città preromana, con il suo vecchio tempio e con analoghe costruzioni in materiali deperibili; in primo piano la città romana con i suoi nuovi monumenti lapidei e le nuove tipologie architettoniche. Un cambiamento avvenuto in modo così rapido da essere degno di sottolineatura da parte dei testimoni oculari.

Dove fosse situato l'antico tempio di Giunone, come fosse realizzato, quando esattamente fosse andato distrutto, e quando ricostruito, non è possibile precisare se non procedendo per ipotesi, dato che il sottosuolo del centro-città non ha restituito alcuna traccia riconducibile a una struttura templare arcaica, di IV-III secolo a.C., né a strutture templari successive[37]. Né ha restituito oggetti votivi in qualche modo riferibili alle reliquie attestate da Livio.

Certo, l'ipotesi più plausibile è che esso si trovasse non lontano dal fiume, visto che l'intera vicenda è ad esso strettamente legata, incluse le celebrazioni annuali che, come si legge nel luogo liviano più sopra riportato, nel giorno della battaglia, vedevano i Patavini impegnati in un solenne *certamen navium* in *flumine oppidi medio*, una sorta di regata espletata in quella parte del «fiume che scorre nel centro della città», quindi, verosimilmente, nella zona portuale: lì il corso d'acqua era ampio infatti circa 40 metri. Proprio

[37] Molte le ipotesi sulla sua ubicazione: Tosi 1992; Tosi 1994*b*; Braccesi – Veronese 2014, pp. 50-53 e, di recente, Cupitò *et alii* 2019. Va peraltro sottolineato che il sottosuolo della città è stato finora molto avaro nella restituzione di elementi legati alla realtà del sacro in generale. A parte ritrovamenti sporadici, la sola struttura templare a oggi nota, databile all'età augustea, è dislocata nel suburbio sud-orientale della città, nei pressi del complesso abbaziale di Santa Giustina: Vigoni 2009.

in quel tratto, in anni non lontani, il rinvenimento di una gradinata curvilinea, prospiciente il corso d'acqua, si è configurato come indizio ulteriore, poiché quella gradinata poteva essere funzionale a ospitare il pubblico, o una parte di esso, durante il *certamen*[38].

Infine, da una zona prossima al *Meduacus*, nel centro della città, è emerso nell'Ottocento un frammento di architrave, decorato con un fregio, ricondotto dalla critica al tempio di Giunone; oggi è conservato nel lapidario del Museo Archeologico[39] (*fig. 6*). Nella piccola parte superstite è raffigurato un coacervo di armi, tipica immagine di ascendenza greco-ellenistica: si vedono, gettati alla rinfusa, schinieri, lance, corazze, tra cui una corazza 'anatomica' di tipo greco, scudi, ruote di carri da guerra e un *carnyx*, la tipica tromba di matrice gallica. L'insieme della raffigurazione rientra in un filone iconografico abbastanza comune che, quando è documentato in un edificio pubblico di carattere monumentale, evoca attraverso le armi accatastate alla rinfusa la vittoria sul nemico. La presenza di elementi greci e gallici ha pertanto suggerito che il fregio potesse appartenere al tempio di Giunone[40], perché il riferimento al nemico sconfitto poteva leggersi come celebrazione della vittoria di Padova sui Greci di Cleonimo, che, come sottolineato da Livio, avevano sferrato l'attacco alla città in connessione a una parallela offensiva celtica.

Stilisticamente, tuttavia, il fregio non si data nell'età di Livio, ma almeno un cinquantennio dopo. Non è dunque attribuibile né all'*aedes vetus*, né all'*aedes nova* sottintesa

---

[38] Sul rinvenimento Ruta Serafini 2002, pp. 57-58.

[39] Il ritrovamento è avvenuto in area attigua all'attuale ginnasio-liceo Tito Livio. Circostanze del ritrovamento e lettura del frammento in Veronese 2017, pp. 125-128.

[40] Ne è sicura Tosi 1992 che, a partire dalle dimensioni della parte rimasta, propende per una sua appartenenza a una struttura edilizia di notevoli dimensioni.

dalla narrazione dello storico, quanto, piuttosto, a una fase ancora successiva.

Per concludere questa nota sulla *Patavium* di Tito Livio, non si può tacere, infine, come in occasione del bimillenario della morte dello storico, nel 2017, la città e le sue istituzioni culturali si siano attivate per non lasciar passare inosservata la ricorrenza e celebrare l'insigne patavino. Comune, Università, Soprintendenza si sono così riunite e in sinergia hanno dato vita a *Livius Noster*, un complesso programma di iniziative finalizzato a far conoscere, a riscoprire o approfondire, la figura di Livio e la sua opera, che si è concretizzato in una serie di eventi rivolti sia al grande pubblico, sia agli studiosi e alla comunità scientifica[41]. Ma con Tito Livio si è voluto riscoprire anche la città in cui egli aveva mosso i suoi primi passi, quella città che ha lasciato di sé poche tracce, molte delle quali oggi sepolte a diversi metri di profondità.

L'attenzione è stata focalizzata, in particolare, sul versante meridionale della città, dove anticamente si stagliava la mole di un edificio monumentale: il teatro, la cui parte superstite è oggi conservata sotto le acque della canaletta che circonda l'Isola Memmia, in Prato della Valle (*fig. 1*). Anticamente situato in prossimità di un importante snodo viario che lo rendeva facilmente raggiungibile in occasione degli spettacoli[42], il teatro si stagliava su un'area pianeggiante e a tratti paludosa oltre la quale, in direzione sud, sorgevano i monumenti funerari della grande necropoli meridionale della città[43].

[41] Il progetto *Livius Noster* è stato coordinato dal Centro Interdipartimentale di Studi Liviani dell'Università di Padova; ha visto il patrocinio della Regione Veneto e il contributo delle Fondazioni CA.RI.PA.RO. e Antonveneta.

[42] Bosio 1986, pp. 37-39. Dati aggiornati sul sistema viario in uscita da Padova verso sud in Bassani 2010, pp. 79-82.

[43] Sui rinvenimenti di anfore, riferibili a opere di drenaggio e consolidamento del terreno, avvenuti nel settore nord-occidentale del Prato della

In occasione del bimillenario liviano si è convenuto di far riemergere dalle acque della canaletta l'antico edificio per studiarlo e rilevarlo alla luce delle nuove tecniche oggi disponibili. Un vero e proprio lavoro di squadra, che ha visto agire in sinergia tutte le istituzioni cittadine: sul fronte tecnico il Settore Edilizia Pubblica del Comune di Padova[44] che, con la collaborazione del Consorzio di Bonifica Bacchiglione-Brenta, ha provveduto alle complesse operazioni preliminari di abbassamento del livello dell'acqua e di salvataggio della copiosa fauna ittica. Un intervento, quest'ultimo, che ha visto agire a fianco del Comune anche la Provincia di Padova e l'Associazione La Sorgente per il recupero e la successiva liberazione nelle acque del Bacchiglione dei circa 5 quintali di pesci abitualmente residenti nelle acque della canaletta (*fig. 7*). Una volta eliminata l'acqua e asportata con pompe idrovore e in parte manualmente l'enorme quantità di sedimenti che ricopriva i resti del teatro, sul fronte scientifico l'indagine archeologica ha visto operare gli archeologi del Dipartimento dei Beni Culturali dell'Università, della Soprintendenza e del Museo Archeologico, coadiuvati sul campo dalla ditta Lares di Venezia (*fig. 8*)[45].

L'esistenza di questa struttura era, in realtà, ben nota a partire da diverse testimonianze letterarie, scandite in un lun-

Valle e nelle zone limitrofe, così come sui ritrovamenti archeologici riferibili alla necropoli meridionale si rinvia al contributo di E. Pettenò in Bonetto *et alii* 2018, pp. 78-87.

[44] Direzione tecnica dei lavori: D. Lo Bosco, F. Fiocco (Comune di Padova, Settore Edilizia Pubblica).

[45] Direzione scientifica dei lavori: J. Bonetto (Università di Padova), E. Pettenò (Soprintendenza ABAP-VE-MET), F. Veronese (Comune di Padova, Settore Cultura, Musei Civici); per la ditta Lares: A. Cherido. Va precisato che, prima di procedere allo svuotamento della canaletta, sono stati realizzati un rilievo topografico di dettaglio dell'area circostante e una serie di prospezioni geofisiche finalizzate a verificare l'eventuale presenza di altre strutture correlate al teatro. Su questi aspetti si rinvia a Deiana – Previato 2018.

go arco cronologico[46]: nel teatro di *Patavium*, ne è testimone Tacito, si era esibito *habitu tragico* il senatore Publio Clodio Trasea Peto in occasione dei *ludi cetasti*, da lui preferiti ai *ludi iuvenalia* indetti da Nerone e perciò causa di un imperdonabile affronto nei confronti dell'imperatore[47]. L'episodio è da porre intorno alla metà del I secolo d.C.: Trasea muore infatti, vittima delle repressioni neroniane, nel 66. La testimonianza è però la conferma, sul piano letterario, che nella *Patavium* della metà del I secolo d.C. il teatro era una realtà operante. Andato in disuso nella tarda antichità, e probabilmente divenuto lo scenario nel quale venivano martirizzati i cristiani[48], l'edificio continuerà ad esistere, sia pure tramutato in cava di materiale lapideo per la costruzione del vicino complesso di Santa Giustina. Fonti d'archivio dell'XI secolo lo definiscono ancora *hedificium magnum* e, sebbene destinato a un progressivo quanto inesorabile smantellamento, della sua esistenza le testimonianze danno conto fino al Cinquecento[49].

I suoi resti sono scomparsi definitivamente dal panorama urbano alla fine del Settecento in seguito all'intervento di Andrea Memmo per la sistemazione del Prato della Valle. Fu allora che il proto ingegnere Angelo Ciotto fece un rilievo delle strutture ancora esistenti (*fig. 9*), rilievo pubblicato

---

[46] Nel dettaglio si rinvia al contributo di F. Veronese in Bonetto *et alii* 2018, pp.87-101.

[47] Tac. *Ann.* XVI, 21, 1. Sui ludi cetasti anche Dio Cass LXII 26, 3-4. La vicenda politica di Trasea Peto, fiero sostenitore della libertà contro la tirannide neroniana, è tratteggiata da L. Braccesi in Braccesi – Veronese 2014, pp. 54-55 e pp. 113-114.

[48] Sorte comune a molti edifici per spettacolo di epoca romana. Nel caso specifico, con l'ipotesi che il teatro sia stato lo scenario nel quale si è svolto il martirio di santa Giustina per opera di Massimiano, si rinvia a Tosi 2006.

[49] Quadro di dettaglio tracciato da F. Veronese in Bonetto *et alii* 2018, pp. 93-94.

circa vent'anni dopo da Simone Stratico, che dell'antico teatro fece un primo accurato studio[50]. Di fatto, il rilievo di Ciotto e lo studio di Stratico sono stati fino ai giorni nostri un punto di partenza imprescindibile, perché la documentazione successiva, conservata negli archivi del Comune e dello Stato, non era comunque esaustiva. Nel corso del Novecento, infatti, la canaletta era stata prosciugata per ragioni di manutenzione in due momenti, nel 1963 (*fig. 10*) e nel 1984, e in entrambe le occasioni vennero fatti rilievi planimetrici e campagne fotografiche delle strutture superstiti, tuttavia non corredati da relazioni[51]. A partire dai dati resi così disponibili, sul finire degli anni Ottanta erano state pubblicate alcune ipotesi sullo sviluppo architettonico della struttura[52], ma molto era ciò che dell'antico teatro, di fatto, ancora si ignorava. A partire dalla sua effettiva datazione, ricondotta all'età augustea a partire da una lettura incrociata dei dati storici e letterari, ma non basata su effettivi riscontri di carattere scientifico.

Farlo riemergere dalle acque della canaletta è stata dunque un'opportunità imperdibile ai fini della ricerca scientifica, ma è stata anche un'occasione di conoscenza di grande importanza per la città, coinvolta in una vera e propria esperienza di "archeologia pubblica" per tutta la durata delle operazioni con visite guidate al cantiere realizzate dagli archeologi impegnati nelle operazioni di ricerca (*fig. 10*)[53].

Oggi, dopo gli studi realizzati nel bimillenario liviano, di questo edificio si conosce molto di più. Delle strutture superstiti esiste un rilievo tridimensionale dettagliato e georiferito, frutto dell'integrazione di dati acquisiti con tecniche

[50] Stratico 1795.

[51] Berti 1986; J. Bonetto in Bonetto *et alii* 2018, pp. 101-105

[52] Tosi 1988, poi ripreso in Tosi 2003, pp. 516-517.

[53] Bonetto *et alii*, c.s.

diverse[54]. Di qui è stato possibile ipotizzare più dettagliatamente le dimensioni dell'edificio teatrale, il cui diametro doveva attestarsi sui 100 metri, e la cui altezza raggiungere i 16 metri. *Patavium* era dunque dotata di uno dei più grandi teatri dell'Italia romana. Sono altresì meglio noti anche i materiali e le tecniche costruttive: nel corso dei lavori sono stati prelevati infatti 145 campioni di materiali da costruzione, poi sottoposti ad analisi archeometriche. Una serie di carotaggi eseguiti in profondità ha permesso di meglio comprendere le fondazioni della struttura teatrale e di attestare su base scientifica, grazie all'analisi con il radiocarbonio di un frustulo carbonioso presente nella fondazione, intorno alla metà del I secolo la costruzione dell'edificio.

Alcune domande sulla storia, le caratteristiche e le vicende del teatro romano di *Patavium* hanno dunque trovato risposta grazie alle indagini realizzate in occasione del bimillenario liviano, ma altre domande sono sorte, innescate proprio da questi lavori. Gli studi sul teatro romano e sulla città di Tito Livio richiedono dunque ulteriori momenti di indagine.

## Bibliografia

Baldo – Cavaggioni 2015 = G.L. Baldo – F. Cavaggioni, *Patavinitas*, in AttiConv *Patavium augustea nel bimillenario della morte del princeps (Padova 2014)*, a cura di F. Veronese, Roma 2015 (Venetia/*Venezia*, 3), pp. 25-44.

Bandelli 2009 = G. Bandelli, *Note sulla categoria di romanizzazione con riferimento alla Venetia e all'Histria*, in *Aspetti e problemi della romanizzazione. Venetia, Histria e arco alpino orientale*, a cura di G. Cuscito, Trieste 2009, pp. 29-69.

[54] Quadro analitico della ricerca archeologica e delle metodologie utilizzate tracciato da C. Previato in Bonetto *et alii* 2018, pp. 105-114.

BASSANI 2010 = M. BASSANI, *Pergere viam. Da Altino a Padova, in ...viam Anniam influentibus palustribus aquis eververatam... Tradizione, mito, storia e katastrophé di una strada romana*, a cura di G. Rosada, M. Frassine e A.R. Ghiotto, Treviso 2010, pp. 73-84.

BASSIGNANO 1981 = M.S. BASSIGNANO, *Il municipio patavino*, in *Padova antica. Da comunità paleoveneta a città romano-cristiana*, Trieste 1981, pp.191-227.

BASSIGNANO 2015 = M.S. BASSIGNANO, *Alla ricerca della tomba di Tito Livio*, in AttiConv *Patavium augustea nel bimillenario della morte del princeps (Padova 2014)*, a cura di F. Veronese, Roma 2015 (Venetia/*Venezia*, 3), pp. 45-59.

BASSIGNANO 2016 = M.S. BASSIGNANO, *Regio X, Venetia et Histria. Patavium, Supplementa Italica, n.s. 28*, Roma 2016.

BERTI 1986 = M. BERTI, *L'impianto idrico-architettonico dell'Isola Memmia*, in *Prato della Valle. Due millenni di storia di un'avventura urbana,* a cura di L. Puppi, Padova 1986, pp. 307-315.

BODON 2017 = G. BODON, *Padova e la memoria di Tito Livio*, in *Padova. La città di Tito Livio*, a cura di J. Bonetto, E. Pettenò e F. Veronese, Padova 2017, pp. 81-85.

BONETTO *et alii* 2018 = J. BONETTO – E. PETTENÒ – C. PREVIATO – F. VERONESE, *Il teatro romano in Prato della Valle*, in AttiConv *Livio, Padova e l'universo veneto, nel bimillenario della morte dello storico (Padova 2017)*, a cura di F. Veronese, Roma 2018 (Venetia/Venezia, 6), pp. 77-117.

BONETTO *et alii* 2019 = J. BONETTO – E. PETTENÒ – C. PREVIATO – F. VERONESE, Patavium *in evoluzione tra IV e I sec. a.C.: storia, architettura, edilizia*, in *Tito Livio e i popoli dell'Italia settentrionale preromana alla luce delle testimonianze archeologiche: dinamiche territoriali, identità e confini*, «Preistoria Alpina» 49bis, 2019, pp. 7-28.

BONETTO *et alii* c.s. = J. BONETTO – E. PETTENÒ – N. PIZZINGRILLI – F. VERONESE, *17 d.C. – 2017: nel bimillenario della morte di Tito Livio. Padova e un'esperienza di public archaeology*, «Archeologia Veneta» 41, 2018, c.s.

BRACCESI 2017 = L. BRACCESI, *L'avventura di Cleonimo. Livio e Padova*, Padova 2017[2].

BRACCESI – VERONESE 2013 = L. BRACCESI – F. VERONESE, *Padova prima di Padova. La città e l'universo veneto*, Sommacampagna (Verona) 2013.

BRACCESI – VERONESE 2014 = L. BRACCESI – F. VERONESE, *Padova romana. Da Augusto a Teodorico*, Sommacampagna (Verona) 2014.

BROGIOLO 2011 = G.P. BROGIOLO, *Architetture religiose a Padova alla fine dell'XI secolo*, in *Padova: Architetture medievali*, a cura di A. Chavarría Arnau, Mantova 2011, pp. 35-74.

CUPITÒ *et alii* 2019 = M. CUPITÒ – C. BOVOLATO – D. LOTTO – D. VOLTOLINI, *Tito Livio e Padova preromana. Ancora sull'episodio di Cleonimo e sul «...vecchio tempio di Giunone...» tra fonte scritta e realtà archeologica*, «Preistoria Alpina» 49bis, 2019, pp. 29-43.

DEIANA – PREVIATO 2018 = R. DEIANA – C. PREVIATO, *Prospezioni geofisiche in Prato della Valle: nuovi dati sul teatro romano di Padova*, in AttiConv *Livio, Padova e l'universo veneto, nel bimillenario della morte dello storico (Padova 2017)*, a cura di F. Veronese, Roma 2018 (Venetia/Venezia, 6), pp. 119-132.

DI FILIPPO BALESTRAZZI 2013 = E. DI FILIPPO BALESTRAZZI, *La romanizzazione*, in CatMostra *Venetkens, viaggio nella terra dei Veneti antichi*, a cura di M. Gamba, G. Gambacurta, A. Ruta Serafini,V. Tiné e F. Veronese, Venezia 2013, pp. 162-171.

DI FILIPPO BALESTRAZZI 2015 = E. DI FILIPPO BALESTRAZZI, *Una Padova 'in negativo': tra il divenire e l'essere romani. Architettura e immagini, senso e forma della progressiva integrazione*, in AttiConv *Patavium augustea nel bimillenario della morte del* princeps *(Padova 2014)*, a cura di F. Veronese, Roma 2015 (Venetia/*Venezia*, 3), pp. 85-108.

DONATI 2009 = A. DONATI , *T. Annius T. f.*, «Epigraphica» 71, 2009, pp. 73-84.

GALLIAZZO 1971 = V. GALLIAZZO, *I ponti di Padova romana. Saggio di archeologia urbanistica*, Padova 1971.

MARINETTI 2013 = Scheda 7.1.3 *Barretta con iscrizione votiva*, in CatMostra *Venetkens, viaggio nella terra dei Veneti antichi*, a cura di M. Gamba, G. Gambacurta, A. Ruta Serafini,V. Tiné e F. Veronese, Venezia 2013, pp. 306-307.

RAVIOLA 2015 = F. RAVIOLA, *«Eccellente fra tutte»: Padova nella Geografia di Strabone*, in AttiConv *Patavium augustea nel bimillenario della morte del princeps (Padova 2014)*, a cura di F. Veronese, Roma 2015 (Venetia/*Venezia*, 3), pp. 181-191.

RUTA SERAFINI 2002 = A. RUTA SERAFINI, *L'archeologia urbana: nuovi dati*, in CatMostra *Padova romana*, a cura di H. Hiller, G. Zampieri e B. Lavarone, Rubano (Padova) 20002, pp. 57-73.

STRATICO 1795 = S. STRATICO, *Dell'antico teatro di Padova*, Padova 1795.

TOSI 1988 = G. TOSI, *Il teatro romano di Padova: lo stato del problema*, «Archeologia Veneta» 11, 1988, pp. 79-102.

TOSI 1992 = G. TOSI, *Un fregio d'armi patavino: aspetti topografici e iconografici*, «Archeologia Veneta» 15, 1992, pp. 151-165.

TOSI 1994*a* = G. TOSI, *Il significato storico-documentario e gli aspetti formali e stilistici dei reperti*, in *Padova romana. Testimonianze architettoniche nel nuovo allestimento del Lapidario del Museo Archeologico*, a cura di G. Zampieri e M. Cisotto Nalon, Milano 1994, pp. 55-97.

TOSI 1994*b* = G. TOSI, *Patavium nella testimonianza di Tito livio (X, 2)*, in *Studi di archeologia della X regio in ricordo di Michele Tombolani*, a cura di B.M. Scarfì, Roma 1994, pp. 269-277.

TOSI 2002 = G. TOSI, *Aspetti urbanistici ed architettonici di Padova antica alla luce delle fonti storiche e di vecchi e nuovi rinvenimenti*, «Antenor» 3, 2002, pp. 87-127.

TOSI 2003 = G. TOSI, *Gli edifici per spettacoli nell'Italia romana*, Roma 2003.

TOSI 2006 = G. TOSI, *Riflessioni sulla* Passio *di Santa Giustina martire*, in *Santa Giustina e il paleocristianesimo a Padova. Studi e ricerche nel XVI centenario della prima martire patavina*, a cura di C. Bellinati, Padova 2006, pp. 135-147.

VERONESE 2010 = F. VERONESE, *L'area di Sant'Andrea in età romana. Un frammento della storia di Padova attraverso la lettura "degli scarsissimi avanzi de' suoi antichi edificj"*, in *La chiesa di Sant'Andrea in Padova. Archeologia, Storia, Arte*, a cura di G. Zampieri, Padova 2010, pp. 109-126.

VERONESE 2015 = F. VERONESE, *Patavium augustea. Spolia e sopravvivenze di una città opulentissima*, in AttiConv *Patavium augustea nel bimillenario della morte del* princeps *(Padova 2014)*, a cura di F. Veronese, Roma 2015 (Venetia/*Venezia*, 3), pp. 109-127.

VERONESE 2017 = F. VERONESE, *Semper in armis*: *Padova tra Greci e Celti. Suggestioni da tre reperti dei Musei Civici di Padova*, in BRACCESI 2017[2], pp. 115-128.

VERONESE c.s. = F. VERONESE, *Il Progetto Via Annia. Recupero e valorizzazione di un'antica strada romana*, in AttiConv *Verona e le sue strade. Archeologia e valorizzazione (Verona 2017)*, a cura di P. Basso, B. Bruno, C. Cenci e P. Grossi, Verona c.s.

VIGONI 2009 = A. VIGONI, *Il tempio romano di via Manzoni a Padova*, «Quaderni di Archeologia del Veneto» 25, 2009, pp. 31-36.

VIGONI 2018 = A. VIGONI, *Documenti archeologici inediti della Patavium liviana: il caso del porto fluviale,* in AttiConv *Livio, Padova e l'universo veneto, nel bimillenario della morte dello storico (Padova 2017)*, a cura di F. Veronese, Roma 2018 (Venetia/Venezia, 6), pp. 133-148.

Fig. 1 – Pianta di Padova. In evidenza le maggiori emergenze di età romana e i luoghi citati nel testo.

Fig. 2 – Padova, Piazza Cavour. Scavi archeologici alla fine degli anni Venti; sulla sinistra lacerto di strada romana basolata (foto Archivio del Gabinetto Fotografico – Musei Civici di Padova).

Fig. 3 – Padova, Piazza Cavour. Scavi archeologici alla fine degli anni Venti; base di colonna rinvenuta *in situ* (foto Archivio del Gabinetto Fotografico – Musei Civici di Padova).

Fig. 4 – Padova, Ponte Altinate. Operazioni di rilievo con laser scanner dell'arcata superstite (foto F. Veronese).

Fig. 5 – Padova, Musei Civici – Museo Archeologico, inv. 562. Capitello corinzieggiante da Piazzetta Pedrocchi; prima metà del I secolo d.C. (foto Gabinetto Fotografico – Musei Civici di Padova).

Fig. 6 – Padova, Musei Civici – Museo Archeologico, inv. 150. Frammento di architrave con fregio d'armi; prima metà del I secolo d.C. (foto Gabinetto Fotografico – Musei Civici di Padova).

Fig. 7 – Padova, Prato della Valle, novembre 2017. Operazioni preliminari per la riemersione del teatro romano dalle acque della canaletta che circonda l'Isola Memmia. Salvataggio della fauna ittica (foto F. Veronese).

Fig. 8 – Padova, Prato della Valle, dicembre 2017. Indagini archeologiche nel cantiere del teatro romano (foto F. Veronese).

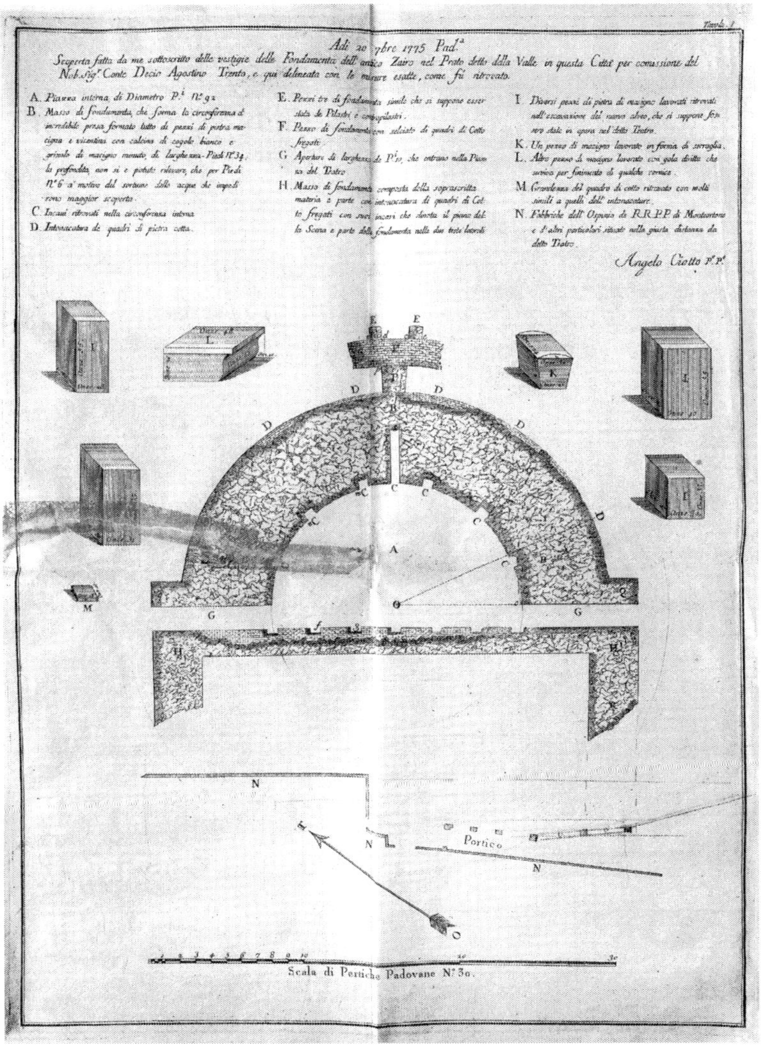


Fig. 9 – Rilievo dei resti del teatro romano realizzato da Angelo Ciotto nel 1775, poi pubblicato da Simone Stratico (Stratico 1795, tav I).

Fig. 10 – Padova, Prato della Valle, inverno 1964. Prosciugamento della canaletta (foto Archivio del Gabinetto Fotografico – Musei Civici di Padova).

Fig. 11 – Padova, Prato della Valle, dicembre 2017. Folla di cittadini in visita al cantiere del teatro romano (foto F. Veronese).

Alessandro Bencivenga

# *SULMONIS AQUOSI MOENIA, QUAE CAMPI IUGERA PAUCA TENENT* (OV. *AM.* III 15): LA PATRIA DI OVIDIO TRA IDEALIZZAZIONE LETTERARIA E REALTÀ ARCHEOLOGICA

Lo scopo di questo breve contributo è presentare alcune fonti letterarie (antiche e moderne) nelle quali è citata Sulmona, città natale di Ovidio; il tentativo sarà quello di cercare di delinearne i tratti salienti (come emergono da tali testimonianze), confrontandoli con i reali dati storico-archeologici in nostro possesso.

Sulmona, l'antica *Sulmo* che fu insediamento peligno prima e *municipium* romano dopo la Guerra Sociale nonché sede vescovile già nel V secolo, si trova nel cuore della "Regione verde d'Europa", l'Abruzzo, ed è nota nel mondo per la secolare tradizione nella produzione dei confetti, oltre che, ovviamente, per aver dato i natali ad Ovidio ed aver ospitato per quasi tutta la sua lunga vita l'eremita Pietro Angelerio, asceso in tarda età al soglio pontificio col nome di Celestino V e dimessosi quasi subito dall'incarico (primo ma non unico caso nella storia della Chiesa).

Mutuando dall'archeologia il metodo stratigrafico, il primo testimone che si presenta è in realtà il più recente ed è un passo tratto dal volume *Some Italian Scenes and Festivals*, pubblicato a Londra nel 1929 ad opera di Thomas Ashby, archeologo inglese e direttore della British School at Rome nel primo quarto del Novecento: «Una delle città più interessanti degli Abruzzi è Sulmona, ed è facilmente accessibile da Roma con una delle più belle ed interessanti linee ferroviarie d'Italia, che passa attraverso Tivoli, Tagliacozzo e Avezzano e, più avanti a destra, attraverso i principali rilievi degli Appennini; essa poi scende audacemente, con un dislivello di circa 1.500 piedi, in un'ampia e verde vallata nella quale si trova Sulmona. La città è circondata da un anello di alte montagne, ammantate di neve per la maggior parte dell'anno»[1].

Già da questo primo testimone emerge chiaro un elemento caratteristico di Sulmona, che ritroveremo anche in altri testi, ossia il suo essere circondata da montagne che, essendo innevate per la maggior parte dell'anno (questa in realtà è un'iperbole), danno l'impressione (parzialmente vera) che la città sia particolarmente fredda. Ashby prosegue nella descrizione di Sulmona aggiungendo altri particolari e citando il vate peligno: «Ovidio, nato a Sulmona, ne parla come di un luogo bagnato da numerosi corsi d'acqua, e i dintorni della città sono ancora fertili, e accrescono molto il suo fascino. Benché non sia rimasto praticamente nulla del periodo classico a causa dei terremoti che hanno devastato questa località, c'è un discreto numero di chiese del periodo romanico, gotico e rinascimentale»[2].

Prendendo spunto dalle parole di Ashby, quindi, ascoltiamo ora direttamente la voce di Ovidio, che nel secondo libro degli *Amores* (XVI 1-10) così ci parla della sua patria:

*Pars me Sulmo tenet Paeligni tertia ruris*
*parva, sed inriguis ora salubris aquis.*
*Sol licet admoto tellurem sidere findat,*
*et micet Icarii stella proterva canis,*
*arva pererrantur Paeligna liquentibus undis,*

[1] Ashby 1929, p. 90.
[2] Ashby 1929, p. 90.

*et viret in tenero fertilis herba solo.*
*Terra ferax Cereris multoque feracior uvis;*
*dat quoque baciferam Pallada rarus ager;*
*perque resurgentes rivis labentibus herbas*
*gramineus madidam caespes obumbrat humum.*

Sulmona, una delle tre 'parti' del territorio peligno, ossia uno dei tre *municipia* in cui era stata divisa dopo la Guerra Sociale la regione abitata dai Peligni, è presentata come una località piccola ma salubre grazie alle acque che la irrigano (di queste acque Ovidio parlerà ancora in altro luogo, come vedremo), che consentono alla campagna di verdeggiare anche in piena estate; tipiche sono alcune coltivazioni (ancora oggi diffuse) come il grano, le viti (su cui torneremo) e gli ulivi.

È ancora Ovidio negli *Amores* (III 15, 1-14) a generare un *topos* letterario riguardante la sua città natale che avrà grande fortuna nei secoli a venire:

*Quaere novum vatem, tenerorum mater Amorum!*
*Raditur hic elegis ultima meta meis;*
*quos ego conposui, Paeligni ruris alumnus –*
*nec me deliciae dedecuere meae –*
*siquid id est, usque a proavis vetus ordinis heres,*
*non modo militiae turbine factus eques.*
*Mantua Vergilio, gaudet Verona Catullo;*
*Paelignae dicar gloria gentis ego,*
*quam sua libertas ad honesta coegerat arma,*
*cum timuit socias anxia Roma manus.*
*Atque aliquis spectans hospes Sulmonis aquosi*
*moenia, quae campi iugera pauca tenent,*
*'Quae tantum' dicat 'potuistis ferre poetam,*
*quantulacumque estis, vos ego magna voco.'*

In questa famosa elegia, in cui il poeta si vanta di non aver acquisito di recente lo status di cavaliere ma di discendere da una famiglia che da tempo detiene questo titolo, Ovidio si pone alla pari di altri due vati, quali Virgilio e Catullo, quando dice che sarà ricordato come «gloria della gente peligna», come lo sono gli altri due rispettivamente per Mantova e Verona. Ma l'affermazione più importante arriva alla fine del testo citato, ai vv. 11-14, nei quali Ovidio, come già anticipato, letteralmente crea un *topos*, cioè quello della piccola e umida Sulmona, cinta di mura, alle quali si rivolge dicendo «poiché foste capaci di generare un poeta così eccelso, per piccole che siate, io vi proclamo grandi». Le mura di Sulmona tornano anche in un altro passo dell'opera ovidiana, precisamente nel quarto libro dei *Fasti* (v. 77-82), in cui il poeta attribuisce a Solimo, un troiano compagno di Enea, la fondazione della città:

*Serus ab Iliacis, et post Antenora, flammis*
*attulit Aeneas in loca nostra deos.*
*Huius erat Solimus Phrygia comes unus ab Ida,*
*a quo Sulmonis moenia nomen habent,*
*Sulmonis gelidi, patriae, Germanice, nostrae.*
*Me miserum, Scythico quam procul illa solo est!*

Ovidio afferma, quindi, che le mura di Sulmona, la 'gelida Sulmona', sua patria, prendono il nome da Solimo; il mito di fondazione sarà ripreso successivamente anche da Silio Italico nel nono libro dei *Punica* (vv. 70-76):

*Huic domus et gemini fuerant Sulmone relicti*
*matris in uberibus nati, Mancinus et una*
*nomine Rhoeteo Solimus. Nam Dardana origo*
*et Phrygio genus a proavo, qui sceptra secutus*
*Aeneae claram muris fundaverat urbem*
*ex sese dictam Solimon. Celebrata colonis*
*mox Italis paulatim attrito nomine Sulmo.*

In un passo precedente (VIII 508-510), però, Silio aveva già citato Sulmona, attribuendole la stessa caratteristica poc'anzi ricordata nei versi ovidiani:

*Cetera in obscuro famae et sine nomine vulgi,*

*sed numero castella valent. Coniungitur acer*
*Paelignus gelidoque rapit Sulmone cohortes.*

Tornando ad Ovidio, il tema della patria, questa volta venato di nostalgia (giacché il poeta la cita mentre si trova confinato a Tomis, sul Ponto Eusino, dove l'ira di Augusto lo aveva relegato nell'8 d.C. per cause ancora da accertare) ricorre nella decima elegia del quarto libro dei *Tristia* (vv. 1-14), versi notissimi ai Sulmonesi che con orgoglio ripetono ad ogni 'forestiero' la prima parte del secondo esametro, entrato addirittura a far parte dello stemma della città[3]:

*Ille ego qui fuerim, tenerorum lusor amorum,*
*quem legis, ut noris, accipe posteritas.*
*Sulmo mihi patria est, gelidis uberrimus undis,*
*milia qui novies distat ab Vrbe decem.*
*Editus hic ego sum nec non ut tempora noris,*
*cum cecidit fato consul uterque pari.*
*Si quid id est, usque a proavis vetus ordinis heres,*
*non modo fortunae munere factus eques.*
*Nec stirps prima fui; genito sum fratre creatus,*
*qui tribus ante quater mensibus ortus erat.*
*Lucifer amborum natalibus affuit idem:*
*una celebrata est per duo liba dies;*
*haec est armiferae festis de quinque Minervae,*
*quae fieri pugna prima cruenta solet.*

Si tratta anche qui di una famosa elegia, che potremmo definire 'autobiografica', in quanto Ovidio, che si presenta ai posteri come 'il cantore dei teneri amori', traccia un profilo della sua vita, dandoci una serie di informazioni preziose:

[3] Sulmo mihi patria est, Sulmona mi è patria, è senza ombra di dubbio il verso ovidiano (un emistichio, in realtà) più conosciuto dai concittadini di Ovidio, dato che compare in forma di acronimo (SMPE) nello stemma della città, ottenuto per concessione reale da Ladislao d'Angiò Durazzo, Re di Napoli, il 2 settembre 1410 con la seguente dicitura: Sub campo rubeo et litteris quatuor aureis importantibus Sulmo Mihi Patria Est («su campo rosso quattro lettere dorate maiuscole S M P E»).

1) il luogo di nascita («Sulmona, ricchissima di gelide acque, che dista nove volte dieci miglia da Roma»);
2) l'anno in cui venne alla luce («quando con pari destino caddero i due consoli», cioè nel 43 a.C., quando i due consoli Irzio e Pansa morirono a distanza di due giorni l'uno dall'altro durante la cosiddetta guerra di Modena);
3) il giorno di nascita («quello dei cinque giorni di festa dell'armigera Minerva che primo diviene cruento per le battaglie dell'arena», ossia il 20 marzo, secondo giorno delle feste dette *Quinquatria*);
4) lo status sociale («antico erede dell'ordine fin dai lontani proavi, divenni cavaliere non per dono recente della fortuna»);
5) l'esistenza di un fratello maggiore («non fui il primogenito, ma fui generato dopo un fratello che era nato quattro volte tre mesi prima di me. La medesima stella vide la nascita di entrambi e un unico giorno veniva celebrato con due focacce»).

Dunque di Sulmona viene detto che è ricca di gelide acque (il che conferma quanto già espresso in *am.* II 16, 2) e che dista novanta miglia dall'Urbe, senza ulteriori indicazioni riguardo ad altre caratteristiche, come d'altronde fa anche Cesare nel primo libro del *Bellum Civile* (18, 1-4) citando l'episodio della resa incondizionata di Sulmona, presentata come un *oppidum* che dista sette miglia da *Corfinium*, alle sue truppe guidate da Marco Antonio:

> *Interim Caesari nuntiatur Sulmonenses, quod oppidum a Corfinio VII milium intervallo abest, cupere ea facere, quae vellet, sed a Q. Lucretio senatore et Attio Peligno prohiberi, qui id oppidum VII cohortium praesidio tenebant. Mittit eo M. Antonium cum legionis XIII cohortibus V. Sulmonenses simul atque signa nostra viderunt, portas aperuerunt universique, et*

*oppidani et milites, obviam gratulantes Antonio exierunt. Lucretius et Attius de muro se deiecerunt. Attius ad Antonium deductus petit ut ad Caesarem mitteretur. Antonius cum cohortibus et Attio eodem die, quo profectus erat, revertitur. Caesar eas cohortes cum exercitu suo coniunxit Attiumque incolumem dimisit.*

Anche Plinio il Vecchio cita Sulmona in almeno due passi della *Naturalis Historia*: nel primo (XVII 250) viene ricordato che il vino che vi si produce è aspro e si racconta lo stratagemma adottato dai contadini peligni per impedire che le viti possano subire danni, sia d'estate che d'inverno, e che consiste essenzialmente nell'inondare i campi coltivati:

*Asperiora vina rigari utique cupiunt in Sulmonense Italiae agro, pago Fabiano, ubi et arva rigant. Mirumque, herbae aqua illa necantur, fruges aluntur, et riguus pro sarculo est. In eodem agro bruma – tanto magis, si nives iaceant geletve – ne frigus vites adurat, circumfundunt riguis, quod ibi tepidare vocant, memorabili natura in amne solis, eodem aestate vix tolerandi rigoris.*

Nel secondo passo (XXXIV 145), invece, Plinio cita l'acqua di Sulmona come elemento fondamentale nel procedimento di tempra del ferro locale, considerato di buona fattura:

*Ex omnibus autem generibus palma Serico ferro est; Seres hoc cum vestibus suis pellibusque mittunt; secunda Parthico. Neque alia genera ferri ex mera acie temperantur, ceteris enim admiscetur mollior complexus. In nostro orbe aliubi vena bonitatem hanc praestat, ut in Noricis, aliubi factura, ut Sulmone, aqua ubi diximus, quippe cum exacuendo oleariae cotes aquariaeque differant et oleo delicatior fiat acies.*

Un'ulteriore testimonianza, di diversi secoli dopo, ma chiaramente debitrice a quanto citato finora è niente meno che un passo del *Filocolo* di Boccaccio (III 33), che così recita:

[Fileno] pervenne fra li salvatichi e freddi monti d'Abruzzi, fra' quali trovò Sulmona, riposta patria del nobilissimo poeta Ovidio. Nella quale entrando, così cominciò a dire: «O città graziosa a ciascuna nazione per lo tuo cittadino, come poté in te nascere o nutricarsi uomo, in cui tanta amorosa fiamma vivesse quanta visse in Ovidio, con ciò sia cosa che tu freddissima e circundata da fredde montagne sii?»; e questo detto, reverente per lo mezzo di quella trapassò.

E ancora (V, 32):

Elli [Filocolo e Galeone, ndr] passarono, o Capis, la tua città Capo di Campagna; e le fredde montagne, fra le quali Sulmona, ubertissima di chiare onde, dimora, si lasciarono dietro, e pervennero al luogo ove l'uccello di Dio, mutato in contrario pelo, da rustica mano si doveva ancora portare in insegna.

L'ultima testimonianza che qui si presenta è ancor più recente (data infatti all'ultimo quarto del XIX secolo) e venne raccolta da Antonio De Nino[4], che la riportò nel suo volumetto *Ovidio nella tradizione popolare di Sulmona*[5]: si tratta di una sorta di filastrocca che parla dell'immaginario viaggio intrapreso da Ovidio e *Ciciarone d'Arpino* (Cicerone, morto in realtà nello stesso anno di nascita del poeta, il 43 a.C.) alla volta dell'Abruzzo, nella quale vengono passati in rassegna i centri abitati che i due incontrano lungo il cammino individuandone la caratteristica principale per mezzo di un verso. Giunti in vista di Sulmona, come scrive De Nino, «Ovidio sporge ambe le braccia verso il suo paese, e canta»:

Sulemone belle 'ndove 'Viddie nacque;
furmate de fiore e circognata de monte;
scarsia de terre e cupiose d'acque;
Sulemone belle 'ndove 'Viddie nacque

[4] Antonio De Nino (Pratola Peligna, 17 giugno 1833 – Sulmona, 3 marzo 1907) non a torto è stato considerato «il più grande folkorista fiorito nella zona peligna», come lo definì Paratore 1959.
[5] De Nino 1886, pp. 18-19 (citato anche in Pansa 1924, p. 39).

Anche dalla fantasia popolare, dunque, Sulmona viene dipinta come una piccola località («scarsia de terre»), circondata dalle montagne («circognata de monte») e ricca di acqua («cupiose d'acque»), riprendendo ancora una volta il *topos* creato da Ovidio stesso diciotto secoli prima[6].

Ma venendo alla seconda parte di questo breve intervento, quanto sappiamo in realtà della Sulmona di Ovidio, ossia del *municipium* romano a cavallo tra I sec. a.C. e I d.C., nel quale si suole ambientare i primi anni di vita del poeta? Altri prima dello scrivente e in questo stesso contesto (cfr. il contributo di Rosanna Tuteri in questo volume) hanno parlato in maniera egregia della struttura urbanistica e di tanti altri aspetti della *Sulmo* romana, tanto da farci ritenere che non sia necessario ripetere in questa sede quanto già esposto, limitandoci a fornire una bibliografia di base da consultare e una minima descrizione[7].

La Sulmona d'età romana appare effettivamente una piccola città, tutta concentrata sul pianoro al margine meridionale della Conca Peligna, delimitato ad ovest dal fiume Gizio e ad est dal torrente Vella; la disposizione ortogonale del reticolato stradale medievale, nel centro storico della città attuale, riprende lo schema planimetrico della *Sulmo* romana (di almeno due strade è documentata la corrispondenza al tracciato antico). Dell'abitato romano si sono scoperte molte tracce durante scavi occasionali in passato o in recenti interventi di archeologia preventiva, nonché resti

[6] La 'canzone' fa parte del capitolo intitolato *La patria di Ovidio*, in cui De Nino traccia un profilo poco 'archeologico' e più 'popolare' della Sulmona in cui visse (per breve tempo) il poeta, ricorrendo a testimonianze raccolte tra il popolo.

[7] Primo imprescindibile contributo, per quanto ormai datato, è La Regina 1966*a*, nonché La Regina 1966*b*. Altro riferimento importante è il volume *Abruzzo Molise* 1984 (in particolare dalla p. 133) e, dello stesso anno, Van Wonterghem 1984 (pp. 223 ss., 321 ss.); un'analisi più recente, in ordine di tempo, è quella presentata in Tuteri 1996.

cospicui all'interno del Palazzo della SS.ma Annunziata (cosiddetta *domus di Arianna*), presso la piazza intitolata a Salvatore Tommasi (anche in questo caso si tratta di una *domus* databile all'epoca in cui visse Ovidio) e nella chiesa di San Gaetano. Secondo la tradizione a Sulmona dovevano sorgere anche templi ed edifici da spettacolo tipici delle città romane: Emilio De Mattheis, storico locale del XVII secolo, testimonia di resti di un teatro e di un anfiteatro "visti" nel settore nord della città, lo stesso nel quale sarebbe da collocare il circo (identificato da alcuni studiosi nell'area occupata attualmente dalla Villa Comunale), la cui esistenza ci è attestata da un'epigrafe mutila nella quale compare la parola CIRCV (*Supplementa Italica*, IV, Roma 1989, n. 70).

Paradossalmente, però, i resti più monumentali di età romana nel territorio di Sulmona si trovano al di fuori della città e sono rappresentati dal santuario di Ercole Curino, che per uno scherzo del destino erano ritenuti fino a poco più di sessant'anni fa appartenere ad una fantomatica villa di Ovidio, la cui presenza, in realtà, è evocata da uno dei materiali rinvenuti nel sito: si tratta di una colonna su cui sono graffiti 12 versi, in parte leggibili, interpretati come appartenenti alla produzione ovidiana (il *cognomen Naso* compare in caso genitivo all'inizio dei versi, quasi a volerne attribuire la paternità, fuori da ogni ragionevole dubbio, al vate sulmonese).

Molte sarebbero le storie che la Sulmona romana potrebbe ancora raccontare, ma essendo una città a continuità di vita non è possibile indagarla in maniera estensiva, come desiderano gli archeologi e gli appassionati di storia: dobbiamo quindi accontentarci di quei piccoli tasselli che di tanto in tanto, grazie a casi fortuiti, riemergono dal passato e ci permettono di leggere una pagina della storia di quella che duemila anni fa è stata la città che ha dato i natali al cantore dei teneri amori, Ovidio, il poeta di Sulmona.

# Bibliografia

*Abruzzo Molise* 1984 = *Abruzzo Molise, Guide Archeologiche Laterza*, a cura di F. Coarelli e A. La Regina, Bari 1984.

ASHBY 1929 = T. ASHBY, *Some Italian Scenes and Festivals*, London 1929.

DE NINO 1886 = A. DE NINO, *Ovidio nella tradizione popolare di Sulmona*, Casalbordino 1886.

LA REGINA 1966*a* = A. LA REGINA, *Sulmona. Studi di urbanistica antica*, Roma 1966.

LA REGINA 1966*b* = A. LA REGINA, s.v. *Sulmona*, in *Enciclopedia dell'Arte Antica e Orientale*, VII, 1966, pp. 555-557.

PANSA 1924 = G. PANSA, *Ovidio nel medioevo e nella tradizione popolare*, Sulmona 1924.

PARATORE 1959 = E. PARATORE, *Le tradizioni popolari abruzzesi su Ovidio alla luce delle nuove esperienze*, in *Atti del VII Congresso Nazionale delle Tradizioni Popolari, Chieti 4-8 settembre 1957*, Firenze 1959, pp. 30-55.

TUTERI 1996 = R. TUTERI, *Il contesto urbano: le porte malchiuse dell'antica Sulmo*, in *Sulmona città d'arte e poeti*, a cura di E. Mattiocco e G. Papponetti, Pescara 1996, pp. 30-41.

VAN WONTERGHEM 1984 = F. VAN WONTERGHEM, *Superaequum-Corfinium-Sulmo, Forma Italiae, Regio IV*, I, Firenze 1984.

Rosanna Tuteri

# *At longe patria est* (Ov. *Tr.* III 4b, 7). Metamorfosi di una città: Sulmo tra vita e rovine*

*Omnia mutantur, nihil interit* (Ov. *Met.* XV 165)

## Il paesaggio

Quando la patria è ormai lontana, Ovidio ripercorre le tappe della sua vita[1] che conclude da relegato in terra straniera; prima di allontanarsene definitivamente, aveva descritto con ricordi vivissimi il paesaggio che lo accolse bambino[2].

Se ancora riusciamo a percepire, perché lo abbiamo intorno, l'orizzonte chiuso dai monti che costituiva lo scenario della vita dei coetanei del poeta peligno, ci separa da quel tempo lontano una incapacità di fondo riguardo alla ricostruzione globale del mondo antico: a fronte dell'esiguità della documentazione diretta, è a volte possibile solo percepire ciò che oggi dell'antichità non si legge più chiaramente, anche se interpretiamo gli indizi lasciati sulla pietra delle epi-

* Il presente contributo riprende in parte, con ampliamenti e approfondimenti, il testo pubblicato come "Ovidiana rerum memoria. *Documenti e suggestioni di Sulmona al tempo di Ovidio*", in Tuteri 2012, pp. 34-62.
[1] Ov. *trist.* IV 10.
[2] Ov. *am.* II 16, 1-10; 33-40; III 15, 1-14.

grafi, leggiamo i testi letterari o indaghiamo i reperti conservati negli strati di terra. Così fonti volontarie (iscrizioni, fonti letterarie) e involontarie (cultura materiale) concorrono alla parziale ricostruzione di un mondo perduto, o almeno di alcuni suoi aspetti.

Proprio il paesaggio peligno, che alla metà del I sec. a. C., era caratterizzato da insediamenti diffusi nel territorio e da strutture a funzione differenziata, come luoghi di culto e necropoli, alla fine dell'età repubblicana stava trasformando notevolmente la sua struttura: il modello insediativo di tipo urbano, con la monumentalizzazione degli edifici e l'accentramento delle funzioni politico – amministrative in un solo luogo, la divisione agraria basata su un modello geometrico e la sistemazione di un'efficiente rete stradale costituivano il portato dell'egemonia romana che cambiava volto agli ambienti.

Lo sviluppo delle fasi cosiddette protourbane, definite tali in relazione alla successiva imposizione delle *formae* cittadine in età pienamente romana, ha come presupposti sia la penetrazione della politica di colonizzazione e di espansione di Roma dal IV sec. a.C., sia l'infiltrazione in questi territori interni di stimoli provenienti dal Mediterraneo orientale, dall'area magnogreca, apula e campana, mediati dalla viabilità appenninica e dagli *epineia* costieri.

Il fenomeno dell'urbanizzazione in area abruzzese[3], avviato dall'epoca arcaica, cambiò le logiche dell'ambiente antropizzato e appare nella sua fase compiuta un portato dell'influenza di Roma e del suo potere di riorganizzazione dei territori: città e centuriazioni ridisegnarono i paesaggi nelle conche, nelle valli e nelle fasce collinari. Le *coloniae*, le *praefecturae* e poi i *municipia*, con i loro apparati monumentali e con le strutture di servizio, costituirono i riferimenti territoriali per la popolazione urbana e per coloro che anco-

[3] Per il territorio abruzzese, una sintesi con bibliografia precedente e nuovi dati in Tuteri 2012, pp. 27-64.

ra vivevano *vicatim*, in stretto riferimento con i campi coltivati che furono oggetto di una razionale assegnazione e trovarono nelle *villae* i diffusi centri di gravità per la produzione e la distribuzione dei prodotti agricoli.

Nel panorama abruzzese, nel lungo percorso di formazione degli insediamenti urbani, è opportuno ricordare che le prime "città" possono essere considerate le *coloniae*. *Carsioli* ed *Alba Fucens* furono istituite alla fine del IV sec. a.C. a controllo dei nuovi territori conquistati, di pari passo con la costruzione della via Valeria che prolungò la via Tiburtina, che da Roma conduceva a *Tibur*, fino a *Cerfennia*, da dove prese avvio la *via Claudia* di collegamento con l'Adriatico e con il porto di *Ostia Aterni*, ripercorrendo e sistemando tracciati antichissimi, interconnessi alle percorrenze longitudinali della penisola.

Il primario ruolo strategico rivestito da questa rete di percorsi che venne sistemata, consolidata e ristrutturata almeno dalla fine del III sec. a.C. fino al IV secolo incrociando i tracciati presenti tra l'Alta Valle dell'Aterno e il territorio peligno, risiede nella sua funzione di raccordo tra l'Umbria, il Lazio, il Sannio e l'Apulia, con le strade di penetrazione romana verso l'Adriatico.

Tra gli interventi di sistemazione territoriale, l'imperatore Claudio realizzò l'adeguamento (*sternendam curavit*) della via di collegamento nord-sud tra Salaria e Valeria. La *via Claudia Nova*, ricordata dall'iscrizione del 47 d.C. rinvenuta a *Foruli,*[4] poneva in comunicazione l'*ager amiterninus* con il territorio vestino a sud, attraversando *Peltuinum* e giungendo fino alla confluenza dei fiumi *Aternun* e *Tirinum*, dove incrociava la *via Claudia Valeria* e da dove un ulteriore tracciato[5] era diretto verso *Corfinium, Sulmo, Jovis Larene (Ocriticum)* e *Aufidena* nel Sannio pentro.

[4] *CIL* IX 5959; Segenni 1992, ad n. *CIL*.
[5] Mattiocco 2012, pp. 439-452.

Sia la strada con andamento nord-sud, sia il tracciato trasversale ovest-est caratterizzano l'antica conca peligna come crocevia di intense frequentazioni.

La prossimità di strade di lunga percorrenza, presso le quali erano favoriti i luoghi di sosta per i traffici e per i commerci, costituiva una delle premesse per la successiva evoluzione in senso urbano dell'abitato di epoca ellenistica che precedette la fase romana di *Sulmo,* luogo privilegiato per il controllo del territorio peligno meridionale.

Già in epoca arcaica nella conca e nelle valli contigue doveva essere presente una suddivisione per ambiti territoriali riferiti ai centri maggiori, riconoscendo ai centri fortificati una sorta di funzione di *metropolis* rispetto alle future città di fondovalle: per il Colle Mitra nei confronti di *Sulmo*, per il Colle delle Fate di Roccacasale nei confronti di *Corfinium* e per il Colle delle Spugne verso *Superaequum,* doveva trattarsi, se non di una filiazione diretta degli abitati posti in posizioni più pianeggianti rispetto agli insediamenti delle alture, di un ruolo egemonico rivestito da un insediamento in un comparto territoriale, che sarà poi riconosciuto ai centri adeguati alla funzione di *municipium* nell'ambito dell'organizzazione romana. In effetti i centri di riferimento furono individuati nei *municipia* di *Sulmo, Corfinium* e *Superaequum*, riorganizzando il territorio in un unico piano di riassetto agrario e urbano.

Più di quarant'anni prima che Ovidio nascesse, la città era divenuta *municipium* dopo il *bellum sociale*, la guerra onorevole[6] che le genti peligne avevano combattuto in nome della libertà. Minacciate o realmente portate a termine che fossero, le successive vendette di Silla contro la città filomariana che aveva accolto le tendenze dei ceti commerciali italici e che rappresentava ancora con *Corfinium* il cuore della rivolta dei *socii*, generarono l'indignazione ben descritta dal racconto di Floro:

[6] Ov. *am*., 3, 15, 8-9.

*Nam Sulmonem, vetus oppidum socium atque amicum – facinus indignum!- non expugnat aut obsidet iure belli; sed quo modo morte damnati duci iubentur, sic damnatam civitatem iussit Sulla deleri*[7].

## *'Domestica regio'*

I ricordi dell'infanzia ovidiana si raccolgono a *Sulmo* e nel suo *ager*: i *pauca iugera* della città[8], la regione dei Peligni e la stessa famiglia coincidono con la casa.

Era nato da famiglia di rango equestre: per la nobiltà del padre, acquisita dagli antenati con il lavoro, sarebbe stato ammesso tra gli *equites* in quanto *usque a proavis vetus ordinis heres*[9]. L'eredità di famiglia, i *rura paterna*[10] e gli *amissos agros*[11] della proprietà fondiaria, che costituiscono un *topos* non solo letterario, potrebbero essere individuati nei territori dei *vici* dell'*ager sulmonensis*: da Introdacqua proviene l'epigrafe del quattuorviro *L. Ovidius Ventrio* [12]; a Campo di Fano fu rinvenuta l'iscrizione posta da *Lucius Ovidius* alla moglie: "*Salv[e et tu] / Septi[miae] / Griph[il] la[e] / L. Ovidius L.f. / uxsori p(osuit)*"[13]. Non può escludersi una loro localizzazione anche nell'agro corfiniese, che ha restituito l'iscrizione di un *Oviedis*[14] con la versione del nome peligno precedente alla latinizzazione, e di *Ovidia Quarta*, liberta di *Caius Ovidius* [15].

[7] Flor. *epit.* II 9, 28.
[8] Ov. *am.* III 15, 11.
[9] Ov. a*m.* III 15, 5.
[10] Ov. *am.* II 16, 38.
[11] Ov. *pont.* I 8, 41-42.
[12] *CIL* IX 3082, di prima età imperiale.
[13] *AE* 1984, 332; seconda metà I sec. a.C.
[14] Vetter 1953, p. 215 d.
[15] *CIL* IX 5412.

Si trattava comunque di terreni estesi e produttivi, posti nella fertile terra peligna, "*Terra ferax Cereris multoque feracior uvis*"[16], che, oggetto di confische agli originari proprietari e di assegnazioni da parte di Silla ai suoi partigiani (come Domizio Enobarbo e Cornelio Lentulo)[17], tra lo scorcio del I sec. a.C. e gli inizi del I sec. d.C., furono di nuovo oggetto di una estesa organizzazione agraria e gli appezzamenti agricoli furono suddivisi in forma geometrica secondo i canoni razionali della centuriazione[18].

Delle due assegnazioni di *ager* registrate per l'area peligna dai *Libri Coloniarum,* Ovidio conobbe la prima, effettuata in esito alla *lex Sempronia* che a metà del II sec. a.C. (o secondo il "modo" graccano in un'epoca successiva?) aveva suddiviso l'*ager in tetragonon,* con una servitù di passaggio di 80 piedi (forse per un tratturo o come somma delle strade della centuria); il reticolato dei limiti era scandito da termini posti a 720 piedi (6 actus = 213 metri) e a 860 piedi (7,1/6 di actus = 257 metri). Rilievi condotti su base topografica e aerofotogrammetrica[19] individuano una prima ripartizione basata su centurie quadrate di 15 x 15 *actus* (=112,5 iugeri) suddivise in nove quadrati di 5 x 5 *actus* (=12,5 iugeri).

La seconda centuriazione, di età augustea, secondo il *L.C.* avrebbe suddiviso il territorio in centurie quadrate di 20 *actus* di lato, di 200 iugeri ciascuna, trattandosi di un limitato intervento per favorire una distribuzione di terre a nuovi coloni razionalizzando, risuddividendo e riorganizzando la struttura agrimensoria già esistente.

---

[16] Ov. *am.* II 16, 7.

[17] Cas. Dio. XLI 11.

[18] *Liber Coloniarum* I, p. 229, 9 L; II, p. 260, 16 L.; discussione sui tempi e sui modi della(e) centuriazione(i) in area peligna in Firpo 1991, pp. 286-288, con bibliografia precedente.

[19] Chouquer *et alii* 1987.

## *Sulmo* prima di Ovidio

Prima della nascita di Ovidio, *Sulmo* aveva già una storia urbana in parte condivisa con gli altri centri della regione.

Le tracce della distruzione sillana non sono emerse finora nei livelli della città antica indagati dalla ricerca archeologica, anche perché non è stato possibile giungere in modo esteso fino alle stratificazioni sottostanti i resti di età augustea. Non sono finora tornate alla luce tracce delle mura di epoca italica che costituirono l'immagine stessa della città già prima del passaggio di Annibale di ritorno da Capua nel 211 a.C.[20]; l'apparato murario difensivo doveva essere stato sottoposto a rifacimenti in occasione dell'impegnativo intervento di ricostruzione: murature in opera incerta e quasi reticolata integrarono l'apparato in opera poligonale o quadrata, facendo corona ad un rinnovato impianto cittadino.

Stando al racconto di Cesare[21], le mura non furono danneggiate in occasione dell'assedio subito durante la guerra civile, poiché le porte urbiche furono aperte nel 49 a.C. alle coorti di Marco Antonio inviato da Cesare, accampato a *Corfinium*: *Sulmonensis simul atque signa nostra viderunt, portas aperuerunt universique, et oppidani et milites, obviam gratulantes Antonio exierunt*[22].

Indizi di strutture in opera reticolata riferibili a tratti della cinta muraria sono apparsi in coincidenza dell'angolo sud-occidentale della città dove, nei pressi di Porta *Filiorum Amabilis*, la particolare conformazione degli edifici moderni induce ad ipotizzare la presenza del teatro con la cavea volta a sud-ovest, mentre nel comparto nord-occidentale un probabile contrafforte delle mura risulta inglobato in costru-

[20] Cel. Ant., frg. 28 Peter I$^2$; Liv. XXVI 11, 8-13.

[21] I Sulmonesi, impediti dal consegnarsi a Cesare dalle sette coorti pompeiane guidate da *Q. Lucretius Vespillo* e da *M. Attius Paelignus*, alla vista delle milizie comandate da Marco Antonio, *portas aperuerunt*.

[22] Caes. *civ.* I 18, 2-4.

zioni recenti nei pressi di Porta Romana. Un ulteriore breve tratto murario in opera reticolata, conservato in elevato per più di tre metri, è stato individuato sul margine urbano orientale, parallelo all'attuale via Morrone e perpendicolare a via Pansa.

Una città arroccata: era questa l'immagine che definiva *Sulmo* sul pianoro rialzato sulla conca, compresa tra i fiumi e i vasti spazi in questo periodo poco edificati a nord e a sud, con un perimetro pressappoco quadrato ed un'estensione di circa 16 ettari, in accordo con la definizione di "*parva*" della descrizione poetica ovidiana[23].

Alla città si accedeva attraverso almeno sei porte, situate in modo quasi simmetrico lungo il perimetro murario. Gli ingressi alla città da nord e da sud sono individuabili in coincidenza dell'asse stradale maggiore, nella posizione che sarà poi occupata dalle porte medievali *Salvatoris* e *Sancti Panphili*: l'importante asse stradale, che aveva avuto funzione poleogenetica in quanto, attraversando l'abitato, costituiva l'elemento generatore della maglia urbanistica, era orientato all'incirca in direzione nord-ovest/sud-est e collegava il comprensorio sulmonese con la *via Valeria* a nord e, come *via nova*[24], a sud, con gli altipiani meridionali alle porte del Sannio.

Le tracce venute alla luce nei secoli scorsi documentano come l'ingresso meridionale avesse caratteristiche di monumentalità, con colonne, statue, iscrizioni onorarie e decorazioni architettoniche[25].

Sui pendii occidentale e orientale del pianoro sembra tuttora percettibile la situazione antica, come ancora attestano le rampe d'accesso che, superando il sensibile dislivello sui

---

[23] Ov. *am.*, II 16, 1-10, 2.

[24] Mattiocco 1994, pp. 149-150; Mattiocco 2000, pp. 9-11; Mattiocco 2003, pp. 73-104; Mattiocco 2005.

[25] De Nino 1901, p. 365; La Regina 1966*a*, p. 116, n. 58; Van Wonterghem 1984 p. 236.

lati del pianoro fortificato, raccordano la viabilità extraurbana a quella interna, in coincidenza degli accessi medievali tuttora presenti: Porta *Johannis Bonorum Hominum* e Porta *Filiorum Amabilis* ad ovest, Porta Manaresca e Porta *Johannis Passarum* ad est.

La cittadina, come riscontrato in altre realtà urbane dell'Italia centrale, all'inizio della seconda metà del I sec. a.C. esprimeva la principale valenza del processo di compiuta urbanizzazione, ben sintetizzata dalla definizione che Cicerone[26] dà della *civitas*: una comunità di uomini associati dall'ordinamento giuridico. Le esigenze fondamentali dell'assetto romano di un territorio sempre più vasto risultavano essere la certezza del diritto e la presenza delle strutture fisiche che avrebbero dovuto garantirlo, mediante lo sviluppo degli abitati preesistenti con la istituzione del *municipium*.

*Sulmo*[27] fu retta dai *quattuorviri*[28], ma come *vetus oppidum* aveva dovuto avere magistrature locali operanti in un contesto già strutturato precedentemente alla guerra sociale, come è indiziato dalle attestazioni di magistrature epicorie riportate su iscrizioni provenienti dai dintorni.

Ad esempio, una iscrizione in dialetto peligno proveniente dalla località Fonte S. Angelo di Pratola Peligna[29] ricorda i magistrati *P. Satrius* e *V. Popidius* che appaltarono (*locatin*) la costruzione o la manutenzione di una fontana (*biam): medix. aticus / biam. locatin / p. sadries. t. / u. popdis. t.*[30], in

[26] Cic. *rep.* VI 13.

[27] La Regina 1966*a*; La Regina 1966*b*; Mattiocco 1978; Van Wonterghem, 1984, pp. 227-238 nn. 130,1-35; Ceccaroni 1993; Tuteri 1993; Tuteri 1995; Mattiocco – Van Wonterghem 1996; Tuteri 1996*a*; Tuteri 1999*a*; Ceccaroni 2001; Tuteri 2011*a*.

[28] *quattuorvir aedilis* in Buonocore 1988, n. 44; *iure dicundo* o *quinquennalis* in Buonocore 1988 n. 45.

[29] Vetter 1953, n. 212; Tuteri 2014, p. 44; Firpo 1991, pp. 132-133 n. 65

[30] Vetter 1953, n. 212; Van Wonterghem 1984, p. 193 nt. 564-566; Campanile 1997.

un'epoca in cui ancora il dialetto peligno indicava l'appartenenza ad una comunità la cui identità risultava già essere contaminata e omologata da Roma, come è evidente nelle formule onomastiche, con prenome e gentilizio.

In area peligna diverse iscrizioni[31], oltre quella ricordata, attestano la cura per le acque, riscontrando la definizione ovidiana relativa ad una terra ricca di limpidi ruscelli e rivoli d'irrigazione[32].

Nella generale sistemazione del territorio condotta tra l'epoca tardo repubblicana e l'inizio dell'età augustea, insieme agli interventi di centuriazione[33], il *Liber Coloniarum*[34] accenna alla presenza di un sistema irriguo[35] con serbatoi, canali e ruscelli ancora in gran parte verificabile, pur nella sua trasformazione, nel sistema attuale di irrigazione agraria, tra incili (*scerti* in dialetto), canali (*forme*), e canalette (*formelle*) che avvolgono in una rete le campagne sulmonesi e del circondario, derivando soprattutto le acque dal Gizio e dal Sagittario, oltre che da una serie di sorgenti disposte tra Pacentro e Bugnara.

Altri magistrati citati da iscrizioni provenienti dal territorio possono illustrare la situazione dell'insediamento sulmo-

---

[31] *CIL* IX 3312 a *Superaequum* (*T. Statius P. f. Marr(---)/T. Ammaus P. f. Nerva/C. Cadius T. f. Pansa, / aed(iles) ex p(agi) d(ecreto) aquam / saliendam c(uraverunt*); *CIL* IX 3153 a *Corfinium* ([*Ser. Cornelius Dolabella Metilianus Pompeius Mar]cel[l]us IIIvir a(uro) a(rgento) a(ere) f(lando) f(eriundo), sa[lius Palatinus --- / ---] balineum solo suo s(ua) p(ecunia) ae[dificavit --- / --- Ser. C]orneli Dolabellae Metiliani in ho[norem --- /---] curam agente L. Venetio L. f.* [---]; Buonocore 1987, n. 8 (*Q. Avelio Q. f. Serg(ia) Prisco Severio Severo Annavo Rufo ….. Hic on honorem quinq(ennalitas) munuis gladiatorum edidit …et balineum Avelianum / muliebre cum (sestertium triginta)m(ilibus) n(ummum) donavit).*

[32] Ov. *am*. II 16, 1-10; 33-40; *trist*. IV 10, 1-4.

[33] Couquer *et alii*, 1987, pp. 69-70 e 133-136; Van Wonterghem 1989-1990, pp. 44-48; Tuteri 1999, pp. 361-376.

[34] *L.C.* I 228, 24-25

[35] Mattiocco – Van Wonterghem 1995, pp. 197-209.

nese, come ad esempio nel caso del territorio di Prezza:[36] nel cosiddetto *Pagus Lavernae*[37] tre magistrati *ex pagi decreto scaina faciundum coiraverunt*,[38] quattro *magistri Laverneis murum caementicium, portam, porticum, templum Bonae Deae pagi decreto faciendum curarunt probaruntque.*[39]

Si tratta di strutture destinate, nel primo caso, alla rappresentazione di spettacoli o a momenti comunitari della vita politica con presenza di pubblico, e nel secondo caso di edifici sacri; attestano l'esistenza di un insediamento articolato e complesso definito "*pagus*" da Mommsen[40] per la citazione dei *magistri* di *Laverna*, ma che potrebbe essere riferito con maggiore probabilità ad un santuario che rappresentava l'elemento focale, e forse generatore, del sito abitato posto nell'ambito del *pagus* che emetteva i *decreta*.

La presenza e la cronologia dell'insediamento che darà vita al *municipium* di *Sulmo* sono indiziati indirettamente dalla presenza diffusa e articolata delle necropoli, frequentate dall'età arcaica a quella imperiale e dislocate nelle zone suburbane sia ad ovest della città, nelle località Valle di Giallonardo e Zappannotte, sia a meridione, fuori l'odierna Porta Napoli, e sia nella zona orientale, in località Madonna della Potenza. La documentazione offerta dai corredi funerari sottolinea il livello medio di ricchezza cui era giunta la società nel momento antecedente alla compiuta urbanizzazione. I numerosi oggetti di artigianato locale e di importazione testimoniano già per il periodo arcaico la compiutezza e l'efficienza di una rete di contatti commerciali e culturali che poneva l'abitato in stretto collegamento con i maggiori centri produttivi del tempo.

---

[36] De Nino 1899, p. 239; Firpo 1991, pp. 350-351.
[37] Plut. *Syll.* VI 6-7, in Firpo 1991, pp. 350-351.
[38] *CIL* IX 3137; Buonocore 1991, p. 352 n. 2.
[39] *CIL* IX 3138; Buonocore 1991, p. 352 n. 3.
[40] *CIL* IX, p. 296.

## Gente di *Sulmo*

Le necropoli con le iscrizioni funerarie pervenute costituiscono la maggiore fonte di informazioni riguardo alla vita e ai nomi della gente di *Sulmo*, come gli esponenti della *gens Luocia*, impegnati nella guerra sociale e poi decaduti dalla loro posizione di preminenza come gli *Attii*, forse caduti in disgrazia dopo che nel 49 il prefetto Caio Attio Peligno era fuggito all'arrivo delle truppe di Cesare, dopo aver tentato inutilmente di tenere i *Sulmonenses* chiusi tra le mura urbane; la *gens* era imparentata con i ricchi *Peticii*, anche loro filopompeiani (nel 48 a.C. un Peticio aveva soccorso in mare Pompeo dopo la disfatta di Farsalo[41]) e molto attivi come armatori e commercianti nel Mediterraneo, dall'Africa all'Asia[42], come il *M. Attius Peticius Marsus* che donò ad Ercole, sul santuario sulmonese, una preziosa statuetta bronzea raffigurante l'eroe a riposo. Altri personaggi della famiglia erano *L. Peticis* figlio di Caio, *Peticia Saluta* e *Peticius Sergius* che vivevano nel villaggio alle falde del Morrone e *Peticius Saturninus* sepolto nei pressi del *vicus* nell'odierno territorio di Pacentro[43]. Recente è il rinvenimento di una testimonianza epigrafica di un *Peticius Optatus Num*[*idicus*][44] che attesterebbe ulteriormente gli spostamenti dei membri della *gens* nel mondo allora conosciuto. Ricchi e potenti in città e a Roma erano i *Mussidii*: possessori terrieri, i loro bolli anforari sono stati rinvenuti in Francia e in Germania[45], oltre che a Sulmona[46]; *L. Mussidius Longus* sembra essere stato il primo sulmonese a rivestire cariche politiche nella

---

[41] Gianfrotta 1989, p. 181.
[42] Tuteri 2011*c*, p. 57.
[43] *CIL* IX 3116.
[44] Tuteri 2014, pp. 53-55.
[45] *C. Mussidius nepos,* in Callender 1965, p. 107, n. 399.
[46] *L. Mussidius*, bollo rinvenuto in piazza dell'Annunziata, in De Nino 1887, p. 293.

capitale dal 42 a.C.: fu infatti un *IVvir monetalis*[47] e coniò una serie di denari con l'immagine di Cesare. Precedette quindi Ovidio nella magistratura minore del vigintisexvirato, posta alla base del *cursus honorum* nella capitale, nell'ambito del quale il poeta rivestì le cariche di *triumvir capitalis* (coadiutore del pretore nelle cause penali) o *monetalis* (come Mussidio era uno dei magistrati della zecca) e *decemvir stlitibus iudicandis* (magistrato che affiancava il pretore nelle cause civili). In area peligna restano l'iscrizione funeraria di *Mussidia Salvia*, dedicata da *C. Mussidiius Diogenes* e una epigrafe probabilmente onoraria con la citazione di un *Muss*[...] che forse avrà contributo (o costruito, o approvato) un'opera pubblica situata nei pressi dell'ingresso meridionale alla città. Un *Mussidius Atticus*, della *tribu Sergia*, a cui era iscritta la circoscrizione di *Sulmo*, è conosciuto da una iscrizione romana[48] e potrebbe essere riconosciuto con l'Attico amico di Ovidio[49].

Altri concittadini del poeta sulmonese hanno lasciato tracce del proprio nome: *Helvius Canio*[50], *L. Accavus L .l. Protogene*, *C. Oppeius C. l. Libo*, e poi *Pinaria P. f. Galla* e *P. Pinarius P. f. Corona*, appartenenti ad una *gens* antichissima che vantava a Roma i primi sacerdoti di Ercole.

Non si conosce invece il nome del titolare del grande monumento funerario a edicola che sorgeva lungo la *callis* occidentale, appena fuori dalla città: doveva essere ricco, e derivava la sua fortuna dall'allevamento e probabilmente dal commercio delle pecore: chiunque uscisse dalla porta occidentale o percorresse il tratturo, non poteva non leggere il suo nome allora inciso sull'architrave[51] che, ora

47 *L. Mussidius T.f. Longus, Quattuorvir auro, vel argento, publico feriundo* (dalle legende monetali).
48 *CIL* VI 22751.
49 Van Wonterghem 1975, p. 43.
50 *CIL* IX 3109.
51 *CIL* IX 3128.

mutila, riporta la lunga scena che illustra un momento della transumanza[52]. Il rilievo, esposto presso il Museo Archeologico, ma prima murato all'interno della città presso la chiesa di Santa Maria Pietraluna, oggi San Gaetano, riporta parte dell'iscrizione sull'architrave con l'ammonimento al viandante a non diffidare e rivela importanti particolari della vita pastorale come l'abbigliamento (*lacerna cucullata* e *toga villosa*), l'uso del *pedum* e l'utilizzo del *plaustrum* per gli spostamenti, con riferimenti a motivi colti dell'arte ellenistica[53]. Il tratturo Celano – Foggia, attraversando la conca peligna, lambiva *Sulmo* e si raccordava ad una rete di tratturelli diretti a sud: una iscrizione rinvenuta lungo il percorso di un tratturo, nella parte meridionale del territorio sulmonese in località Case Pente, documenta la situazione di conflittualità tra pastori e agricoltori e costituisce un invito perentorio ai viandanti delle *calles* a restare nell'ambito delle strade: *Callitani, callibus iti ni iniuriam acipiatis* [54].

Le *calles* hanno veicolato linfa vitale in zone apparentemente lontane dal cuore dei traffici e i nuovi dati archeologici attestano la sostanziale organicità di questo esteso comprensorio alle vicende della penisola italica.

Nell'ambito della rete stradale antica, fissata in area abruzzese dagli interventi di Augusto e di Claudio riferiti soprattutto ai tracciati viari da e verso Roma percorsi da Ovidio, occorre rivalutare l'antichità e la funzione dei percorsi longitudinali, come le lunghe strade erbose della transumanza, che hanno contribuito a rendere l'Abruzzo una terra aperta a scambi culturali e commerciali di lungo raggio.

---

[52] Mattiocco 2011, p. 38.

[53] *CIL* IX 3128; *CIL* I $^{2}$ 1776; *CSL* 1318; *ILLRP* 975; Buonocore 1988, ad nr. *CIL*; Mattiocco 2011, p. 38.

[54] *EE*, VIII 142; Buonocore 1988, ad nr. *EE*.

## Le attività

Oltre a quella pastorale, tra le attività documentate nella cittadina peligna era rinomata la lavorazione del ferro; Plinio ne esalta la tecnica:

*In nostro orbe aliubi vena bonitatem hanc praestat, ut in Noricis, aliubi factura, ut Sulmone*[55].

Diffuso dall'epoca italica, il lino peligno era famoso e se ne decantavano le qualità[56]:

*Italia et Paelignis etiamnum linis honorem habet, sed fullonum tantum in usu; nullum est candidius lanare similius...*

Molti contadini producevano il vino, irrigando le vigne: con notazioni tecniche, Plinio[57] parla della "tepidatura" peligna: i vini prodotti nel "Pago Fabiano" presso Sulmona sono aspri e hanno bisogno che le viti siano irrigate ("tepidate") con l'acqua irrigua, che nutre i cereali, elimina le erbacce, risparmiando i contadini dalla sarchiatura; l'acqua in inverno salva i pedoni delle viti dal gelo e d'estate li salva dall'arsura:

*Asperiora vina rigari utique cupiunt in Sulmonense Italae agro, Pago Fabiano, ubi et arva rigant; mirumque, herbae aqua illa necantur, fruges aluntur et riguus pro sarculo est. In eodem agro bruma, tanto magis si nives iaceant geletve, ne frigus vites adurat, circumfundunt riguis, quod ibi tepidare vocant, memorabili natura in amne solis, eodem aestate vix tolerandi rigoris.*

Quello che si otteneva era però una bevanda aspra[58], buona per i servi. Per Marziale i torchi peligni infatti non producono vino di buona qualità:

[55] Plin. *Nat*. XXXIV 146.
[56] Plin. *Nat*. XIX 13.
[57] Plin. *Nat*. XVII 250.
[58] Mart. XIII 121, 1-2.

*Non haec Paelignis agitur vindemia prelis*
*uva nec in Tuscis nascitur ista iugis, ...*[59]

e ancora:

*Marsica Paeligni mittunt turbata coloni:*
*non tu, libertus sed bibat illa tuus.*[60]

Naturalmente era presente anche nell'Abruzzo interno il fenomeno dell'importazione di vino e grano; il vino costituì il prodotto maggiormente commercializzato in quanto fonte di ricchezza per importanti famiglie di mercanti e di ricchi latifondisti. Nel territorio sulmonese in particolare, la già ricordata *gens Peticia*, famiglia di ascendenza etrusca ma radicata in ambito peligno dalla fine del II sec.a.C. e in territorio marso, ha lasciato tracce epigrafiche nel mondo allora conosciuto, compresa l'Africa e l'Arabia, come attesterebbe anche il cosiddetto Rilievo Dragonetti[61], che raffigura personaggi togati con dromedario, testimonianza della presenza di mercanti italici, forse i *Peticii*, nell'Africa settentrionale.

Numerosi erano i vini d'importazione greca, come testimoniano i numerosi bolli d'anfora presenti nella Collezione Civica del Museo Archeologico di Sulmona[62], dei quali sette provengono dall'isola di Rodi.

Plinio e Calpurnio Siculo citano il territorio peligno come zona di produzione di miele e di cera attraverso l'apicoltura:

*Aliubi enim favi cera spectabiles gignuntur, ut in Sicilis, Paelignis*[63]

Altri artigiani lavoravano la pietra, come *Lucius Albius Eros*, liberto di Lucio, che si definiva *scalptor statuarius* e

---

[59] Mart. I 26, 5.
[60] Mart. XII 121, 1-2.
[61] Tchernia 1992, pp. 293-301; Tuteri 2011*c*, p. 57.
[62] Tuteri 2011*b*, p. 52.
[63] Plin. *nat.* XI 33.

dedicò un pilastrino e forse una statuetta in marmo di Ercole sul santuario dell'eroe.

Tra le attività documentate tra i Peligni in età romana, la caccia sembra avere avuto particolare successo,[64] come documentano i diversi rilievi scultorei che elaborano immagini relative alle *venationes*.

Una stele funeraria[65], oggi murata nel cantonale di Palazzi Tabassi a Sulmona, dedicata da *Orentilla* a *Titus Annavus Primus*, liberto di *Titus*, raffigura la caccia all'orso condotta da un cacciatore armato di lancia e accompagnato da due cani, nella consueta ambientazione naturalistica che, in un secondo rilievo raffigurante una scena di caccia al cervo[66] è caratterizzata da arbusti e querce; qui il cacciatore è armato di arco e sempre accompagnato da cani. Il blocco lapideo che reca il rilievo fu adattato a concio murario e inserito nel sottarco di Porta Filiamabili e Sulmona.

Una ulteriore lastra, marmorea in questo caso, risulta dispersa dalla Collezione Civica dal 1907 e riportava una iscrizione con scena di caccia[67]: era dedicata a *Gnaeus Cornelius Secundus* e recava la raffigurazione di un uomo a cavallo, accompagnato da un cane, che scaglia un dardo all'inseguimento di una fiera.

Tali diversificate attività documentate tra i Peligni presuppongono una società strutturata e un certo livello di ricchezza, che ben si addice alla patria di Ovidio. Lungo le strade di *Sulmo* si aprivano le botteghe, i laboratori artigianali, i *thermopolia* affollati di avventori: al piano superiore delle *tabernae*, creato con un soppalco, spesso abitavano i commercianti meno ricchi, gli artigiani e gli osti. Verso le mura si diradava la maglia degli isolati, e alcune piccole case erano costruite con materiale deperibile, quasi capanne e baracche.

---

[64] TUTERI 2002*a*, pp. 13-18.

[65] *CIL* IX 3106, I sec. d.C.

[66] TUTERI 2002*a*, p. 16; BENCIVENGA 2016, pp. 18-21.

[67] *CIL* IX 3099.

Nelle piccole abitazioni vivevano artigiani, fabbri e ceramisti, mercanti locali, panettieri, muratori, contadini, servi e fattucchiere (famose fino all'Urbe le maghe peligne!)[68], delle quali Ovidio fornirà una sceneggiatura da film dell'orrore, con la rappresentazione dell'*anus annosa* che compie stregonerie nel suo tugurio[69], mettendo in scena una vecchia maga che pone in bocca *sette fave nere* mentre compie sacrifici a Tacita, dea del Silenzio:

*Ecce anus in mediis residens annosa puellis*
*sacra facit Tacitae: vix tamen ipsa tacet.*
*Et digitis tria tura tribus sub limine ponit,*
*qua brevis occultum mus sibi fecit iter.*
*Tum cantata ligat cum fusco licia rhombo;*
*Et septem nigras versat in ore fabas.*

Il mondo italico e romano considerava le fave, dai pitagorici ritenute peccaminose, collegate al culto delle divinità infernali e dei morti, come emerge in modo terrificante nei *Fasti*[70] e propriamente nel passo in cui Ovidio parla delle feste dei *Parentales* e delle *Feralia,* nonché dei misteriosi rituali che si svolgevano dal 13 al 21 febbraio nel mondo romano per allontanare le *larvae* dalle case.

Nelle strade, nelle piazze, e soprattutto in quella principale, il *forum*, si svolgeva la vita pubblica dei *Sulmonenses*: i *clientes* stavano in fila davanti alla porta della *domus* del patrono per la *salutatio matutina*, i maestri impartivano le lezioni sotto i portici, i magistrati usciti dalla basilica e dalla *curia* si fermavano a discutere con i *cives*, i sacerdoti preparavano il rito presso l'altare del tempio, i *tabernarii* servivano focacce calde oltre il bancone a ridosso della strada, i mendicanti mendicavano, i bambini giocavano (alle noci,

[68] *Quid proderit ditasse / Paelignas anus / velociusve miscuisse toxicum?"* (Hor. *ep.* XVII 53-64).
[69] Ov. *fast.* II 571-582.
[70] Ov. *fast.* V 429-40.

con la palla, a mosca di rame, con gli astragali o con le bambole di pezza o, le bambine più fortunate, con bambole di osso o avorio, ...), le matrone lasciavano scie profumate, volendo sembrare nelle vesti e nei modi delle vere Greche, come dirà Giovenale più di cinquant'anni dopo:

> [...] *se non putat / ulla formosam nisi quae / de Tusca Graecula / facta est, / de Sulmonensi mera / Cecropis* (VI 185-187)

## *Sulmo mihi patria est*

Alla nascita del Poeta, terminata la ricostruzione post-bellica, risanate le ferite sillane e riavviata la normale vita quotidiana, a sei anni dalla consegna alle truppe cesariane e ad un anno dal cesaricidio, la città aveva trovato una pace relativa, non essendo implicata direttamente nei primi accordi e poi nelle cruente lotte tra Ottaviano e Marco Antonio: erano in cantiere molti edifici pubblici e le infrastrutture che dovevano offrire all'apparato urbano l'immagine di *municipium* e garantirne la funzione di riferimento politico e amministrativo per il territorio circostante. Il foro, la curia, i templi e le strade lastricate costituivano i primi riferimenti monumentali anche nella piccola città peligna che si adeguava ai canoni romani dell'urbanizzazione. Finora in un solo caso è possibile collocare con certezza un tratto di strada urbana lastricata con grandi basoli in pietra calcarea e attrezzata con sottostrutture fognarie[71]: è oggi ripercorso, a circa un metro e mezzo sopra i livelli romani, dall'attuale via Ercole Ciofano[72].

---

[71] Antiche strutture fognarie sono state individuate presso via Stella, hanno struttura voltata coperta da lastre di pietra calcarea disposte alla 'cappuccina'. Le pareti sono realizzate in blocchetti irregolari di pietra, mentre il piano è in battuto di calce.

[72] Piccirilli 1907, pp. 429-430; Tuteri 1996*a*, p. 34.

La parte centrale della cittadina era intensamente edificata, soprattutto lungo l'asse viario centrale, dove l'edilizia privata del ceto più abbiente delimitava i suoi spazi nei pressi delle aree pubbliche e gli aspetti monumentali andavano imponendosi in un crescendo di impegno costruttivo: l'edilizia privata conosceva in questo periodo un rinnovamento nel senso della ricerca del lusso, nel solco delle mode giunte dalla capitale, dalla Campania e dalla Grecia. Mobili ricercati e pitture parietali ornavano le abitazioni del centro città e le ville nella campagna; i mosaici sostituivano i pavimenti in battuto cementizio e statue e sculture si aggiungevano alle colonne e alle trabeazioni.

Veniva costruito anche il teatro, probabilmente con la cavea appoggiata al sensibile dislivello nella zona a sud-ovest del pianoro fortificato, a contatto con la viabilità suburbana[73]: nobilitava l'aspetto della città per chi provenisse da meridione, forniva alla società degli abitanti la dignità civica in quanto elemento culturale e politico nel paesaggio delle nuove architetture, funzionali al raggiungimento di un livello adeguato allo status di *municipium*.

In relazione a questa fase di rinnovamento e di sviluppo edilizio è forse possibile collocare due contesti che conservano le tracce di precedenti frequentazioni: a piazza S. Carlo, tra il materiale rinvenuto al di sotto della sede stradale, che comprendeva resti architettonici e strutture (un pilastro in laterizi, parte di una scalinata, un crollo di tegoloni all'angolo del pilastro) hanno suscitato interesse due strati, formati in un caso da un crollo di intonaci bianchi, gialli, rossi e neri e in un altro da frammenti di ceramica a vernice nera. Una situazione simile, ma limitata alla cospicua presenza di simili frammenti ceramici, databili tra III e II sec. a.C., è stata documentata in via Mazara, negli ambienti a piano terra del palazzo Tabassi posto di fronte alla chiesa di San Fran-

---

[73] TUTERI 2002*a*, p. 14.

cesco della Scarpa. Qui le murature e il pavimento musivo erano stati inseriti in un contesto già occupato da strati notevoli di frequentazione, attestati dai mucchi di reperti ceramici a vernice nera. A Sulmona e nei siti della conca peligna è frequente il rinvenimento di tale classe di materiali associati ad altri reperti fino alla fine del I sec. a.C., ma gli strati ora descritti contenevano frammenti di più alta datazione, lasciando ipotizzare un esteso intervento di riqualificazione urbana che aveva accantonato nei livelli di fondazione delle nuove strutture le tracce delle precedenti costruzioni e frequentazioni.

Nella città di Ovidio concorrono a delineare le fasi urbane soprattutto le epigrafi e i mosaici pavimentali[74], che hanno rappresentato nel tempo la stessa idea di città antica ancorando alla cronologia assoluta della storia i momenti di maggiore vitalità di questa realtà provinciale: i mosaici sulmonesi più antichi provengono dall'area centrale, mentre quelli della piena età imperiale sono localizzabili in zone periferiche del sito urbano[75], a testimonianza di successive espansioni e trasformazioni della città, non staticamente rispettosa di una rigida *forma*. Dall'analisi dei ritrovamenti recenti trova conferma l'espansione urbana nella prima età imperiale, quando risultano parzialmente occupate le aree poste immediatamente a nord e a sud della cinta muraria[76]. Il piano programmatico, effettivamente realizzato ma in parte disatteso nel lungo processo costruttivo, impresse l'assetto razionale predeterminato alla città che, all'interno della cerchia muraria, risulterebbe estesa per 11 *actus* in senso

[74] Van Wonterghem 1984, n. 130, 1-5, 9, 11-14, 2- 22; Tuteri 1995; Tuteri – Pizzoferrato – Violante 2012.

[75] Tuteri 1995, p. 73.

[76] La lunghezza di questi ambiti corrisponde precisamente alla lunghezza del *municipium* murato, pari a 390 m, cioè a 11 *actus*, e segnala probabilmente una previsione di sviluppo puntualmente preordinata e quindi realizzata nel corso dei secc. XIII-XIV: Mattiocco 1978, pp. 51 s.

nord-sud e di 13 *actus* in senso est-ovest. Un percorso pomeriale interno correva probabilmente lungo le mura e la persistenza della viabilità principale nell'attuale Corso Ovidio apparirebbe chiara, anche se i rinvenimenti di mosaici e murature effettuati in passato[77] a ridosso della sede stradale odierna e gli allineamenti riscontrati in occasione dei recenti interventi di archeologia urbana porterebbero a collocare l'asse antico leggermente inclinato verso ovest[78].

Nelle zone meridionale e settentrionale della città sarebbe possibile verificare l'estensione del piano programmatico per ulteriori 11 *actus*[79] sia sul prolungamento dell'asse viario lungo un vasto spazio aperto (attuale piazza Garibaldi, identificabile probabilmente con un *campus*[80], con piazza del Carmine) sia all'estremo lembo settentrionale dell'abitato, dove il sito dell'attuale villa comunale[81] avrebbe potuto accogliere il *circus*[82]. L'ampiezza dello spazio, m 70 x 350, coincide con le misure che tale edificio avrebbe potuto occupare; i ritrovamenti effettuati nella zona nei secoli scorsi[83] consistevano in elementi architettonici in pietra, tra cui colonne e trabeazioni, e in resti di edifici con ambienti mosaicati localizzati lungo viale Matteotti[84] e viale Roosevelt[85]. In piazza Carlo Tresca, nella fascia immediatamente esterna alle mura, furono scoperti dei grandi contenitori in terracotta, riferiti all'impianto di

---

[77] De Nino 1889, p. 44; De Nino 1877 (in piazza dell'Annunziata); Ceccaroni 2001.

[78] Come già rilevato da Buonamico 1982-1983.

[79] Mattiocco 1978, pp. 51 s.

[80] La Regina 1966*a*, p. 113 e n. 62; Van Wonterghem 1984, p. 233 n. 130, 20, 28.

[81] La Regina 1966*a*, p. 110; Van Wonterghem 1984, p. 233 n. 20; Mattiocco 1994, p. 236.

[82] Tuteri 2002*a*, pp. 13-17.

[83] Piccirilli 1912, p. 150.

[84] Piccirilli 1932, pp. 6-7.

[85] Piccirilli 1912, p. 149-150; Ceccaroni *et alii* 2001, pp. 43-51.

una fullonica[86]. Tutto questo potrebbe non contrastare con la presenza di un circo, inserito in una espansione della città al di fuori della originaria cerchia muraria già nel I sec. a.C., come sembrano attestare le murature in opera reticolata rinvenute nei pressi del Palazzo Vescovile.

L'ampio spazio occupato dal circo poteva essere edificato inizialmente con strutture di legno, poi sostituite da impianti architettonici in pietra: in una ricostruzione ideale, condotta secondo lo schema planimetrico più comune, la grande arena ellittica era circondata dalla cavea con i gradini (*loca* e *fori*) per il pubblico, aveva i *carceres* (che trattenevano i cavalli prima della partenza) sul lato corto, la *spina* che la divideva longitudinalmente con pilastri e statue, e le *metae* attorno alle quali i cavalli compivano le svolte. Sul lato corto e curvo del circo poteva essere posto un tempietto, che potrebbe aver costituito la preesistenza all'edificazione della cattedrale[87]. L'esistenza di questo edificio per spettacoli è attestata da una iscrizione di II secolo, quindi riferita ad una città che poteva essersi dotata di ulteriori strutture in età imperiale, ma probabilmente lo spazio esistente fuori della porta settentrionale doveva aver assolto a funzioni ludiche già precedentemente. L'epigrafe[88] riporta le volontà testamentarie di un ignoto personaggio sulmonese relative al finanziamento per l'istituzione dei ludi circensi che, organizzati ogni anno a cura dei figli, delle figlie, degli eredi e dei liberti, vengono posti in diretta relazione con un evento funebre: la morte dell'autore del testamento viene ricordata con l'indizione degli spettacoli che in tutto il mondo antico avevano uno stretto rapporto con le celebrazioni sa-

[86] De Nino 1899, p. 280.

[87] La cattedrale intitolata a San Panfilo viene tradizionalmente posta sui ruderi di un tempio, ma potrebbe essere stata edificata sulle strutture di una villa suburbana o sui resti di un mausoleo posto lungo la viabilità settentrionale.

[88] De Nino 1899, p. 148; Buonocore 1988, n. 50, pp. 72-73.

cre e funerarie. Nel testo epigrafico è inoltre sottolineata la destinazione popolare di tali manifestazioni, che vengono elencate insieme all'annona e alle elargizioni ai poveri, ai malati e alla plebe del *municipium* sulmonese in età imperiale.

I momenti salienti della storia urbanistica locale sono stati in parte definiti dalle indagini archeologiche condotte dal 1990 nel sito pluristratificato di Sulmona, spesso come interventi d'urgenza. La prima fase documentata di età romana comprende la fine della guerra sociale, coincide poi con l'epoca ovidiana e, attraverso i tempi di attuazione della pianificazione che aveva imposto una *forma* adattata alle preesistenze, giunge fino ad una soluzione della continuità urbanistica seguita al terremoto del II secolo[89].

Nella fase coincidente con la municipalizzazione, la serrata presenza di grandi residenze nel settore centrale della città antica è documentata dalle tracce degli edifici di età romana rinvenuti in varie occasioni nei secoli scorsi[90]. Anche le strutture pertinenti alla *domus* di Arianna[91], ricomprese nel percorso di visita del Museo Archeologico, e i resti di una *domus* edificata tra la fine del I sec. a. C ed il secolo successivo, tornati alla luce in piazza Tommasi[92], contribuiscono al riconoscimento delle caratteristiche proprie delle *domus* signorili della città di Ovidio.

Le strutture pertinenti ad una unità abitativa individuate nelle stratificazioni sottostanti il Palazzo dell'Annunziata[93], soprattutto murature, pavimentazioni[94] e decorazioni pitto-

---

[89] Tuteri 1995, p. 72; Tuteri 1996*a* p. 35; Ceccaroni 2009.

[90] Van Wonterghem 1984, pp. 227-232, nn. 130, 1-19.

[91] Tuteri 1995, pp. 483-495; Tuteri 1996*a*, pp. 30-41; Tuteri 1999, pp. 361-376; Tuteri 2000, pp. 21-21, 34-35, 39-59; Tuteri 2010*b*, pp. 24-25; Tuteri 2011, p. 93.

[92] Tuteri – Pizzoferrato – Violante 2012, pp. 93-102.

[93] L'intervento comunale di restauro dell'ala cinquecentesca del Palazzo e di valorizzazione del sito musealizzato fu condotto dall'arch. R. Giannantonio.

[94] Tuteri 1995, pp. 73-75.

riche parietali[95], permettono di individuare con prudenza gli ambienti a destinazione funzionale, con piani in battuto cementizio a base fittile (cocciopesto), e i locali di rappresentanza, con tappeti musivi e intonaci policromi. Nel settore meridionale della *domus*, i pavimenti in cocciopesto e la tecnica edilizia in opera quadrata inducono a riconoscere gli ambienti probabilmente più antichi dell'edificio, ben collocabili nell'ambito del II sec. a.C. e forse caratterizzati da un uso privato nella ripartizione degli spazi domestici, in quanto posti a ridosso di un'area non edificata, comunicanti tra loro e separati dalle stanze di maggiori dimensioni, costruite come ampliamento del nucleo preesistente. Gli ambienti più grandi (m 8,60 x 6,00 quello posto a ridosso dei locali di servizio e circa m 10 x 5,80 quello posto immediatamente a nord) sono pavimentati con mosaici a tessere bianche e nere. I tappeti centrali sono monocromatici a orditura obliqua, contornati da due fasce scure. L'ambiente di maggiori dimensioni fu interessato verso la fine del I sec. a.C. da un importante intervento di ristrutturazione, che comportò l'inserimento di un muro in opera incerta – quasi reticolata, allineato con le altre strutture presenti, forse a delimitare uno spazio di risulta con funzioni finora non accertate. I due grandi ambienti mosaicati comunicavano forse con uno spazio aperto, indiziato dalla pavimentazione piuttosto ordinaria in semplice battuto a base cementizia che doveva ospitare un elemento quadrangolare (vasca?) e si configurava, per gli accessi verso gli altri ambienti, come elemento di snodo dei percorsi interni alla *domus*: secondo la ipotizzata posizione dell'ingresso (*fauces*) della *domus* sul lato settentrionale o viceversa su quello meridionale, potrebbe identificarsi con un atrio o essere riconosciuto come ciò che resta di un peristilio, ma la planimetria ricostruibile dell'edificio non permette attribuzioni di funzioni o di tipologie. Certo è che

[95] CARUGNO 2011, p. 94.

il grande ambiente mosaicato che su questo spazio si apriva era uno dei più importanti della casa: le pitture parietali ne denotano la ricchezza e la ricercatezza in termini di riferimenti mitologici e di livello artistico. Per quanto è stato possibile ricostruire e interpretare dai numerosissimi frammenti rinvenuti in crollo sui pavimenti nella fase di abbandono e nei mucchi formati in occasione della spoliazione delle strutture, le pitture rispondevano alla moda del momento di trattare le pareti come sfondi scenografici con l'allusione ad architetture e a paesaggi.

I *Sulmonenses* abitavano dunque dimore del tutto simili a quelle conosciute nelle altre città della provincia romana, si servivano degli stessi artisti-artigiani itineranti o si facevano copiare dai cartoni in circolazione i temi in voga da raffigurare sulle pareti. Così il proprietario della *domus* di Arianna aveva fatto ritrarre nella megalografia inquadrata da colonne e da esili architetture, ben fondate su basi e predelle, una scena mitologica di *hierogamia*, sottolineata nel registro inferiore dalle figure di Eros e Pan che disputavano alla presenza di un giudice. Sul fondo azzurrino del cielo e del mare di Grecia che circonda l'isola di Nasso dove Teseo abbandonò Arianna, si staglia la figura semidistesa di Dioniso che regge il tirso, con clamide rossa sulle gambe, proteso in un abbraccio verso la fanciulla che con la mano sinistra sostiene il velo gonfiato dal vento. Scena suggestiva, evocatrice di miti e di amori, raffinata e diffusa in abitazioni di lusso: a *Stabiae* e a Pompei decorava rispettivamente Villa Arianna e la Casa del Bracciale. Tra i frammenti in parte recuperati e ricomposti emergono parti di figurine femminili in volo, eleganti elementi vegetali, tralci e ghirlande che evocano i temi dionisiaci dichiarati dalle figure di pantera e toro dipinte sul fondo nero della predella. La particolare devozione al dio praticata dai proprietari della *domus* viene confermata dal rinvenimento di una ermetta in marmo che raffigura Dioniso bambino, del tutto simile ad un'altra trovata a Corfinio. Del resto dagli scavi condotti nel sottosuolo di

Sulmona sono tornati alla luce reperti che attestano la diffusione del culto di Dioniso – Bacco tra i Peligni, in un orizzonte che del mito conserva retaggi culturali e consuetudini quotidiane, nella ripetizione di gesti tra vigne, cantine e banchetti. I frammenti di una coppa in terra sigillata italica conservano le figure di menadi, le *saltantes Lacaenae*; su una lastra fittile di decorazione architettonica (*antepagmentum*) è raffigurata la testa di un sileno, riproposta anche nei lacerti musivi da viale Matteotti.

La *domus* si poneva dunque nel cuore della cittadina peligna, alle spalle di un edificio pubblico (*capitolium*?) dotato di scalinata e probabilmente nei pressi del foro, in stretta aderenza ad altre abitazioni, i resti delle quali sono apparsi in occasione di interventi di varia natura che hanno raggiunto le stratificazioni di età romana. Nei secoli scorsi[96] la piazzetta dell'Annunziata ha rivelato mosaici ascrivibili alle tipologie dei tappeti musivi bianco-neri, come quello decorato da una rete di esagoni regolari. Tratti ulteriori di murature, lacerti pavimentali a mosaico e in battuto di malta, e frammenti di decorazione parietale policroma con specchiature che imitano lastre marmoree con decorazioni floreali, sono emersi alla fine degli anni Novanta del Novecento in vico dell'Ospedale.

Nelle vicinanze, nel sito dell'attuale Largo Salvatore Tommasi, è stata individuata e documentata parte di un'altra residenza, il cui lato occidentale si attestava alla stessa sede stradale (con andamento nord-ovest/sud-est) che delimitava ad ovest la *domus* di Arianna; il suo lato orientale doveva essere limitato dalla via lastricata, parallela alla precedente, vista nel 1907[97].

Dell'abitazione indagata nel 2006 sono stati delineati finora sette ambienti, tutti pavimentati con tessellati a decora-

[96] De Nino 1877, p. 93, p. 293.
[97] De Nino 1907, pp. 26-27.

zioni geometriche e fitomorfe. Le murature in opera reticolata risultano quasi sempre decorate da intonaci parietali con specchiature monocrome in rosso e nero e motivi figurati.

I mosaici attestano la grande circolazione, nel periodo augusteo, di merci e materiali da costruzione anche nelle città di provincia, poste su importanti arterie viarie come nel caso di *Sulmo*: gli inserti romboidali presenti nel tappeto musivo sono in marmo africano. La *domus* di Largo Tommasi presenta una ricca varietà di motivi decorativi in uso tra la fine del I sec.a.C. e l'inizio del I sec.d.C.: una composizione di losanghe in colori contrastanti genera stelle a sei punte, che creano l'illusione dei cubi prospettici; una cornice costituita da una treccia a due capi bianca su fondo nero riquadra l'ambiente di maggiori dimensioni della parte di *domus* indagata (un lato di m 9,40); un piccolo ambiente di passaggio conserva il tappeto monocromo bianco con fascia perimetrale nera; l'ingresso ai due vani posti in comunicazione è segnato da due soglie musive con decorazione vegetale con foglie, volute e racemi spiraliformi che terminano con calici floreali e fiori di loto. Nella parte meridionale della *domus* un ambiente conserva la pavimentazione decorata da motivi diversi: un semplice tappeto di tessere bianche inquadrato da una fascia nera cede il campo a una decorazione più complessa, costituita da stelle a quattro punte che formano un reticolo di losanghe creando l'effetto di ottagoni, come in molte case di area campana.

Tra i materiali finora recuperati, si conservano molti strumenti in bronzo e osso relativi al *mundus muliebris* (spatoline e aghi crinali) che costituiscono l'indizio della presenza in casa di una matrona raffinata.

Anche in questo caso è difficile identificare le funzioni dei vari ambienti, poiché non è ben chiara la complessiva articolazione planimetrica dell'edificio, gravitante comunque nell'area centrale dell'attuale Largo Tommasi: l'ingresso è ipoteticamente posto ad est, e quindi riferibile al tratto viario basolato rinvenuto nel secolo scorso, o a sud, su un ulteriore tracciato che attraversava la cittadina in senso est-ovest.

La posizione della *domus* è comunque riconoscibile nel pieno centro urbano: i resti edilizi di largo Tommasi appartenevano con molta probabilità ad un personaggio illustre della cittadina peligna, che aveva individuato nella residenza vicina ai maggiori edifici pubblici un segno della propria dignità di *civis romanus* nel contesto municipale.

Le fonti archeologiche narrano quindi di una città ricca e colta, che aveva dato i natali al poeta tra i più amati e sfortunati del suo tempo. Il piccolo Publio era venuto alla luce in una casa di certo lussuosa: sollevandolo da terra com'era consuetudine e riconoscendolo come figlio legittimo, secondogenito, il padre avrà sperato di poter realizzare in lui l'aspirazione all'ordine senatorio, ma non avrà immaginato di avere tra le braccia la futura "gloria delle genti peligne". Assicurando l'istruzione dei piccoli *Ovidii* a Roma, garantendo per loro anche il viaggio canonico in Grecia, Ovidio *senior* pensava di preparare un futuro di carriera politica per i suoi figli.

La prematura scomparsa del fratello ventenne dovette lasciare un vuoto profondo ("*et coepi parte carere mei*"[98]), e il poeta ricorda con affetto come nell'infanzia la stessa focaccia festeggiasse il loro compleanno, nello stesso giorno.

Da ragazzo, Ovidio avrà visitato con il fratello Lucio i luoghi più importanti del circondario sulmonese, compresi i grandi santuari di Ercole Curino sul pendio del Monte Morrone e l'area sacra di *Ocriticum*, sul pianoro che chiude a meridione il territorio peligno, prima dei monti boscosi che si aprono al Sannio.

Proprio negli ambienti dei grandi boschi di media montagna Ovidio individua una particolare sacralità dei luoghi, che conservano insita la suggestione della presenza divina:

*stat vetus et multos incaedua silva per annos;*
*credibile est illi numen inesse loco.*[99]

[98] *Ov. trist.* X 32.
[99] Ov. *am.* III 1, 1 s.

*stat vetus et densa praenubilus arbore lucus;*
*aspice, concedas numen inesse locum.*[100]

Al confine tra Peligni e Sanniti, lungo la strada (*via Nova*[101]) che attraversava il bosco ora denominato di Sant'Antonio, tra Pescocostanzo e Cansano, un grande santuario, con la *mansio*, costituiva una tappa verso gli orizzonti meridionali. Nel sito di **Ocriticum*[102], individuato dalla *Tabula Peuntingeriana* a sette miglia da *Sulmo*, il grande santuario italico – romano era collocato sul pianoro che ospitava una rete di percorsi che attraversava necropoli e raggiungeva edifici produttivi, come la grande calcara[103] sulla collina orientale, templi, abitazioni e mausolei funerari, posti all'ombra del grande centro fortificato di Colle Mitra, e piccoli insediamenti dislocati sulle colline e i sui pianori in località Pantano, Tavuto, Polmare e Santa Maria dei Chierici.

Al tempo di Ovidio il santuario di *Ocriticum* era già antico: era stato da poco costruito il tempio di Giove, ma Ercole, Cerere e Venere già abitavano gli spazi sacri da almeno due secoli.

Alla fine del I sec. a.C., l'ampliamento e la ristrutturazione generale del luogo di culto avevano comportato una complessa articolazione degli edifici posti all'interno del recinto sacro definito su un terrazzamento sostruito; oltre alle emergenze monumentali del tempio italico e del nuovo tempio in opera reticolata, altre costruzioni scandivano lo spazio delimitato: i portici si addossavano alla parte interna del muro di recinzione, i percorsi collegavano i vari luoghi sede dei riti, toccando le facciate di altri piccoli edifici (*thesauroi*?) posti

[100] Ov. *am.* III 13, 7 s.

[101] Mattiocco 1989, pp. 260-261; Mattiocco 1994, p. 149s.; Mattiocco 1999, p. 8; Mattiocco 2000, pp. 9-11; Mattiocco 2003, pp. 73-104; Mattiocco 2005*a*, pp. 27-31; Mattiocco 2005*b*, pp. 39-40; Mattiocco 2012, pp. 439-452.

[102] Tuteri 2005*a*, Tuteri 2005*c*, Tuteri. 2006.

[103] Pizzoferrato 2005, pp. 47-55.

nella zona nord-occidentale del santuario e confluendo poi nella piccola gradinata di collegamento tra il terrazzo superiore e quello inferiore. Nelle platee poste davanti agli edifici templari, vasti spazi aperti per la folla dei fedeli, i riti si svolgevano nei pressi degli altari. La nuova definizione del *temenos* (lo spazio sacro recintato da un muro) fu fissata in una planimetria che, originariamente rettangolare, per comprendere al suo interno il nuovo edificio templare in opera cementizia, divenne quella di un esagono irregolare, derivato dal rispetto della viabilità preesistente.

Nelle aree sacre, la compresenza di più divinità caratterizzava la stessa articolazione planimetrica. A Cansano proprio la struttura terrazzata alludeva ad una visione del mondo che dai riferimenti celesti veniva trasposta sulla terra; i terrazzamenti recintati enfatizzavano il concetto di *hortus* (l'*hurtuz* della Tavola di Agnone) e separavano le funzioni liturgiche attribuite ai diversi ambiti del sistema religioso: quello *giovio* del terrazzo superiore, quello *cererio* del terrazzo inferiore.

La stessa evoluzione architettonica del santuario venne progettata nel rispetto più rigoroso degli elementi sacri (inviolabili) preesistenti: sul pianoro di Cansano il *temenos* fu ampliato in epoca romana affiancandosi all'area recintata del tempio più antico, rispettandone allineamenti ed orientamenti.

In occasione della sua visita, Ovidio avrà immediatamente percepito la folla di divinità richiamata dai templi e dalle offerte votive, divenute oggi un aggancio concreto alla ricostruzione di una serie di culti e di atti devozionali.

All'interno del tempietto delle divinità femminili (Cerere-Demetra, Proserpina – Persefone-Kore, Herentas – Venere – Afrodite) nel piccolo terrazzo inferiore, al momento dello scavo erano ancora in posto, sul pavimento, le basi in pietra per le statue di culto o per gli altari, forse in legno o in argilla, portati via al momento dell'abbandono repentino del luogo di culto. Nello stesso ambiente, originariamente sistemati probabilmente su mensole lignee fissate alle pareti, sono stati rinvenuti moltissimi oggetti del *mundus muliebris*: unguentari, pettini, specchi, come richiamo costante tra pratiche rituali e di vita quotidiana.

La situazione del tempietto può essere illustrata dalle numerose testimonianze epigrafiche del culto di Cerere e Venere in area sulmonese sia in epoca repubblicana, con iscrizioni funerarie redatte in dialetto peligno[104], sia all'inizio dell'età imperiale[105], che documentano la diffusione, l'importanza e la longevità del culto. Se la religiosità in questo ambito si connotava secondo una valenza popolare e rurale, l'estrazione sociale delle sacerdotesse sembra caratterizzata in senso gentilizio, come rivelano le formule onomastiche riferibili a *gentes* attestate in area peligna e altrove al seguito delle stesse famiglie[106]. Del resto l'organizzazione di questo sacerdozio sembra riferita ad un forte impianto gerarchico, rivelato dalla famosa attestazione epigrafica peligna di carattere funerario detta "di *Herentas*" [107], di I sec.a.C., rinvenuta a Corfinio. Compaiono nell'iscrizione le figure di una

[104] *CIL* I 1773 e *add. tertia,* fasc. 4, 3212; 3213; 3213 a; 3214; 3215; 3226 (Vetter 1953, 202-211, pp. 140-144; Poccetti 1979, n. 211; Conway 1897, pp. 235-240; De Nino 1878, p. 318; De Nino 1899, pp. 274-5; Bottiglioni 1954 nn. 122-131, pp. 331-335; Pisani 1953i, pp. 107-113; Colonna 1956, pp. 219-217; Durante, 1978, p. 797-804, p. 797; Mattiocco 1973, p. 8, fig. 3; Mattiocco 1981, p. 32, n. 80; p. 41, n. 119, tav. XXXV 1-2; Silvestri 1968, pp. 198-206; Mosci Sassi 1974; Mosci Sassi 1980, pp. 3-14; Picchi, 1979, pp. 268-271; Prosdocimi 1974, pp. 1-39; Prosdocimi 1996, pp. 550-551; Poccetti 1982, pp. 171-182; Poccetti 1990, pp. 207-229; Morandi 1982, p. 144; Luschi 1988, pp. 197-201 pp. 197-201; Santi 1994, pp. 241-257; Poccetti 2010; Buonocore – Poccetti 2013; Bencivenga 2011; Bencivenga 2012; Dionisio 2013.

[105] *CIL* IX 3087, 3089; Buonocore 1988, nn. 47, 48.

[106] Si veda il caso del culto della *Cerere Helvina* emigrato a *Fregellae* (Coarelli 1991, pp. 177-192; 1991 b, pp. 177-192, ma soprattutto pp. 186-191).

[107] Vetter 1953, n. 213; Pisani 1953 n. 47; Durante 1978, p. 797-804; Morandi 1982, pp. 145 -147.

*pristafalacirix* (che può essere interpretata come una *antistita* – ancella ) e di una *sacaracirix* – sacerdotessa. Il testo dell'iscrizione rivela una cultura che in piena età romana conserva volontariamente il dialetto ed esprime forti ascendenze greche nella sua struttura e con precisi riferimenti a Persefone – *Perseponas* e ad Afrodite *Uranias* allude alla speranza nella vita ultraterrena.

Il carattere di severa dignità espresso dalle iscrizioni delle sacerdotesse di Cerere e Venere rivela una considerazione sociale di rilievo che non altera però l'antica visione generale del mondo muliebre; nel caso della struttura del santuario di Cansano, la posizione eccentrica, o marginale, del recinto e del tempietto delle divinità femminili può costituire "figura" di una ideologia sociale e dei suoi riflessi nella teonimia[108]: le donne e gli ambienti rurali sono posti *a latere* della vita pubblica e di quella urbana[109].

Le iscrizioni funerarie delle sacerdotesse di Cerere e di Cerere e Venere, che popolavano soprattutto i santuari suburbani ed extraurbani[110], emergono per quantità di documenti tra le attestazioni dei culti risalenti all'epoca della nascita di Ovidio.

Le aree sacre costituivano il riflesso di una avanzata società urbana e derivavano la ricchezza e l'aspetto monumentale dalla munificenza di facoltosi personaggi, *milites*[111] e *mercatores* [112] che dalle attività militari e commerciali con l'Oriente traevano profitti economici e culturali da reimpiegare nella città di provenienza, dove riportavano anche le sollecitazioni proprie di altre religioni.

---

[108] PROSDOCIMI 1996, p. 535.

[109] POCCETTI 1996, pp. 219-241; TORTORELLI GHIDINI 1995, pp. 72 ss.

[110] Iscrizioni romane delle sacerdotesse in BUONOCORE 1988, 47-48.

[111] L'attività mercenaria dei Peligni appare documentata dal V-IV sec. a.C.; *CIL* IX 3081; BUONOCORE 1988, p. 17 s. ad nn. 39 e 42; GUARDUCCI 1981, pp. 234-236 n. 2 = BUONOCORE 1988, n. 7.

[112] Tra i *mercatores* è ben nota la *gens Peticia*: vd. GIANFROTTA 1989; TUTERI 2011*c*, p. 57.

Nel settore occidentale del suburbio sulmonese un luogo di culto ha lasciato labili tracce in alcune costruzioni antiche visibili fino al secolo scorso nel sito ora individuato dalla chiesa di Santa Maria di Roncisvalle[113]: il culto di Minerva è attestato da una dedica alla dea graffita sul fondo di una coppa a vernice nera[114] e dall'iscrizione Vetter 203.

Non conosciamo l'esatta localizzazione, l'entità e la tipologia degli edifici sacri presenti a *Sulmo* nel I sec. a.C.; destano qualche suggestione in questo senso i resti di una scalinata rinvenuti «sotto la gradinata vecchia della SS. Annunziata» nel 1889[115], in contesto con molti lacerti murari e pavimentali, in un paesaggio urbano che vedeva insieme mosaici, possenti pilastri («di circa due metri di larghezza»), «vasi fullonici» e sparsi materiali di vita quotidiana. Del resto il culto a Giove è attestato da due iscrizioni: una, dispersa, è la dedica di *P. Pictorius Meco*[116]; la seconda[117] è murata in vico dell'Ospedale.

Possiamo immaginare come la meraviglia tra i luoghi di culto dei Peligni fosse destata dalle poderose strutture del santuario dedicato a Ercole[118], edificato a mezza costa sulla montagna che chiude ad oriente la valle. Nella fascia pedemontana le sepolture arcaiche ed ellenistiche della necropoli di Fonte d'Amore erano poste nei pressi di un vil-

---

113 Piccirilli 1935, p. 454. Dal sito provengono una iscrizione (*Menervai*) datata al II sec. a.C. (Buonocore 1988, n. 38); un ripostiglio monetale (Van Wonterghem 1984, p. 235-236, n. 130.25; Polosa 1993) e statuine bronzee che documentano l'antichità e la sacralità del luogo, trasmessa fino ai nostri giorni dalla presenza della chiesa di Santa Maria di Roncisvalle e dalla fontana contigua, cui la tradizione attribuisce proprietà salutari.

114 Buonocore 1988, n. 38.

115 De Nino1889, p. 44.

116 Buonocore 1988, n. 37.

117 *CIL* IX 3075.

118 Mattiocco 1996, pp. 28-29; Tuteri 1996*b*; Tuteri 1999, pp. 365-366; Tuteri 2010*a*, pp. 39-44.

laggio[119] che potrebbe aver costituito l'originario riferimento per il luogo di culto edificato sul pendio, che poi estese all'intero territorio peligno la sua competenza di santuario federale[120].

Da una grotta nei pressi di una sorgente il culto originario ebbe la sua prima veste monumentale nel tempio su alto podio in opera poligonale posto su un terrazzo sostruito. Le successive ristrutturazioni comportarono dapprima la creazione di un ulteriore spazio terrazzato che inglobava il tempio su podio, e poi la costruzione della grande scalinata e ancora successivamente l'espansione dell'area sacra su un ripiano edificato in opera cementizia, con portici, ambienti voltati e fontane.

La codificazione della struttura del santuario rispondeva a norme 'urbane' e politiche nell'accezione più vasta dei termini: la geometrizzazione del supporto naturale, l'area recintata, i percorsi interni, le strutture di terrazzamento che innalzano sul declivio i templi e ritagliano gli spazi per i fedeli, gli edifici di servizio negli ambienti voltati, lo spazio – foro tra le gradinate monumentali per le cerimonie-assemblee e infine le strutture di decorazione sono espressione degli stessi criteri di impianto urbano, in una simile logica di comunicazione del potere umano. Così nello spazio consacrato del santuario, progettato come vera e propria città degli Dei per prefigurare uno spazio diverso, si concentrano le tracce della complessità del mondo antico. Questa realtà apparentemente "separata", ritagliata dal *temenos* rispetto al paesaggio circostante, esprimeva gli aspetti cultuali, ideologici, sociali, politici di una condizione umana in continuo divenire e la stessa struttura monumentale del luogo di culto era per-

[119] Forse riferite al villaggio sottostante, denominato Sagizzano nel medioevo sono alcune strutture di epoca romana: TUTERI 1993, pp. 647 ss.; MATTIOCCO – DI MARCANTONIO 2010.

[120] MATTIOCCO 1989; LA TORRE 1989; TUTERI 1989, pp. 87-114; TUTERI 1998*d*; TUTERI 2005*c*; TUTERI 2009*a*; TUTERI 2011*a*.

meata di valenze rituali che ne condizionavano gli esiti architettonici. L'apparizione della divinità (*ecco, Ercole appare...*[121]) che evoca valenze oracolari e ctonie, la presenza e lo scorrere dell'acqua incanalata e raccolta in bacini e fontane, erano elementi sempre presenti nel luogo di culto fin dalla sua origine presso una grotta, vicino ad una sorgente, dove si manifestava il dio nella teofania naturale.

Alla nascita di Ovidio il santuario risultava articolato in funzione di elementi cultuali e rituali precisamente caratterizzati: lo stesso impianto originario del luogo di culto, con la regolarizzazione e con la sistemazione del terrazzo più antico che si origina dall'alto podio del tempio antico in opera poligonale, mira ad inserire organicamente il complesso nell'ambiente.

Il nuovo assetto monumentalizzato non aveva alterato lo stato preesistente degli edifici, ma interpretandolo come elemento cardine del nuovo ampliamento basato sulla regolarizzazione planimetrica, aveva tentato con la costruzione di nuove strutture di reimpostare simmetricamente il complesso architettonico. Tale aspetto compiutamente monumentalizzato nella fase di I sec.a.C. aveva il suo riferimento nel carattere "scenografico", come un portato dell'ideologia dominante nella fase storica coincidente con la guerra sociale, quando l'ottenimento della cittadinanza romana presupponeva un adeguamento formale delle tipologie architettoniche dei luoghi costruiti, divenuti immagine e sostanza della nuova società romanizzata, al pari dei fenomeni documentati ed evidentissimi nelle città municipalizzate.

I concetti e le esigenze italiche di religiosità avevano avuto modo di sostanziarsi e trovare soddisfazione nelle forme architettoniche ellenistiche mediate dalla rapida possibilità di comunicazione in area centro-italica[122].

[121] Guarducci, 1981, pp. 225-240; Buonocore 1988, pp. 41- 62.

[122] Gullini 1983, pp. 119-189.

In epoca augustea, in occasione di una probabile visita di Ovidio, il santuario di Ercole era già definito nel suo ampliamento monumentale con portici, terrazze sostruite da ambienti voltati, la grande base a gradoni rientranti visibile da lontano, i templi sul terrazzo superiore decorati esternamente e ricchissimi di offerte all'interno.

I devoti che, tra la fine del I sec. a.C. e il I secolo, hanno lasciato parole, frasi e versi graffiti[123] sull'intonaco del santuario di Ercole a Sulmona affidavano consapevolmente al tempo testimonianze, emozioni e speranze:

> Nei giorni di Agosto, o Curino santo, allestiamo preparativi degni di te. È infatti opportuno sciogliere i voti dovuti. Ed ecco che viene il nume sacro, e fausto si manifesta; veniamo portando gli antichi voti, e sappiamo quali siano stati i latori precedenti; ma tu negli stessi modi, fai voto ad Ercole Curino Vincitore, se vuoi che ogni cosa vada secondo il tuo desiderio.

In un altro frammento, un certo Mario, invece, scioglie i voti a Curino alle idi di maggio; di Gaio Nonio[124] abbiamo una testimonianza fresca, vivace e suggestiva nella sua semplicità di voce viva e lontana di un soldato che torna salvo dagli accampamenti e per questo ringrazia Ercole al quale porta in dono un verro e un vitello come promesso[125].

Altri epiteti di Ercole (*Saturnie Queirine, Corine*) appaiono sui graffiti, insieme ai nomi dei fedeli (*Pomponius*, *Pamphilus*) e all'indicazione di offerte particolari, come le "decime" donate al dio.

Ulteriori testimonianze provengono da altri doni rinvenuti sul terrazzo superiore del santuario, in stretta pertinenza all'unico ambiente (donario o sacello?) di cui restano tracce visibili: lo scultore e bronzista *Lucius Albius Eros*,

[123] GUARDUCCI 1981, pp. 225-240; BUONOCORE 1988, pp. 41- 62.
[124] GUARDUCCI 1981, pp. 234-236, n. 2, tav. XXVI; AE, 1981, 283; BUONOCORE 1988, n. 7.
[125] TUTERI 2002*b*, pp. 37-39.

liberto di Lucio, scioglie il voto ad Ercole Curino con animo grato, incidendo la sua testimonianza su un bel pilastrino marmoreo; Cneo Domizio Amepto, liberto di Cneo, scioglie il voto iscrivendo la formula sulla base in pietra calcarea di statuetta votiva; su un simile supporto Elena Gavia[126], liberta di Publio, cita la sua offerta di un dono a Ercole; Caio Settimio Popiliano, che si definisce *evocatus* di Augusto, scioglie il voto, probabilmente per questo avanzamento nella carriera militare, offrendo una straordinaria ara in bronzo; il mercante e armatore Marco Attio Peticio Marso scioglie il voto *libens merito* donando al dio l'oggetto più prezioso rinvenuto sul santuario: una statuetta bronzea, cui aggiunge la base circolare con la dedica ageminata, raffigurante Eracle in riposo[127], probabilmente un oggetto di antiquariato di arte lisippea acquistato in occasione dei suoi viaggi di affari in Grecia.

Tra i devoti ad Ercole si annoverano quindi commercianti, militari, donne e uomini che nell'eroe greco divinizzato riconoscono l'uomo dai mille affanni e dalle vittorie soprannaturali, dalle capacità oracolari e dalle caratteristiche di uomo forte in lotta contro il suo destino.

In una religione in cui una divinità veniva caratterizzata soprattutto dal riferimento ad un 'sistema' italico articolato in 'ambiti', entro cui trovava la sua definizione e la sua funzione in relazione alle altre, cui si legasse per parentela, gerarchia o complementarietà, [128] Ercole veniva spesso associato ad altri dei. Se queste relazioni appaiono evidenti nel santuario di *Ocriticum*[129], dal luogo di culto sulmonese giungono solo indizi sfocati nella prospettiva dell'interpretazione. Sul terrazzo superiore del santuario sono stati recuperati recentemente alcuni frammenti di lastra in ardesia: presentano una

[126] Buonocore 1988, nn. 3-4.
[127] Moreno 1989, pp. 159-178; Moreno 1995; Tuteri 2009, pp. 174-175 ; Tuteri 2010*c*, p. 116; Tuteri 2011*b*, pp. 50-51.
[128] Dumezil 1949; Dumezil 1977.
[129] V. *supra* nt. 102.

complessa decorazione incisa sulla faccia anteriore, che alterna, secondo fasce concentriche, consueti schemi geometrici e inediti elementi naturalistici, tra i quali spicca la figura frammentaria di un grillo. Nel campo circolare centrale è evidente una corona graminea, che concorre a creare la suggestione di una pertinenza dell'oggetto ai temi cultuali legati all'ambito agreste, in una ipotizzabile relazione con Cerere, cui potrebbero essere state offerte in dono le statuette in bronzo raffiguranti figure femminili sedute, rinvenute sotto la gradinata monumentale.

Anche il mosaico pavimentale del cosiddetto sacello mostra elementi che, pur riferiti ad una gamma largamente attestata in ambito mediterraneo[130], può nascondere e rivelare significati legati al mondo complesso dei culti attestati sul santuario: l'immagine del fascio di folgori nel tessellato della soglia richiama con immediatezza la presenza di Giove sul santuario, cui poteva essere dedicato un edificio di cui restano tracce labilissime sul podio in opera poligonale che chiude a nord-ovest il terrazzo superiore; le cornici maggiori e successive del tappeto musivo sono percorse l'una da un tralcio di vite schematizzato che corre intorno al campo decorato e l'altra da una fila ininterrotta di delfini. Le foglie di vite e i delfini possono essere visti, oltre la loro immediata e comune valenza decorativa, come richiami al culto di Dioniso[131], divinità legata strettamente al vino che, durante il suo viaggio nel Mediterraneo per diffondere la vite, trasformò i pirati che lo attaccavano in delfini.

Le cornici più interne del mosaico riportano elementi estremamente comuni nella decorazione pittorica, musiva e tessile: ma il riferimento alle città nelle mura merlate può celare suggestioni legate all'immagine della terra abitata, soprattutto in relazione alle onde correnti della fascia succes-

[130] Soprattutto a Delo: Van Wonterghem 1989, pp. 151-158; Tuteri 2005*d*, pp. 45-67; Salcuni 2012, pp. 110-111.

[131] Su Dioniso in area peligna si veda Tuteri 2005*b*.

siva, alludenti al mare, in una sintesi che presenta il mondo intero che circonda il rosone centrale, vera e propria stella dei venti ancorata ai punti cardinali. Nel sacello cosiddetto di Ercole, entrano Giove, Dioniso e l'universo conosciuto in una sintesi decorativa che esprime la complessità nell'unitaria visione antica del mondo.

Le testimonianze e i doni rivelano una frequentazione assidua da parte di personaggi eminenti della società del tempo di Ovidio. I fedeli che ascendevano il monte in quel periodo percorrevano il sentiero meridionale che saliva dalla zona della grande necropoli ai piedi della montagna. C'erano anche botteghe lungo la strada[132]: vi si vendevano ai devoti gli oggetti da portare in dono agli dei per chiedere grazie o per ringraziare dei favori ottenuti, fino al terremoto che distrusse il santuario seppellendolo sotto una frana alla metà del II secolo.

Lo stesso evento sismico segnò la fine del santuario di *Ocriticum* e rappresentò una soluzione nella continuità urbanistica sulmonese: gli abbandoni di edifici danneggiati dal sisma, la ricostruzione e le nuove edificazioni in aree meno centrali si leggono nella stratificazione urbana, insieme ad una pianificazione già ampiamente 'consumata' in età tardoantica e altomedievale.

## Metamorfosi urbana

Nell'ulteriore periodizzazione della storia urbanistica dopo la metà del II secolo è da collocare la fase di ricostruzione post-sisma e di riqualificazione, che interessò anche le aree esterne alla cinta muraria, successiva alla soluzione della continuità edilizia causata dal terremoto, che originò l'uso degli spazi in epoca tardoantica e gli ulteriori sviluppi di epoca medievale.

---

132 TUTERI 1993, pp. 647 ss.

La fase di ricostruzioni e di definizione di nuovi allineamenti nella zona centrale della città antica si registra quindi dall'età adrianea: tra le fondazioni di Palazzo Tabassi in via Mazara, le strutture riportate alla luce consistono in un lacerto di tessellato pavimentale con tappeto a tessere bianche e fascia perimetrale geometrica bianco/nera, associato ad un muro in opera quasi reticolata, con zoccolatura in lastre calcaree e decorazione parietale policroma. La redazione del tappeto musivo alla seconda metà del II secolo si colloca in una fase di ristrutturazione dell'edificio, il cui impianto sembra invece essere databile tra il I sec. a.C. e il I sec. d.C. per la presenza di numerosi frammenti di ceramica a vernice nera e di sigillata italica in strati di accumulo immediatamente a ridosso della parete esterna del muro, come ricordato in precedenza. Questi materiali giacevano in uno spazio mai edificato in antico, ma dove, probabilmente in età altomedievale, si inserì una piccola abside agganciandosi alle strutture murarie di età romana e intaccando con le fondazioni la stratificazione precedente.

La posizione dell'edificio romano porterebbe a spostare sensibilmente verso sud l'asse viario antico finora ipotizzato come preesistente all'attuale via Mazara, parallelo alla via basolata documentata in via Ciofano. Lo spostamento sembrerebbe interessare anche l'attuale via Roma, ove le strutture emerse fortuitamente nel giugno del 1972[133], sembrerebbero invadere in parte l'attuale sede stradale.

Una evidente difformità di allineamenti è rilevabile nel settore nord-occidentale del centro storico, nel sito archeologico visibile all'interno della chiesa di San Gaetano[134], dove le murature di età romana tendono maggiormente alla direzione nord-sud. La costruzione del complesso di età imperiale sembra databile in un momento successivo all'evento

[133] VAN WONTERGHEM 1984, p. 232, figg. 312-314.
[134] TUTERI 1993, pp. 528 ss.

traumatico della metà del II secolo, e compreso in una fase di generale ricostruzione e riqualificazione urbana, e quindi nel corso di un accelerato processo di consumo della pianificazione originaria. L'edificio romano, probabilmente aperto a sud, sembra gravitare sull'asse stradale antico sottostante via Ciofano. Nella parte finora indagata è articolato in sette ambienti tra loro contigui, separati da murature in opera incerta proprie della fase di impianto e in opera laterizia pertinenti ad un successivo intervento di ampliamento: sei vani sono pavimentati in *opus tessellatum*, mentre un grande ambiente conserva l'*opus sectile* policromo. Nella parte centrale dell'edificio si conservano pavimentazioni musive che, per le accurate edizioni dei diversi motivi decorativi, ben si collocano nell'avanzato II secolo, in un momento di grande affermazione dei mosaici bianco-neri a modulo geometrico. Il vasto ambiente nobilitato nel corso del III secolo dalla pavimentazione marmorea che giace sotto via Stella, ha subìto nel tempo una serie di ristrutturazioni che, ad esempio, hanno chiuso con materiali di reimpiego l'accesso provvisto di soglia verso uno spazio porticato con colonne in breccia di portasanta. La vita dell'edificio risulta ulteriormente periodizzata dall'epoca tardoantica: evidenti restauri della pavimentazione (resi necessari probabilmente dagli effetti di un terremoto della metà del IV secolo) si collegarono ad una diversa o più definita destinazione d'uso dei grandi ambienti, ipotizzabile in base agli esiti edilizi successivi che connotarono il sito in costante e ininterrotta valenza cultuale, in accordo con la avanzata diffusione del Cristianesimo. Ad una globale ristrutturazione è collegata la costruzione di un piccolo edificio absidato direttamente sui livelli romani: la decorazione pittorica con motivo a velario pone nell'ambito dell'VIII secolo l'edificazione della prima chiesa orientata a nord e aperta su una *platea* selciata.

Come nel caso degli edifici sottostanti la chiesa di San Gaetano, risultano in gran parte rientranti nella seconda fase urbanistica, ma pertinenti a diversi piani edilizi a volte sovrapposti ai precedenti, a volte situati in aree fino ad allora inedificate, i siti individuati nella sede stradale di via Barbato, dove mosaici e un pavimento in *opus sectile* delineano la consistenza dell'isolato che fu edificato a ridosso della fascia pomeriale interna alle mura; in quella che invece oggi è piazzetta S. Carlo si addensava fittamente una serie di murature; in quello che non a caso fu definito vico delle Macerie è stato rilevato un cospicuo strato contenente numerosissimi frammenti ceramici medievali e rinascimentali; in via Acuti la scoperta di diversi livelli pavimentali, costituiti da mosaici e *sectilia* pertinenti ad una grande *domus,* ha ricontestualizzato il rinvenimento del pavimento musivo decorato dal motivo centrale con testa di Medusa, distaccato dal suo sito originario da Antonio De Nino nel 1903: la sede della strada attuale era occupato in età imperiale da un isolato costruito all'interno della scansione urbanistica, ma già in epoca altomedievale sulle macerie e i crolli dell'assetto edilizio precedente era stato realizzato un piano di calpestio che ha originato l'attuale sede stradale.

Nella fascia nord-occidentale della città appaiono finora meglio testimoniate le fasi che videro la prima diffusione della spiritualità cristiana, in una città che andava mutando aspetto in aderenza agli esiti architettonici e strutturali della formalizzazione del nuovo culto.

La creazione di una sede episcopale almeno dal V secolo costituì un nuovo elemento del divenire urbanistico che, contratto e immiserito ma non spento nel quadro della generale recessione, ancorò la forza centripeta di un sensibile spostamento degli assi viari nella periferica cattedrale intitolata a San Panfilo, posta dove un mausoleo, un tempio o una grande villa avevano segnato l'estremo limite della città romana.

La città continuò a costituire il riferimento territoriale per i centri sparsi nelle campagne della conca e delle valli fluviali meridionali, preparando la rinnovata fioritura di età medievale.

La fama di Ovidio sopravvisse alla splendida fase romana della sua città, dopo che il poeta era sopravvissuto al Principe che lo aveva relegato in *terra sinistra*: riconosciutosi *barbarus* tra genti inizialmente ostili, poi divenutegli amiche, fu trasformato in mago e stregone nella sua terra, ma tornò poi a cantare l'amore che tutto trasforma e a dar vita alle rovine del suo tempo.

La trasformazione di alcuni siti indagati con metodo stratigrafico in vere e proprie aree archeologiche urbane risponde alla intenzione di rendere leggibile la fase romana di Sulmona, in omaggio alla sua storia millenaria e al suo Poeta. La *domus* di Arianna, la *domus* di san Gaetano, il santuario di Ercole, il Museo Archeologico, come finestre aperte sul passato, rendono visibili e concreti i 'prima' e i 'dopo' della città, le assenze e i resti del tempo.

Ciò che resta della città ovidiana emerge in queste isole della memoria, tra la metamorfosi degli edifici e degli uomini che vivono in questo tempo dal difficile silenzio.

> Talvolta città diverse si succedono sopra lo stesso suolo e sotto lo stesso nome, nascono e muoiono senza essersi conosciute, incomunicabili tra loro. Alle volte anche i nomi degli abitanti restano uguali, e l'accento delle voci, e perfino i lineamenti delle facce; ma gli dèi che abitano sotto i nomi e sopra i luoghi se ne sono andati senza dir nulla e al loro posto si sono annidati dèi estranei[135].

## Bibliografia

BENCIVENGA 2011 = A. BENCIVENGA, *Fattucchiere o meretrici? Indagini su un sacerdozio femminile dei Peligni*, in FIRPO *et alii*, *Fides Amicorum. Studi in onore di Carla Fayer*, Pescara 2011, pp. 53-64.

[135] ITALO CALVINO, *Le città invisibili*.

BENCIVENGA 2012 = A. BENCIVENGA, *Contributo all'aggiornamento del cosiddetto dossier italico di Cerere,* in *Deputazione Abruzzese di Storia Patria. Incontri culturali dei soci,* 18, L'Aquila 2012, pp. 15-19.

BENCIVENGA 2016 = A. BENCIVENGA, *Riflessi del mito di Atteone in Abruzzo: una revisione e un'ipotesi*, in «Quaderni di Archeologia d'Abruzzo» 4/2012, Firenze 2016, pp. 17- 21.

BOTTIGLIONI 1954 = G. BOTTIGLIONI, *Manuale dei dialetti italici*, Bologna 1954.

BUONAMICO 1982-83 = L. BUONAMICO, *La topografia urbana di Sulmona romana,* tesi di laurea inedita, Cattedra di Topografia dell'Università La Sapienza di Roma, a.a. 1982-83.

BUONOCORE 1988 = M. BUONOCORE, *Regio IV. Sabina et Samnium. Sulmo*, in *Supplementa Italica*, 4, Roma 1988, pp. 41- 62.

BUONOCORE 1991= M. BUONOCORE in M. BUONOCORE – G. FIRPO, *Fonti latine e greche per la storia dell'Abruzzo antico*, Padova 1991.

BUONOCORE – POCCETTI 2013 = M. BUONOCORE – P. POCCETTI, *Una nuova iscrizione peligna del gruppo an(a)c(e)ta*, «Epigraphica» LXXV, 2013, pp. 59-106.

CALLENDER 1965 = M.H.CALLENDER, *Roman Amphorae, with an Index of Stamps*, London 1965.

CAMPANILE 1997 = E. CAMPANILE, *Per la semantica di osco meddìs*, in *La Tavola di Agnone nel contesto italico*, a cura di L. Del Tutto Palma, Firenze 1997, pp. 169-176.

CARUGNO 2011 = M.R. CARUGNO, *Pitture,* in *Un filo di Arianna. Percorsi nel Museo Archeologico di Sulmona*, a cura di R. Tuteri, Lanciano 2011, p. 94.

CECCARONI 1993= E. CECCARONI, *L'eredità di Antonio De Nino nei recenti interventi archeologici a Sulmona,* in *Centri dell'Abruzzo interno*, Torre dei Nolfi 1993, pp. 127-132.

CECCARONI 2001 = E. CECCARONI, *Nuovi dati per l'archeologia di Sulmona e del territorio,* in *Tra memoria e futuro*, Corfinio 2001, pp. 43-51.

CECCARONI *et alii* 2009 = E. CECCARONI *et alii*, *The 2nd century AD earthquake in central Italy: archaeoseismological data and seismotectonic implications,* in *Springer Science,* 2009.

CHOUQUER *et alii* 1987 = G. CHOUQUER – M. CLAVEL-LÉVÊQUE – F. FAVORY – JP. VALLAT, *Structures agraires en Italie centro-meridionale. Cadastres et paysages ruraux*, Roma 1987.

COARELLI 1991= F. COARELLI, *I culti sannitici nel Lazio meridionale*, in *Comunità indigene e romanizzazione*, a cura di J. Mertens e R. Lambrechts, Roma 1991, pp. 177-192.

COLONNA 1956 = G. COLONNA, *Sul sacerdozio peligno di Cerere e Venere*, in «ArchClass» VIII.2, 1956, pp. 219-217.

CONWAY 1897 = R. S. CONWAY, *The Italic Dialects,* Cambridge 1897, pp. 235-240.

De Nino 1877 = A. DE NINO, «Notizie degli Scavi di Antichità», 1877, p. 93; 1887, p. 293.

DE NINO 1887 = A. DE NINO, «Notizie degli Scavi di Antichità», 1887, p. 293.

DE NINO 1889 = A. DE NINO, «Notizie degli Scavi di Antichità», 1889, p. 44.

DE NINO 1899 = A. DE NINO, «Notizie degli Scavi di Antichità», 1899, p. 148.

DE NINO 1901 = A. DE NINO, «Notizie degli Scavi di Antichità», 1901, p. 365.

DE NINO 1907= A. DE NINO, «Notizie degli Scavi di Antichità», 1907, pp. 26-27.

DUMEZIL 1949 = G. DUMEZIL, *L'heritage indo-europeen a Rome*, Paris 1949.

DUMEZIL 1977 = G. DUMEZIL, *La religione romana arcaica*, Milano 1977.

DURANTE 1978 = M. DURANTE, *I dialetti medio-italici*, in «PCIA» VI, 1978, pp. 797-804.

FIRPO 1991 = L. FIRPO, in M. BUONOCORE – L. FIRPO, *Fonti latine e greche per la storia dell'Abruzzo antico*, I, 1991.

GIANFROTTA 1989 = P.A. GIANFROTTA, *Eracle, Peticio e il commercio marittimo*, in *Dalla villa di Ovidio al santuario di Ercole*, a cura di E. Mattiocco, Sulmona 1989, pp. 177-183.

GUARDUCCI 1981 = M. GUARDUCCI, *Graffiti parietali nel santuario di Ercole Curino presso Sulmona*, in *Scritti sul mondo antico in memoria di Fulvio Grosso*, a cura di L. Gasperini, Roma 1981, pp. 225-240.

GULLINI 1983 = G. GULLINI, *Terrazzo, edificio, uso dello spazio. Note su architettura e società nel periodo medio e tardo repubblicano*, in *Architecture et societé*, Rome, 1983, pp. 119-189.

LA REGINA 1966*a* = A. LA REGINA, *Sulmona (Studi di urbanistica antica)*, in *Quaderni dell'Istituto di Topografia Antica dell'Università di Roma*, Roma 1966, pp. 107-116.

LA REGINA 1966*b* = A. LA REGINA, s.v. *Sulmona*, in *Enciclopedia dell'Arte Antica*, III, 1966, p. 556.

LA TORRE 1989 = G. LA TORRE, *Il santuario di Ercole Curino*, in *Dalla villa di Ovidio al santuario di Ercole*, a cura di E. Mattiocco, Sulmona 1989, pp. 115-150.

LUSCHI 1988 = L. LUSCHI, *Un caso di continuità di culto dall'epoca preromana al medioevo: Vacuna e Angitia,* in AttiConv *Il territorio del Parco Nazionale d'Abruzzo nell'antichità, Atti del Convegno Naz. di Archeologia. Villetta Barrea, 1-3 maggio 1987*, Civitella Alfedena 1988, pp. 197-201.

MATTIOCCO 1973 = E. MATTIOCCO, *Contributi di archeologia peligna,* Sulmona, 1973.

MATTIOCCO 1978= E. MATTIOCCO, *Struttura urbana e società della Sulmona medievale*, Sulmona 1978.

MATTIOCCO 1981 = E. MATTIOCCO, *Centri fortificati preromani nella Conca di Sulmona*, Chieti, 1981.

MATTIOCCO 1989 = *Dalla villa di Ovidio al santuario di Ercole*, a cura di E. Mattiocco, Teramo 1989.

MATTIOCCO 1989= E. MATTIOCCO, *La secolare contesa per il possesso del territoro delle Campora di Sulmona*, in *Bullettino della Deputazione Abruzzese di Storia Patria,* Numero speciale, 1989, pp. 260-261.

MATTIOCCO 1994 = E. MATTIOCCO, *Sulmona città e contado nel catasto del 1376*, Pescara 1994.

MATTIOCCO 1999 = E. MATTIOCCO, *A 7 miglia da Sulmo*, in Cat-Mostra *Dove era Venere. (Cansano, 9 agosto 1998-10 gennaio 1999)*, Corfinio 1999, p. 8.

MATTIOCCO 2000 = E. MATTIOCCO, *Un antico tracciato viario tra la terra dei Peligni e il Sannio Pentro*, «Le Metamorfosi» 5, 2000, pp. 9-11.

MATTIOCCO 2003 = E. MATTIOCCO, *Una perduta iscrizione e il ponte romano sul fiume Sangro*, in *Segni sulla pietra. Iscrizioni e araldica della terra di Castel di Sangro*, a cura di E. Mattiocco, Lanciano 2003, pp. 73-104.

MATTIOCCO 2005a= E. MATTIOCCO, *Problemi di confine della Terra Sancti Vincentii nella media valle del Sangro*, «Bullettino della Deputazione Abruzzese di Storia Patria» XCV, 2005, pp. 27-31.

MATTIOCCO 2005b = E. MATTIOCCO, *Nota sulla viabilità*, in R. TUTERI, *Ocriticum. Frammenti di terra e di cielo*, Sulmona 2005, pp. 39-40.

MATTIOCCO 2011= E. MATTIOCCO, *Rilievo con scena pastorale*, in *Un filo di Arianna. Percorsi nel Museo Archeologico di Sulmona*, a cura di R. Tuteri, Lanciano 2011, p. 38.

MATTIOCCO 2012 = E. MATTIOCCO, *La viabilità antica tra la terra dei Peligni e il Sannio settentrionale*, in *Quaderni di Archeologia d'Abruzzo*, 2/2010, Firenze 2012, pp. 439-452.

MATTIOCCO – DI MARCANTONIO 2010 = E. MATTIOCCO – F. DI MARCANTONIO, *Sagizzano: un villaggio scomparso*, in *Atti degli incontri culturali dei soci della Deputazione Abruzzese di Storia Patria*, L'Aquila 2010, pp. 48-52.

MATTIOCCO – VAN WONTERGHEM 1995 = E. MATTIOCCO – F. VAN WONTERGHEM, *Sistemi irrigui nel territorio dei peligni tra antichità e medioevo*, in *Atlante tematico di Topografia Antica, Interventi di bonifica agraria nell'Italia romana*, 4, 1995, pp. 197-209.

MATTIOCCO – VAN WONTERGHEM 1996 = E. MATTIOCCO – VAN WONTERGHEM, *Sulmona romana*, in *Sulmona città d'arte e poeti*, a cura di E. Mattiocco e G. Papponetti, Pescara 1996, pp. 8-23.

MORANDI 1982 = A. MORANDI, *Epigrafia italica*, Roma 1982.

MORENO 1989 = P. MORENO, *Attribuzione lisippea del bronzo di Eracle in riposo*, in *Dalla villa di Ovidio al santuario di Ercole*, a cura di E. Mattiocco, Sulmona, 1989, pp. 159-178.

MORENO 1995 = P. MORENO, *Lisippo, L'arte e la fortuna, catalogo della mostra, Roma 1995,* Milano 1995

MOSCI SASSI 1974 = MG. MOSCI SASSI, *Peligno,* «Studi Etruschi» XLII, 1974.

MOSCI SASSI 1980= MG. MOSCI SASSI, *Una nuova iscrizione peligna e il formulario onomastico femminile*, «Studi Urbinati» 2/1, 1980, pp. 3-14.

PICCHI 1979 = C. PICCHI, *Una nuova iscrizione peligna,* «GIF» XXXI, 1979, pp. 268-271.

PICCIRILLI 1907 = P. PICCIRILLI, «Notizie degli Scavi di Antichità» 1907, pp. 429-430.

PICCIRILLI 1912 = P. PICCIRILLI, «Notizie degli Scavi di Antichità» 1912, p. 149-150.

PICCIRILLI 1932 = G. PICCIRILLI, *Sulmona. Guida storico-artistica*, Sulmona 1932.

PICCIRILLI 1933= G. PICCIRILLI, *Di alcune iscrizioni recentemente rinvenute nel territorio dei Peligni*, in *Atti e Memorie del Convegno storico abruzzese-molisano*, II, Casalbordino 1933, pp. 453-461.

PISANI 1953 = V. PISANI, *Le lingue dell'Italia antica oltre il latino,* Torino 1953.

PIZZOFERRATO 2005 = O. PIZZOFERRATO, *L'impianto per la produzione della calce*, in *Ocriticum. Frammenti di terra e di cielo,* a cura di R. Tuteri, Sulmona 2005, pp. 47-57.

POCCETTI 1979 = P. POCCETTI, *Nuovi documenti italici*, Pisa 1979

POCCETTI 1990 = P. POCCETTI., *Filtri culturali ed ipotesi linguistiche nella tradizione e negli studi relativi al teonimo italico Angitia,* «Abruzzo» XXII, 1984, pp. 207-229.

POCCETTI 1996 = P. POCCETTI, *Culti delle acque e stadi della vita muliebre: dottrine misteriche e fondo religioso italico nella tavola osca di Agnone*, in *La Tavola di Agnone nel contesto italico*, a cura di L. Del Tutto Palma, Firenze 1996, pp. 219-241.

Poccetti 1982 = P. Poccetti, *Ancora sull'interpretazione del peligno an(a)c(e)ta alla luce di una nuova attestazione,* «Studi e Saggi Linguistici» XLV, 1982, pp. 171-182.

Poccetti 2010 = P. Poccetti, *Notes de linguistique italique 8. Osque herilím pím, latin (h)erilem quem : autour d'une nouvelle inscription osque*, «Révue d'Etudes Latines» 87, 2010, pp. 41-52.

Polosa 1993 = A. Polosa, *Un ripostiglio da Sulmona*, in *Actes du XI congrès international de numismatique*, Louvain-laneuve 1993, pp. 117-127.

Prosdocimi 1974 = A. L. Prosdocimi *Tra epigrafia e filologia testuale nelle iscrizioni italiche: restituzione e interpretazione di Ve 203 = Co 209,* «Quaderni di Abruzzo» 18, 1974, pp. 1-39.

Prosdocimi 1996 = A. L. Prosdocimi, *La Tavola di Agnone, una interpretazione*, in *La Tavola di Agnone nel contesto italico*, a cura di L. Del Tutto Palma, Firenze 1996, pp. 550-551.

Salcuni 2012 = A. Salcuni, *Pitture parietali e pavimenti decorati di epoca romana in Abruzzo*, Bonn 2012.

Santi 1994 = C. Santi, *Angitia nel culto e nelle relazioni con il pantheon italico,* «AION» 16, 1994, pp. 241-257.

Segenni 1992 = S. Segenni, *Regio IV. Sabina et Samnium. Amiternum – Ager Amiterninus*, in *Supplementa Italica* 9, Roma 1992, pp. 11-209.

Silvestri 1968 = D. Silvestri, *Due nuove iscrizioni peligne,* in *Studi e Saggi Linguistici VIII, (suppl. a L'Italia dialettale*, XXXI, 1968, pp. 198-206.

Tchernia 1992 = A. Tchernia, *Le dromedaire des Peticii et le commerce oriental*, «MEFRA» 104.1, 1992, pp. 293-301.

Tortorelli Ghidini 1995 = M. Tortorelli Ghidini, *Dioniso e Persefone nelle lamine d'oro di Pelinna,* in *Mathesis e Philia. Studi in onore di M. Gigante*, Napoli 1995, pp. 79-85.

Tuteri 1989 = R. Tuteri, *Cronaca di uno scavo trent'anni dopo*, in Mattiocco 1989, pp. 87-149.

Tuteri 1993 = R. Tuteri, *Sulmona, Fonte d'Amore*, «Studi Etruschi» LVIII, 1993, pp. 647-649.

TUTERI 1995 = R. TUTERI, *Pavimenti antichi a Sulmona: relazione preliminare sulle nuove acquisizioni*, in *Atti II Convegno Nazionale AISCOM 1994*, Tivoli 1995, pp. 483-495.

TUTERI 1996*a* = R. TUTERI, *Il contesto urbano: le porte malchiuse dell'antica Sulmo*, in *Sulmona città d'arte e poeti*, a cura di E. Mattiocco e G. Papponetti, Pescara 1996, pp. 30-41.

TUTERI 1996*b* = R. TUTERI, *Periodizzazione*, in *Sulmona città d'arte e poeti,* a cura di E. Mattiocco e G. Papponetti, Pescara 1996, pp. 28-29.

TUTERI 1999 = R. TUTERI, *Storia e archeologia del territorio di Sulmona,* in *Luoghi e tradizioni d'Italia*, Roma 1999, pp. 361-376.

TUTERI 2000 = R. TUTERI, *Il settore archeologico; la sezione romana; la sala della domus romana*, in A. COLANGELO – E. MATTIOCCO – R. TUTERI, *Il Museo Civico di Sulmona*, Viterbo 2000, pp. 21-21, 34-35, 39-59.

TUTERI 2002*a* = R. TUTERI, *Circus, ludi et venationes*, in *Eroi, atleti e spazi dello sport nell'Abruzzo antico*, a cura di R. Tuteri, Chieti 2002, p. 14.

TUTERI 2002*b* = R. TUTERI, *... dal silenzio. Piccole storie dei cittadini di Sulmo,* Sulmona 2002, pp. 37-39.

TUTERI 2005*a* = *Ocriticum. Frammenti di terra e di cielo,* a cura di R. Tuteri, Sulmona 2005.

TUTERI 2005*b* = *Sulle tracce di Dioniso, sui percorsi del vino*, a cura di R. Tuteri, Chieti 2005.

TUTERI 2005*c* = R. TUTERI, *Doni votivi e riti femminili tra i Peligni di Sulmo*, in AttiConv *Depositi votivi e culti dell'Italia antica dall'età arcaica a quella tardo-repubblicana (Perugia 1-4 giugno 2000)*, a cura di A.M. Comella e S. Mele), Bari 2005, pp. 399-410.

TUTERI 2005*d* = R. TUTERI, *Forme e spazi della religiosità antica nel territorio di Sulmo*, in *Testimonianze del centro Abruzzo*, Sulmona 2005, pp. 45-67.

TUTERI 2006 = R. TUTERI, *A sette miglia da Sulmo, ai confini del Sannio: Ocriticum*, in *Samnitice loqui*, a cura di D. Caiazza, Piedimonte Matese 2006, 179-201.

Tuteri 2009 = R. Tuteri, *Heracles au repos,* in *De la Grèce a Rome. Tarente et les lumières de la Méditerranée*, Edition Sépia/EPCC- Abbaye de Daoulas 2009, pp. 174-175.

Tuteri 2010*a* = R. Tuteri, *I luoghi sacri: il santuario di Ercole Curino. Sul pendio*, in *La montagna di Celestino. Maiella Madre*, a cura di A. Campanelli, Sulmona 2010, pp. 39-44.

Tuteri 2010*b* = R. Tuteri, *L'età romana, La domus dell'Annunziata,* in *Taccuino Sulmona* 2010, pp. 24-25.

Tuteri 2010*c* = R. Tuteri, *Statuetta bronzea di Eracle in riposo,* in CatMostra *S.O.S. Arte dall'Abruzzo. Una mostra per non dimenticare* (*Castel Sant'Angelo 24 aprile – 5 settembre 2010)*, Roma 2010, p. 116.

Tuteri 2011*a* = R. Tuteri, *La Sala della Domus di Arianna*, in *Un filo di Arianna. Percorsi nel Museo Archeologico di Sulmona*, a cura di R. Tuteri, Lanciano 2011, p. 93.

Tuteri 2011*b* – R. Tuteri, *Statuetta bronzea di Eracle in riposo*, in *Ercole il fondatore dall'antichità al rinascimento*, a cura di M. Bona Castelletti e A. Giuliano, Verona 2011, pp. 50-51.

Tuteri 2011*c* = R. Tuteri, *Rilievo Dragonetti*, in *Un filo di Arianna. Percorsi nel Museo Archeologico di Sulmona*, a cura di R. Tuteri, Lanciano 2011, p. 57.

Tuteri 2012 = R. Tuteri, *Ovidiana rerum memoria. Documenti e suggestioni di Sulmona al tempo di Ovidio* in MMXXI. *Processo a Ovidio*, a cura di R. Giannantonio e A. Berghella, Sulmona 2012, pp. 34-62.

Tuteri 2014 = R. Tuteri, *Prima di Pratola. Piccole storie inedite per una Storia da narrare*, in *Viaggio nella storia di Pratola*, a cura di M.A. Petrella, Corfinio 2014, pp. 39-67.

Tuteri – Pizzoferrato – Violante 2012 = R. Tuteri – O. Pizzoferrato – S. Violante, *Sulmona: pavimenti della* domus *di Largo Tommasi*, in *Atti del XVII Colloquio AISCOM* 2011, 2012, pp. 93-102.

Tuteri *et alii* 2012 = R. Tuteri – A. Faustoferri – M. Heinzelmann – S. Lapenna – M. Ruggeri, *Dall'urbanizzazione premunicipale alla città romana,* in *Quaderni di Archeologia d'Abruzzo* 2/2010, Firenze 2012, pp. 27-64.

VAN WONTERGHEM 1975 = F. VAN WONTERGHEM, *Antiche genti peligne*, Sulmona 1975.

VAN WONTERGHEM 1984= F. VAN WONTERGHEM, *Forma Italiae, Superaequum, Corfinium, Sulmo*, Firenze 1984.

VAN WONTERGHEM 1989= F. VAN WONTERGHEM, *La decorazione del sacello*, in *Dalla villa di Ovidio al santuario di Ercole,* a cura di E. Mattiocco, Teramo 1989, pp. 151-158.

VAN WONTERGHEM 1989-1990= F. VAN WONTERGHEM, *Note su alcune divisioni agrarie nell'Italia centrale*, in *Acta Archaeologica Lovaniensia* 1989-1990, pp. 28-48.

VETTER 1953 = E. VETTER, *Handbuch der Italischen Dialekte*, I, Heidelberg 1953.

Roberto M. Danese

# *SCIPIONE L'AFRICANO* DI CARMINE GALLONE. L'IDEOLOGIA DELLA TRADUZIONE FILMICA

Il concetto di fedeltà di un film – che sia adattamento di un romanzo, di storiografia, di teatro o altro – rispetto ai testi di partenza da cui esso deriva è, di per sé, abbastanza inafferrabile, soprattutto perché il cinema tende a rendere stile e contenuti dell'opera letteraria attraverso mezzi espressivi spesso incompatibili con la pagina scritta. Questo sovente implica la destrutturazione del testo originario e una sua riscrittura filmica, che ne altera, anche pesantemente, la *facies*, in ossequio alle modalità narrative che sono proprie del cinema stesso. Può accadere, al limite, che un film renda perfettamente lo spirito di un romanzo, pur intervenendo pesantemente sullo sviluppo e sulla successione dei singoli episodi e cambiandone persino il finale: è il caso, per esempio, di *The Portrait of a Lady* 1996, la pellicola che Jane Campion ha magistralmente tratto dall'omonimo romanzo di Henry James[1]. Il linguaggio mostrativo è comunque sempre prepon-

[1] Ove il romanzo terminava con un finale chiuso, in cui la protagonista, Isabel, nonostante il fallimento del proprio matrimonio, decide di tornare dal marito, il film si chiude invece con un finale aperto, che non rivela nulla sulla decisione finale di Isabel, però sigilla ad anello la narrazione con una ripresa visuale, *mutatis mutandis*, della scena e della *location* con cui era iniziata la pellicola. Il luogo è il giardino della villa degli zii di Isabel. Il film comincia, omettendo ciò che nel romanzo è narrato almeno in un centinaio di pagine, con lord Warburton che, nei pressi di un

derante nel cinema e può portare a rilevanti mutamenti formali e contenutistici anche dove l'aderenza alle fonti letterarie è – o almeno sembra – molto rigorosa, portandoci a rivedere profondamente il concetto di fedeltà del film ai testi scritturali da cui sono stati ricavati soggetto e sceneggiatura.

È questo il caso di *Scipione l'Africano* 1937, pellicola sostenuta finanziariamente e ideologicamente dal Fascismo, che puntava molto sul coinvolgimento empatico dello spettatore in una narrazione che desse corpi, volti e voci ai personaggi della storia romana, rendendoli vivi e credibili attraverso l'alterazione del senso di realtà che si verificava nel buio della sala cinematografica[2]. I versi oraziani (Hor. *ars* 180-182) messi in epigrafe sul frontespizio del numero della prestigiosa rivista cinematografica *Bianco e Nero*, che, nello stesso 1937, fu consacrato interamente al film[3], sono lo specchio metaforico più illuminante di questa intenzione:

> segnius inritant animos demissa per aurem
> quam quae sunt oculis subiecta fidelibus et quae
> ipse sibi tradit spectator [...].

---

albero del giardino, dichiara il suo amore a Isabel. Isabel, nonostante sia attratta da lui, rifiuta e fugge verso casa. Nell'ultima scena del film, Isabel è nei pressi dello stesso albero, sono passati molti anni e la sua vita è stata un fallimento. Qui incontra Goodwood, un uomo che ha molto amato, il quale le propone di fuggire un matrimonio infelice e di ricominciare con lui. Isabel, come nella scena iniziale, si divincola e fugge verso casa, ma la Campion descrive la sua fuga con un *ralenti* sempre più accentuato, come se una forza invisibile trascinasse indietro la donna verso Goodwood. Isabel sta per entrare in casa, ma improvvisamente volge lo sguardo in direzione del luogo dove aveva lasciato il suo spasimante, come se avesse cambiato idea. Il film finisce qui. In questo modo lo spettatore è indotto ad attivare la memoria visiva e a creare un collegamento *à rebours*, che lo porta a intuire ciò che il romanzo invece esplicita.

[2] Sull'importanza del cinema come veicolo di propaganda politica, soprattutto in rapporto all'antichità classica, vd. Fandiño Pérez – Garrido Moreno 2004, pp. 271-273.

[3] *Bianco e Nero* 1937.

Che il film nascesse da una forte volontà politica del Regime[4] è dimostrato *in primis* dall'investimento pubblico di circa 12,6 milioni di lire, per l'epoca una cifra veramente elevata (senza tacere poi del ruolo che nella produzione ebbe, pur senza essere accreditato, Vittorio Mussolini). Il Duce, sempre molto attento alle retoriche della comunicazione pubblica, era convinto dell'efficacia propagandistica del cinema e perciò volle che la pellicola fosse una delle più grandiose produzioni artistiche italiane, utile soprattutto alla giustificazione politica della recente fondazione dell'Impero in seguito alle conquiste d'Africa, come vedremo più avanti. Perciò lo Stato fascista partecipò attivamente alla realizzazione del film non solo con un notevole sforzo finanziario, ma anche con l'impiego di migliaia di uomini forniti dal Ministero della Guerra e dell'Interno, essenzialmente usati come comparse. Se il film doveva catturare l'ammirazione degli Italiani, era necessario anche un cast imponente: furono infatti utilizzati almeno 20 attori principali e 38 secondari[5], fra i quali spiccavano grandi star del tempo, a cominciare da Annibale Ninchi nel ruolo di Scipione (un Annibale che interpreta Scipione è quasi un segno di ironia tragica), proseguendo poi con Camillo Pilotto (Annibale), Fosco Giachetti (Massinissa), Isa Miranda (Velia), Francesca Braggiotti (Sofonisba). Per la regia fu scelto Carmine Gallone, abile professionista specializzato in film musicali tratti dal melodramma e in film storici, mentre la composizione delle musiche fu affidata a un'altra star dell'epoca, Ildebrando Pizzetti[6], che già aveva realizzato la celebre colonna sonora di *Cabiria* 1914 per Giovanni Pastrone. La pellicola vanta

---

[4] Per un'analisi delle vicende che portarono alla realizzazione del film e dei dettagli che ne caratterizzarono la produzione soprattutto Giuman – Parodo 2011, pp. 9-42.

[5] I dati sulla realizzazione del film sono in *Bianco e Nero* 1937, p. 9.

[6] Cfr. *Bianco e Nero* 1937, pp. 10-18, Sciannameo 2004, Giuman – Parodo 2011, pp. 31-36. L'*Inno a Roma*, composto per questo film, ha

poi le imponenti scenografie di Pietro Aschieri e la fotografia di Ubaldo Arata e Anchise Brizzi, che nel dopoguerra lavoreranno con Roberto Rossellini (*Roma città aperta* 1945) e Vittorio De Sica (*Sciuscià* 1946). Mussolini, come testimoniano anche alcuni cinegiornali dell'epoca[7], seguì assiduamente le riprese, recandosi più volte presso il set allestito a Sabaudia per gli esterni.

Ma torniamo per un momento alle motivazioni politiche che si nascondevano (e nemmeno poi eccessivamente) dietro questo ambizioso progetto. Tanto interesse da parte del Fascismo non era dovuto, come si accennava sopra, soltanto al desiderio di rendere grande la cinematografia italiana, bensì anche all'idea di utilizzare le straordinarie capacità di coinvolgimento emotivo che il cinema sapeva esercitare sul pubblico, per rafforzare il consenso popolare verso le recenti e controverse iniziative belliche del Regime. Il 9 maggio 1936, dopo la conquista dell'Etiopia, Mussolini proclamava alle folle la costituzione dell'Impero, i cui riferimenti alla romanità erano indiscutibili: in quel discorso il Duce, per esempio, appellava gli Italiani oltre che come *camerati*, *camicie nere* o semplicemente *Italiani*, con il non troppo usuale vocativo *legionari*. *Scipione l'Africano* di Gallone rientra pienamente in questa strategia di assimilazione dell'Impero fascista all'Impero di Roma antica. Ma perché si scelse di esaltare l'impresa etiopica proprio tramite la figura di Scipione? Una delle giustificazioni pubblicamente accampate per la campagna africana fu la necessità di una rivalsa per le brucianti sconfitte subite nei decenni precedenti dall'Italia soprattutto in campo coloniale, *in primis* quella di Adua del 1896 (ma ancora sanguinante era la ferita per la disfatta di Caporetto del 1917 nella Grande Guerra). La vicenda storica di

rischiato di diventare l'inno ufficiale fascista (cfr. GIUMAN – PARODO 2011, p. 15).

[7] Vedi, ad esempio, il *Giornale Luce* B1014 del 23 dicembre 1936.

Scipione, che col trionfo di Zama in terra d'Africa (202 a.C.) cancellò l'onta della sconfitta di Canne (216 a.C.), era dunque particolarmente adatta a preconizzare una sorta di ricorso storico, simboleggiando la grande vendetta dell'Italia contro chi in Africa, ad Adua, l'aveva umiliata.

Il film doveva dunque raccontare un celebre e glorioso episodio della storia romana, facendolo percepire come fausto presagio del ritorno italico agli antichi fasti, grazie al Fascismo. Le vicende della seconda guerra punica erano piuttosto note, anche attraverso elementari nozioni scolastiche, per cui poteva essere pericoloso distaccarsi troppo dalle fonti antiche. Gli sceneggiatori, a questo proposito, dichiarano[8]:

> Le nostre fonti principali sono state Tito Livio, Polibio, Cornelio Nepote, Frontino e Plutarco [...].
> La necessità e l'economia cinematografica ci hanno qualche volta costretti a riassumere in un solo episodio avvenimenti che, storicamente, si sono invece svolti durante una serie di episodi; come per esempio, la preparazione della spedizione in Sicilia, la sconfitta di Siface, il tradimento di Cartagine. Tuttavia riteniamo di non aver costretto, in una sintesi drammatica indispensabile, la stessa materia storica. Vi è inoltre nella battaglia di Zama qualche dettaglio guerresco, come il grido lanciato dai soldati, coprendosi la bocca con l'orlo superiore dello scudo, che è di un'epoca posteriore; ma questo e qualche altro piccolo anacronismo del genere, debbono essere consentiti al cinematografo, quando la loro efficacia, non nuocendo alla verità fondamentale, giovi alla espressione artistica.

In ogni epoca chi fa cinema ha ben presente che la narrazione filmica ha esigenze espressive che possono e, forse, debbono travalicare talvolta la coerenza con il testo letterario di partenza. In questo caso bisogna dire che la sceneggia-

[8] *Bianco e Nero* 1937, p. 25. Per un'analisi dettagliata, anche se non condotta con criteri filologici rigorosi, dell'uso delle fonti antiche, vd. DÁVILA VARGAS-MACHUCA 2017, pp. 533-571.

tura rispecchia esattamente quanto dichiarato nel passo sopra riportato[9]. Ma la sceneggiatura sta a un film come un libretto sta a un melodramma. Perché un'opera cinematografica mostri veramente i suoi valori (o disvalori) è necessaria la trasposizione della sceneggiatura in girato e poi, dopo la postproduzione, in film, con un decisivo passaggio fra sistemi 'linguistici' differenti, che genera riscritture e mutamenti in grado di condizionare in senso attualizzante la percezione dello spettatore. Nel caso dello *Scipione* di Gallone, lo ripetiamo ancora, l'intento del Regime era quello di utilizzare una colossale produzione cinematografica come volano propagandistico per la fondazione dell'Impero, trasmettendo al pubblico la sensazione che la verità storica dell'impresa di Scipione si rinnovi, quasi con fatale necessità, nella campagna d'Africa promossa da Mussolini. Analizziamo qualche esempio.

[9] Il soggetto e l'intera sceneggiatura desunta del film sono disponibili in *Bianco e Nero* 1937, pp. 25-98. Da questo punto di vista, non mi trovo del tutto d'accordo con quanto affermano, un po' troppo categoricamente, a proposito del film di Gallone, Fandiño Pérez – Garrido Moreno 2004, p. 277, quando parlano di «manipulación nacionalista deformadora de la realidad histórica». Come vedremo, l'operazione del Regime fascista, in questo caso, mirerà a utilizzare il cinema perché in grado di veicolare verso un'azione propagandistica proprio il rispetto delle fonti storiografiche. In effetti, contrariamente alla maggior parte dei film che potremmo, in qualche modo, ascrivere al genere *peplum*, gli sceneggiatori di *Scipione l'Africano* ricorrono direttamente alle fonti greche e latine senza filtrarle attraverso la narrativa ottocentesca e del primo '900, a fronte invece di grandi produzioni come *Cabiria* 1914, che mescolavano il dato storiografico con il riuso creativo del *feuilleton*, in questo caso *Cartagine in fiamme* di Emilio Salgari (1908). Il ricorso a manipolazioni letterarie e 'di consumo' delle fonti storiografiche avveniva perché costruire le sceneggiature su popolarissimi romanzi d'appendice permetteva di creare film più immediatamente vicini al gusto del pubblico e quindi meglio commerciabili. È forse questo il motivo per cui, a fronte di una scelta radicalmente diversa, *Scipione l'Africano* non ha ottenuto quel successo di pubblico che la produzione e, soprattutto, il Regime si aspettavano.

La pellicola si apre con un quadro contenente 'parole filmiche' (00:01:49), ovvero *immagini* di parole che lo spettatore deve leggere, ma anche percepire dal punto di vista formale, puramente visivo. Si tratta di un testo a scorrimento verticale, dove si raccontano in sintesi le vicende storiche che costituiscono i prodromi di quanto narrato nel film. Il testo è in italiano, ma la sua presentazione visuale imita chiaramente le antiche epigrafi latine: lo sfondo dello specchio di scrittura mostra le marezzature del marmo, mentre il testo è vergato in una specie di capitale quadrata epigrafica. Il racconto preliminare della seconda guerra punica arriva alla battaglia di Canne e si chiude con queste parole: «In uno sforzo disperato, Roma raccoglie un'altra armata, ma il due agosto del duecentosedici a.C., cinquantamila Romani sono massacrati nella pianura di Canne» (Fig. 1). Cosa ci dice questo inizio dal punto di vista della comunicazione mostrativa? Ci dice che quell'epigrafe, in italiano, è un racconto moderno, che narra un episodio della grande storia di Roma antica, ma che questa operazione avviene attraverso forme scrittorie dell'antichità, quasi che la muta voce del discorso grafico si caratterizzi come armonia fra classico e attuale, creando così una sovrapposizione ideale, una continuità identitaria fra la Roma di Scipione e l'Italia fascista. E questo è, come abbiamo accennato più volte, lo scopo primario del film, nonché una delle basi ideologiche più forti del Fascismo stesso[10].

La prima sequenza di immagini (00:02:52) ci mostra il campo di battaglia di Canne cosparso di cadaveri e di devastazione, ove all'improvviso una mano invisibile solleva

[10] Cfr. Giardina – Vauchez 2000, pp. 212-296. Ricordiamo che molto spesso il Regime identificava il soldato italiano con il legionario romano. Una delle immagini che illustrano l'articolo di Scaligero 1942, p. 16 mostra un crogiuolo, sul quale spicca come un'etichetta la testa di un legionario romano, che trasferisce il metallo fuso in un altro crogiuolo marcato dall'immagine di un soldato dell'esercito italiano. Su queste simbologie in rapporto col film di Gallone, vd. Giuman – Parodo 2011, pp. 48-51.

verso il cielo l'insegna con l'aquila legionaria[11], mentre una voce fuori campo esclama: «Vendichiamo Canne!» (Fig. 2). Ecco dunque il punto di partenza della narrazione, non scelto a caso: una tremenda sconfitta che per l'onore e la grandezza di Roma deve essere vendicata con una grande vittoria; come Roma vendicherà Canne a Zama, ponendo le basi del suo impero, così l'Italia fascista vendicherà Adua ad Addis Abeba, favorendo, come disse Mussolini nel discorso del 9 maggio 1936, «la riapparizione dell'Impero sui colli fatali di Roma»[12]. La scelta di questo inizio implica dunque già un notevole orientamento ideologico, rafforzato poi dai richiami strutturali interni al film, miranti a sollecitare la memoria visiva dello spettatore. Il film si chiude infatti in una sorta di *Ringkomposition*, espediente stilistico tipico del cinema d'ogni tempo, ovvero con una sequenza molto simile ma di segno opposto (01:46:16): ancora una volta vediamo un campo di battaglia cosparso di cadaveri, ma ora è quello di Zama; la camera traccia un piano sequenza verso sinistra, dove appare un legionario che, sollevando con le mani l'aquila che stava sulla sommità dell'insegna principale dell'esercito romano, appena riconquistata dalle mani del nemico, grida «Canne è vendicata!» (Fig. 3)[13].

---

[11] Sulla risemantizzazione in chiave fascista dell'aquila nel cinema, vd. FANDIÑO PÉREZ – GARRIDO MORENO 2004, pp. 273-378.

[12] In *Bianco e nero* 1937, p. 5 si legge: «Il fatto che *Scipione l'Africano* sia stato concepito nel momento in cui si iniziava la gloriosa guerra d'Etiopia, e che ne sia stata iniziata la realizzazione subito dopo la consacrazione dell'Impero Italiano, non è senza significato. *Scipione l'Africano* non poteva né doveva essere uno dei tanti film che si realizzano esclusivamente in vista di un successo di pubblico con mire esclusivamente commerciali o finanziarie. Pur essendo dotato di altissimo tono spettacolare che lo pone a contatto immediato con le più larghe zone di spettatori di tutte le classi e di tutti i Paesi, *Scipione l'Africano* è nato soprattutto in vista ed in funzione del suo profondo valore spirituale».

[13] Questa non è propriamente la scena con cui la pellicola si conclude. Il legionario grida anche: «Annibale è sconfitto!», mentre con una dissolvenza appare un campo lungo raffigurante una veduta d'orizzonte sul

La forte matrice ideologica del film, dunque, non risiede tanto nei fatti narrati, quanto nello stile mostrativo utilizzato da Gallone: all'inizio della pellicola, per esempio, si alternano lunghe sequenze che mettono in rapporto sincritico quanto accade a Roma e quanto invece succede nel campo punico. Qui non si deroga granché rispetto a quanto sappiamo dalle fonti greche e latine, ma il contrasto visivo fra le scene ambientate a Roma e quelle nel campo cartaginese è progettato per trasmettere allo spettatore sensazioni diverse[14].

---

mare su cui passa mestamente, ripresa in controluce, la figura di Annibale a cavallo che abbandona Cartagine. Successivamente una serie di scene in rapido montaggio ci mostrano come la voce della vittoria si propaghi rapidamente da una nave all'altra fino a giungere a Roma, accompagnata dalle note trionfali della colonna sonora di Pizzetti. L'ultima scena (01:48:09) ci mostra una pioggia di chicchi di grano, simbolo della prosperità riacquistata da Roma, generata dalla mano di Scipione che fa scorrere fra le dita le sementi che daranno origine a un nuovo raccolto. Il grande generale non è in armi, ma veste la toga e si trova in casa con la propria famiglia, ricomponendo il quadro domestico che aveva lasciato per partire verso l'Africa.

[14] Questo è uno degli effetti principali del cinema, dove l'aspetto formale comunica cose che vanno al di là dei contenuti e provoca emozioni nuove anche su temi e fatti che lo spettatore conosce molto bene. Si potrebbe pensare che qui agisca il cosiddetto effetto *firewall*, che BORDWELL – THOMPSON 2011, pp. 99-101 illustrano molto bene: di fronte a un uso particolarmente efficace della mostrazione filmica, viene attivato nella mente dello spettatore un meccanismo di percezione emozionale che non riesce a penetrare a livello cognitivo profondo, per cui viene indotta una reazione emotiva ed empatica, che prescinde dai contenuti precisi della storia, anche quando questa è ben nota allo spettatore (vd. anche GALLESE – GUERRA 2015, pp. 92-93). È un processo che funziona molto bene per i film *thriller* e per trasmettere gli effetti di *suspense*, ma che potrebbe essere applicato con successo anche ai film che tendono al coinvolgimento personale dello spettatore in racconti storici a cui vengono assegnate valenze politiche o ideologiche. Se una sequenza filmica è costruita bene, lo spettatore avverte un'implicazione diretta (di sé e del contesto socioculturale a cui appartiene) in quanto viene presentato sullo schermo. Dicono BORDWELL – THOMPSON 2011,

L'arrivo di Scipione in Senato per l'investitura come proconsole della Sicilia è preannunciato da una folla entusiasta che si muove unanime in mezzo a bianche costruzioni rese splendenti dalla luce del sole (00:04:41). Il popolo è tutto rivolto, col braccio teso nel saluto romano, verso un punto in alto a destra dello schermo, disegnando una diagonale ascendente ideale, che taglia da sinistra a destra lo specchio visivo offerto allo spettatore. La camera segue il percorso indicato dalla folla, sale con un piano sequenza verso la sommità di una scalinata, dove, nella cornice di un arco a tutto sesto, si scorge da lontano, in campo lungo, la figura indistinta di un uomo rivolta verso il flusso generato dalla folla (Fig. 4). Uno stacco di montaggio ci porta a un campo più corto che ci mostra quell'uomo, inquadrato frontalmente, che, preceduto dai littori con i fasci in spalla, fende la calca in direzione contraria. L'immagine filmica ci parla dunque di un personaggio che, al suo primo apparire sullo schermo, è connotato da un'autorità superiore, come detentore di un potere che lo fa guida e punto di riferimento naturale per tutto il popolo, rivolto a lui con unanime, ovante ed entusiasta accoglienza. Un leggero zoom ci rivela meglio la figura,

pp. 100-101: «Seeing people's facial expressions touches off empathy and emotional contagion, perhaps through mirror neurons, those neurons that fire when we perform an activity or when we see others perform it. This tendency may explain why we can, momentarily, feel a wisp of empathy for unsympathetic characters». Come si diceva sopra, la storia della seconda guerra punica era ben nota a gran parte del pubblico che poteva assistere alla proiezione di *Scipione l'Africano* e le luci, i movimenti di macchina, la costruzione di montaggio, le musiche, l'uso dei toni di voce potevano agire sui neuroni specchio, inducendo lo spettatore a provare, ad esempio, gli stessi sentimenti di orgoglio patriottico e di devozione all'eroico condottiero, manifestati dalle folle all'arrivo di Scipione in Senato, senza arrivare a un giudizio analitico e distaccato sui fatti storici rappresentati. È lo stesso effetto psicologico che, attraverso il linguaggio cinematografico, provoca ogni volta in noi tensione ed emozione quando rivediamo un film d'azione o horror o poliziesco, di cui conosciamo già bene la trama e il finale.

che è quella di Scipione, il quale ricambia sorridente il saluto romano della gente che lo acclama. La camera segue in campo lungo la sua successiva ascesa sulla scalinata della Curia, sempre fra ali osannanti di folla. È il racconto di un fatto storico reale, ma l'apparato retorico del film ci dice qualcosa di più: Scipione è un duce che ha con sé tutto il popolo di Roma, felice di vedere in lui l'artefice della prossima riscossa contro Cartagine, così come l'Italia ha un Duce amatissimo, che la guiderà verso un cimento analogo.

Dopo l'investitura e la decisione di intraprendere la campagna d'Africa, la devozione assoluta verso Scipione è mostrata anche dalle donne, fedeli custodi del focolare domestico. Nella scena che precede il congedo di Scipione dalla propria famiglia per andare in guerra (00:14:46), si vede il dettaglio di mani femminili che ripongono dei gioielli in uno scrigno. Con un carrello all'indietro l'inquadratura si allarga, mostrandoci una donna che si sta spogliando completamente dei preziosi che indossa, mettendoli appunto nello scrigno (Fig. 5), non per conservarli (come in un primo momento vien fatto credere allo spettatore), ma per consegnarli a un centurione, ovviamente perché contribuisca a finanziare l'impresa bellica. Appena il centurione si è allontanato, una fantesca porta alla donna un neonato in fasce che lei, in un rapido piano sequenza, reca a Scipione, ora in armi e non più in toga, il quale, commosso e virilmente altero, saluta suo figlio prima di partire per la guerra. In questo modo il regista ci dice che la matrona che, primo e fulgido esempio per tutte le altre, sacrifica i propri ori per la patria è Emilia Terzia, la moglie del condottiero. Il messaggio politico per l'Italia fascista è evidente e richiama la campagna *Oro alla patria* del 1935, che, proprio in occasione dell'invasione dell'Etiopia, vide la regina Elena e poi Rachele Mussolini donare per prime allo Stato le proprie fedi nuziali e altri ori.

L'atmosfera di entusiasmo per il nuovo duce, espressa con unanimità e luce piena in queste scene, contrasta visivamente con quanto si vede dopo nel campo di Annibale (00:16:27).

Qui è notte, si scorgono uomini confabulare fra le ombre, come se stessero cospirando (Fig. 6). Intanto passa la cavalleria numida. Gli uomini aspettano che i cavalieri siano entrati nel campo e poi, in gruppi sparuti si raccolgono a discutere. Il contrasto visivo con l'ordine e l'unità del popolo romano è evidente all'occhio dello spettatore. Questi uomini sono mercenari, che non hanno sposato per nulla la causa punica, ma combattono solo per denaro, denaro che lamentano non essere stato corrisposto da Annibale ormai da più di un anno. Al contrario dei Romani, sono stanchi e abbattuti; le continue promesse di pagamento ormai non sono più ascoltate e inizia ad aleggiare qualcosa di simile a un ostile spirito di rivolta. Nulla può essere più lontano da quanto si era visto nelle scene precedenti ambientate a Roma. Qui non c'è nessun ideale che anima i soldati, non c'è concordia né unità, bensì solo scoramento e sete di denaro. Annibale, condottiero duro e sprezzante, reprime in modo violento le proteste dei suoi uomini (00:18:12), trasmettendo allo spettatore la sensazione di tenere unito il suo esercito soltanto con la costrizione. L'Annibale interpretato molto bene da Camillo Pilotto è un comandante fiero e crudele, fedele alla sua missione ispirata dall'odio contro Roma, ma, come si nota da alcuni suoi accenti, quasi rassegnato a una sorte fatale. Ninchi invece è uno Scipione paterno e altamente ispirato, meno guerriero e più capo spirituale rispetto al suo avversario, talvolta forse un po' troppo stentoreo e morbido nell'azione.

Ancora prima che vengano narrati i fatti salienti della campagna d'Africa, Gallone ci mostra dunque i diversi caratteri degli eserciti nemici: solari, entusiasti, disinteressati all'oro e devoti al loro duce i Romani; disordinato, scontento, stanco, avido di soldo, oscuramente violento al suo interno, tenuto insieme col terrore ispirato dal capo, l'esercito cartaginese. È evidente per lo spettatore dell'epoca chi siano i 'buoni' e chi siano i 'cattivi', tanto nella storia romana quanto nella storia contemporanea.

L'identificazione formale con il Fascismo e con la guerra d'Africa condotta in quegli anni risulta poi assai evidente nel discorso che Scipione rivolge alle truppe prima della battaglia di Zama (01:26:42), non tanto per i contenuti[15],

[15] Il contenuto non è molto differente da quello che risulta in Polibio XV 10, 2-7: ἠξίου γὰρ μνημονεύοντας τῶν προγεγονότων ἀγώνων ἄνδρας ἀγαθοὺς γίνεσθαι, σφῶν καὶ τῆς πατρίδος ἀξίους, καὶ λαμβάνειν πρὸ ὀφθαλμῶν ὅτι κρατήσαντες μὲν τῶν ἐχθρῶν οὐ μόνον τῶν ἐν Λιβύῃ πραγμάτων ἔσονται κύριοι βεβαίως, ἀλλὰ καὶ τῆς ἄλλης οἰκουμένης τὴν ἡγεμονίαν καὶ δυναστείαν ἀδήριτον αὑτοῖς τε καὶ τῇ πατρίδι περιποιήσουσιν: ἐὰν δ' ὡς ἄλλως ἐκβῇ τὰ κατὰ τὸν κίνδυνον, οἱ μὲν ἀποθανόντες εὐγενῶς ἐν τῇ μάχῃ κάλλιστον ἐντάφιον ἕξουσι τὸν ὑπὲρ τῆς πατρίδος θάνατον, οἱ δὲ διαφυγόντες αἴσχιστον καὶ ἐλεεινότατον τὸν ἐπίλοιπον βίον. ἀσφάλειαν γὰρ τοῖς φυγοῦσιν οὐδεὶς ἱκανὸς περιποιῆσαι τόπος τῶν ἐν τῇ Λιβύῃ: πεσοῦσι δ' ὑπὸ τὰς τῶν Καρχηδονίων χεῖρας οὐκ ἄδηλα [εἶναι] τὰ συμβησόμενα τοῖς ὀρθῶς λογιζομένοις: "ὧν" ἔφη "μηδενὶ γένοιτο πεῖραν ὑμῶνλαβεῖν. τῆς δ' οὖν τύχης ἡμῖν τὰ μέγιστα τῶν ἄθλων εἰς ἑκάτερον τὸ μέρος ἐκτεθεικυίας, πῶς οὐκ ἂν εἴημεν ἀγεννέστατοι καὶ συλλήβδην ἀφρονέστατοι πάντων, εἰ παρέντες τὰ κάλλιστα τῶν ἀγαθῶν ἑλοίμεθα τὰ μέγιστα τῶν κακῶν διὰ φιλοζωίαν;" διόπερ ἠξίου δύο προθεμένους, ταῦτα δ' ἐστὶν ἢ νικᾶν ἢ θνήσκειν, ὁμόσε χωρεῖν εἰς τοὺς πολεμίους. τοὺς γὰρ τοιαύτας ἔχοντας διαλήψεις κατ' ἀνάγκην ἀεὶ κρατεῖν τῶν ἀντιταττομένων, ἐπειδὰν ἀπελπίσαντεστοῦ ζῆν ἴωσιν εἰς τὴν μάχην.
Queste le parole di Scipione nei numeri 395, 396 e 397 della sceneggiatura (*Bianco e nero* 1937, p. 87; le omissioni riguardano la descrizione dei movimenti di macchina contenute nella sceneggiatura): «Siate nella battaglia degni del vostro passato e di Roma. Ricordate che se vincerete non soltanto diverrete padroni dell'Africa, ma darete a Roma l'impero del mondo. [...] Se invece sarete vinti e cadrete nelle mani dei Cartaginesi non occorre che vi dica la sorte che vi aspetta. Chi sarebbe così vile di rinunciare alla gloria di morire per la Patria e preferire l'ignominia di cadere nelle mani del nemico, solo per amore della vita? [...] Andate incontro al nemico con in mente una sola alternativa: vittoria o morte!».
La 'traduzione' del testo di Polibio, resa in forma di discorso diretto anche dove lo storico greco usa quello indiretto, è ovviamente orientata a rispecchiare la situazione dell'Italia fascista in quel momento: divenire padroni dell'Africa significava, come ripeté Mussolini più volte, creare i prodromi di un grande impero, facendo rivivere quello che, dopo

quanto per il tono, le pause e gli accenti utilizzati da Annibale Ninchi nella recitazione (Fig. 7), che sono una vera e propria imitazione dell'inconfondibile stile oratorio di Benito Mussolini, soprattutto nel celebre discorso di proclamazione dell'Impero sopra ricordato.

A fronte del grande investimento di denaro pubblico e dell'imponente sforzo promozionale, il film tuttavia si rivelò quasi un fiasco e, contrariamente a quanto affermato dalle fonti ufficiali, non piacque nemmeno a Mussolini, che faticava a identificarsi nelle molli fattezze e nell'artefatta recitazione di Ninchi[16]. D'altro canto, anche la critica dell'epoca non mancò di stroncare la pellicola[17], che, più che un'esaltazione delle imprese del Regime, ne apparve come una caricatura. Bisogna però rilevare che il lavoro di Gallone non fu

---

la seconda guerra punica, fu capace di creare Roma. Da notare che gli sceneggiatori radicalizzano, per così dire, alcuni concetti riportati da Polibio nel discorso di Scipione. Mentre lo Scipione di Polibio prefigura come alternativa ad una morte gloriosa il triste destino di coloro che con viltà si danno alla fuga, cadendo fatalmente nelle mani del nemico, allo Scipione cinematografico vien fatto omettere il dettaglio della fuga, insistendo solo sul rischio di cadere nelle mani del nemico. Insomma, il legionario romano/fascista non concepisce di scappare davanti al nemico; egli non indietreggia mai e il suo grado più alto di viltà è di cadere prigioniero in battaglia non riuscendo nell'intento di gettarsi strenuamente incontro a una morte gloriosa. Sembra di sentire il «Se avanzo seguitemi, se indietreggio uccidetemi, se mi uccidono vendicatemi», che, rubato dal Duce a Henri de La Rochejaquelein per il discorso del 7 aprile 1926, aleggiava ancora nei titoli di testa della stampa fascista nel 1935 a proposito del progetto della campagna coloniale in Etiopia (cfr. *Il regime fascista* 1935, p. 1, con questo motto che campeggia sulla prima pagina del giornale di Farinacci a introdurre un editoriale non firmato dove si parla esplicitamente di 'legionari' in procinto di marciare verso l'Etiopia per vendicare la disfatta di Adua: «Forse le nostre truppe già marciano su Adua. Noi cancelleremo così un'onta della nostra storia. Nessuno potrà più arrestare la marcia dei nostri legionari»).

[16] Vd. Giuman – Parodo 2011, pp. 16-17.

[17] Cfr. Giuman – Parodo 2011, pp. 18-19.

del tutto fallimentare e che alcune scene del suo *Scipione* sarebbero divenute punti di riferimento stilistici nella storia del cinema. Una di queste è senza dubbio la bella narrazione della battaglia di Zama (01:29:05), alla cui impostazione mostrativa (Fig. 8) guarderà anche Eisenstein poco tempo dopo, per girare la memorabile battaglia sul ghiaccio del lago Peipus nell'*Alexandr Nevskiy* 1938 (Fig. 9), film anch'esso costruito nell'ottica del riuso propagandistico della storia (i Russi del XIII secolo che contrastano eroicamente l'avanzata dei Teutoni) per esaltare le imprese di un condottiero contemporaneo (la fiera opposizione di Stalin contro l'espansionismo della Germania nazista[18]), ma, rispetto al film di Gallone, capolavoro di ben altra cifra.

## Bibliografia

Ben-Ghiat 1996 = R. Ben-Ghiat, *Envisioning Modernity: Desire and Discipline in the Italian Fascist Film*, «Critical Inquiry» 23.1, 1996, pp. 109-144.

*Bianco e Nero* 1937 = «Bianco e Nero» I, 7-8, 1937.

Bordwell – Thompson 2011 = D. Bordwell – K. Thompson, *Minding Movies. Observations on the Art, Craft, and Business of Filmmaking*, Chicago-London 2011.

Caprotti 2009 = F. Caprotti, *Scipio Africanus: film, internal colonization, and empire*, «Cultural Geographics» 16, 2009, pp. 381-401.

Dávila Vargas-Machuca 2017 = M. Dávila Vargas-Machuca, *La proyecció de la guerras púnicas en el cine italiano del primer* novecento*: Cabiria (1914) y Scipione l'Africano (1937). Tesis doctoral*, Granada 2017.

[18] Si deve ricordare che il film, per i suoi contenuti antigermanici, fu bandito dall'Unione Sovietica nel 1939, in seguito al patto di non aggressione Ribbentrop – Molotov, per essere poi rimesso in circolazione nel 1941 dopo l'invasione nazista della Russia: cfr. Welch 2017, pp. 71-72.

FANDIÑO PÉREZ – GARRIDO MORENO 2004 = R. G. FANDIÑO PÉREZ – J. GARRIDO MORENO, *Revisitando la Antigüedad. Del Fascismo al peplum*, «Berceo» 146, 2004, pp. 271-286.GALLESE – GUERRA 2015 = V. GALLESE – M.GUERRA, *Lo schermo empatico. Cinema e neuroscienze*, Milano 2015.

GIARDINA – VAUCHEZ 2000 = A. GIARDINA – A. VAUCHEZ, *Il mito di Roma. Da Carlo Magno a Mussolini*, Roma-Bari 2000.

GIUMAN – PARODO 2011 = M. GIUMAN – C. PARODO, *L'altro Scipione.* Scipione l'Africano *e il suo tempo: iconologia dell'antico nel film di Carmine Gallone*, Cagliari 2011.

*Il regime fascista* 1935 = «Il regime fascista» 236, 3 ottobre 1935.

SCALIGERO 1942 = M. SCALIGERO, *Continuità storica della razza italiana*, «La difesa della razza» 12, 1942, pp. 15-16.

SCIANNAMEO 2004 = F. SCIANNAMEO, *In Black and White: Pizzetti, Mussolini and "Scipio Africanus"*, «The Musical Times» 145.1887, 2004, pp. 25-50.

STONE 1993 = M. STONE, *Staging Fascism: The Exibition of the Fascist Revolution*, «Journal of Contemporary History» 28.1, 1993, pp. 215-243.

VERDONE 1951 = M. VERDONE, *The Italian Cinema from Its Beginnings to Today*, «Hollywood Quarterly» 5.3, 1951, pp. 270-281.

WELCH 2017 = D. WELCH, *World war II Propaganda. Analyzing the Art of Persuasion during Wartime*, Santa Barbara California 2017.

## Filmografia

*Alexandr Nevskiy* 1938

URSS 112'; regia: Sergei M. Eisenstein, Dimitriy Vasilev; sceneggiatura: Sergei M. Eisenstein, Pyotr Pavlenko; fotografia: Eduard Tisse; musica: Sergei Prokofiev; montaggio: Sergei M. Eisenstein, Esfir Tobak; produzione: Igor Vakar; cast: Nikolay Cherkasov (Alexandr Nevskiy), Nikolai Okhlopkov (Vasili Buslai), Andrei Abrikosov (Gavrilo Oleksich), Dimitri Orlov (Ignat), Vasili Novikov (Pavsha), Nikolay Arsky (Domash

Tverdislavich), Varvara Massalitinova (Amelfa Timoferevna), Valentina Ivashova (Olga Danilovna), Valdimir Yershov (Von Balk), Ivan Lagutin (Anani), Lev Fenin (Arcivescovo)

*Cabiria* 1914

Italia 181'; regia: Giovanni Pastrone; sceneggiatura: Giovanni Pastrone, Gabriele D'Annunzio; fotografia: Augusto Battagliotti, Eugenio Bava, Natale Chiusano, Segundo de Chomón, Carlo Franzeri, Giovanni Tomatis; effetti speciali: Eugenio Bava, Segundo de Chomón; musiche: Ildebrando Pizzetti, Manlio Mazza; montaggio: Giovanni Pastrone; produzione: Giovanni Pastrone; cast: Carolina Catena (Cabiria bambina), Lidia Quaranta (Cabiria), Umberto Mozzato (Fulvio Axilla), Bartolomeo Pagano (Maciste), Emilio Vardannes (Annibale), Edoardo Davesnes (Asdrubale), Italia Almirante-Manzini (Sofonisba), Alex Bernard (Siface), Luigi Chellini (Scipione), Vitale Di Stefano (Massinissa), Enrico Gemelli (Archimede),

*Scipione l'Africano* 1937

Italia 109'; regia: Carmine Gallone; sceneggiatura: Carmine Gallone, Camillo Mariani Dell'Aguillara, Sebastiano A. Luciani; fotografia: Ubaldo Arata, Anchise Brizzi; musica: Ildebrando Pizzetti; montaggio: Oswald Hafenrichter; scenografia: Pietro Aschieri; produzione: Frederic Curiosi, Vittorio Mussolini; cast: Annibale Ninchi (Scipione), Camillo Pilotto (Annibale), Fosco Giachetti (Massinissa), Francesca Braggiotti (Sofonisba), Marcello Giorda (Siface), Isa Miranda (Velia), Memo Benassi (Catone), Ciro Galvani (Quinto Fabio Massimo), Diana Lante (Emilia Terzia)

*The Portrait of a Lady* 1996

UK, USA 144'; regia: Jane Campion; sceneggiatura: Laura Jones; fotografia: Stuart Dryburgh; musica: Wojciech Kilar; montaggio: Veronika Jenet; produzione: Steve Golin, Ute Leonhardt, Monty Montgomery, Heidrun Reshöft, Mark Turnbull, Ann Wingate; cast: Nicole Kidman (Isabel Archer),

John Malkovich (Gilbert Osmond), Barbara Hershey (Serena Merle), Mary-Louise Parker (Henrietta Stackpole), Martin Donovan (Ralph Touchett), Richard E. Grant (Lord Warburton), Viggo Mortensen (Caspar Goodwood), Valentina Cervi (Pansy Osmond), John Gielgud (Mr. Touchett), Shelley Winters (Mrs. Touchett)

Fig. 1 – *Scipione l'Africano* 1937 (screenshot 00:01:49 – *Prologo*).

Fig. 2 – *Scipione l'Africano* 1937 (screenshot 00:02:52 – *La sconfitta di Canne*).

Fig. 3 – *Scipione l'Africano* 1937 (screenshot 01:46:16 – *La vittoria di Zama*).

Fig. 4 – *Scipione l'Africano* 1937 (screenshot 00:04:53 – *Arrivo di Scipione al Senato*).

Fig. 5 – *Scipione l'Africano* 1937 (screenshot 00:14:57 – *Oro alla Patria*).

Fig. 6 – *Scipione l'Africano* 1937 (screenshot 00:17:15 – *Il campo di Annibale*).

Fig. 7 – *Scipione l'Africano* 1937 (screenshot 01:27:30 – *Il discorso di Scipione prima della battaglia di Zama*).

Fig. 8 – *Scipione l'Africano* 1937 (screenshot 01:33:42 – *La battaglia di Zama*).

Fig. 9 – *Alexandr Nevskij* 1938 (screenshot 01:01:55 – *La battaglia sul lago Peipus*).

PROBLEMI E RICERCHE DI STORIA ANTICA

COLLANA DIRETTA DA LORENZO BRACCESI

CONDIRETTA DA ULRICO AGNATI E FLAVIO RAVIOLA

---

1. Santo Mazzarino
   *Aspetti sociali del quarto secolo. Ricerche di storia tardo-romana*, 1951, pp. 440
2. Luigi Moretti
   *Ricerche sulle leghe greche (Peloponnesiaca-Beotica-Licia)*, 1962, pp. 224
3. Giovanni Capovilla
   *Praehomerica et praeitalica. (Ricerche mitiche, protostoriche e linguistiche)*, 1964, pp. 420
4. Santo Mazzarino
   *Storia sociale del vescovo Ambrogio*, 1989, pp. 102
5. Vittorio Bracco
   *L'archeologia classica nella cultura occidentale*, 1979, pp. 322
6. Attilio Mastrocinque
   *La Caria e la Ionia in epoca ellenistica*, 1979, pp. 267
7. M.G. Angeli Bertinelli
   *Roma e l'Oriente. Strategia, economia, società e cultura nelle relazioni politiche fra Roma, Giudea, Iran*, 1979, pp. 178
8. Ronald T. Ridley
   *History of Rome. A documented Analysis*, 1989, pp. 696
9. Iza Biezunska Malowist
   *Schiavitù e produzione nella Roma repubblicana*, 1986, pp. 260

10. Maria Dzielska
*Apollonius of Tyana in legend and history*, 1986, pp. 232

11. Ida Paladino
Fratres Arvales. Storia di un collegio sacerdotale romano, 1988, pp. 320

12. Mario Attilio Levi
*La città antica. Morfologia e biografia della aggregazione urbana nell'antichità*, 1989, pp. 516

13. Lorenzo Braccesi
*Alessandro e la Germania. Riflessioni sulla geografia romana di conquista*, 1991, pp. 144

14. Giovannella Cresci Marrone
*Ecumene Augustea. Una politica per il consenso*, 1993, pp. 328

15. Alessandra Coppola
*Demetrio di Faro. Un protagonista dimenticato*, 1993, pp. 246

16. Carla Fayer
*La familia romana – I. Aspetti giuridici ed antiquari*, 1994, pp. 732

17. Gabriella Vanotti
*L'altro Enea. La testimonianza di Dionigi di Alicarnasso*, 1995, pp. 348

18. Alessandra Coppola
*Archaiologhia e propaganda. I greci, Roma e l'Italia*, 1995, pp. 216

19. Luigi Bessone
*La storia epitomata. Introduzione a Floro*, 1996, pp. 256

20. Luca Antonelli
*Kerkuraika. Ricerche su Corcira alto-arcaica tra Ionio e Adriatico*, 2000, pp. 169

21. Carla Fayer
*La familia romana – II. Aspetti giuridici ed antiquari. Parte II. Sponsalia. Matrimonio. Dote*, 2005, pp. 912

22. Carla Fayer
*La familia romana – III. Aspetti giuridici ed antiquari. Parte III. Concubinato. Divorzio. Adulterio*, 2005, pp. 452

23. Domenico Musti
*Nike. Ideologia, iconografia e feste della vittoria in età antica*, 2005, pp. 360

24. Lorenzo Braccesi
*L'Alessandro Occidentale. Il macedone e Roma*, 2006, pp. 320

25. Domenico Palombi
*Rodolfo Lanciani. L'archeologia a Roma tra Ottocento e Novecento*, 2006, pp. 360

26. Giorgio Camassa
*Scrittura e mutamento delle leggi nel mondo antico. Dal Vicino Oriente alla Grecia di età arcaica e classica*, 2011, pp. 204

27. Gianfranco Binazzi
*Il radicamento dei culti tradizionali in Italia fra tarda antichità e alto medioevo*, 2012, pp. 160

28. Mariagrazia Arena Evre
*Praeteritae carmina vitae. Pietre e parole di Numidia (Numidia meridionale)*, 2011, pp. 360

29[a]. Lorenzo Braccesi
*Marco Livio Druso Claudiano. Per la storia di Pesaro romana*, 2012, pp. 130

29[b]. Tommaso Gnoli
*Navalia. Guerre e commerci nel Mediterraneo romano*, 2012, pp. 242

30. Carla Fayer
*Meretrix. La prostituzione femminile nell'antica Roma*, 2013, pp. 824

31. Andrea Debiasi
*Eumelo. Un poeta per Corinto. Con ulteriori divagazioni epiche*, 2015, pp. 320

32. Lorenzo Braccesi
*Frammenti di Storia. Orazio e altri poeti*, 2019, pp. 244

33. Lorenzo Braccesi
*Un poeta per Cassandra. Dalla Troade al Lazio*, 2021, pp. 206

34. Marco Presutti
*Sopravvivere al Principe. Tito Livio e Ovidio*, 2022, pp. 296

35. Luigi Todisco
*Frine di Tespie e la nuova immagine di Afrodite*, 2022, pp. 148, in preparazione

36. Giorgio Camassa
*Statuto del corpo e annuncio di salvezza. Dalla Grecia di età classica alla Palestina nel momento di Gesù*, 2022, pp. 244, in preparazione

37. Umberto Bultrighini
*Pericle e il femminile nella storia*, in preparazione

Finito di stampare nel mese di maggio 2022
per conto de «L'ERMA» di BRETSCHNEIDER®
da Centro Stampa di Meucci Roberto - Città di Castello (PG)